伪历史

HOPE
AND
FEAR

不存在的未解之谜与
阴谋论

MODERN MYTHS, CONSPIRACY
THEORIES, AND PSEUDO-HISTORY

[美] 罗纳德·H. 弗里兹——著
RONALD H. FRITZE

王岫庐 庞淏月——译

中国科学技术出版社

·北 京·

北京市版权局著作权合同登记 图字：01–2024–0613

图书在版编目（CIP）数据

伪历史：不存在的未解之谜与阴谋论 /（美）罗纳德·H. 弗里兹（Ronald H. Fritze）著；王岫庐，庞淏月译. — 北京：中国科学技术出版社，2024.6

书名原文：Hope And Fear: Modern Myths, Conspiracy Theories, and Pseudo–History

ISBN 978–7–5236–0604–9

Ⅰ . ①伪… Ⅱ . ①罗… ②王… ③庞… Ⅲ . ①世界史—研究 Ⅳ . ① K107

中国国家版本馆 CIP 数据核字 (2024) 第 077310 号

策划编辑	屈昕雨	**责任编辑**	胡天焰
封面设计	东合社·安宁	**版式设计**	蚂蚁设计
责任校对	张晓莉	**责任印制**	李晓霖

出　　版	中国科学技术出版社
发　　行	中国科学技术出版社有限公司发行部
地　　址	北京市海淀区中关村南大街 16 号
邮　　编	100081
发行电话	010–62173865
传　　真	010–62173081
网　　址	http://www.cspbooks.com.cn

开　　本	880mm×1230mm　1/32
字　　数	251 千字
印　　张	10.75
版　　次	2024 年 6 月第 1 版
印　　次	2024 年 6 月第 1 次印刷
印　　刷	河北鹏润印刷有限公司
书　　号	ISBN 978–7–5236–0604–9 / K·389
定　　价	69.00 元

人若是能用成规来控制所处的环境，或人的遭遇总是幸运的，那就永远不会迷信了。但人常陷于困境、成规无能为力，又因人所渴望的好运是不可必得，人常反复于希望与恐惧之间，至为可怜，因此之故，大部分人是易于轻信的。虽然人心寻常是自负的，过于自信与好胜，可是在疑难之际，特别是希望与恐惧相持不下的时候，人心最容易摇摆不定，时而向东，时而向西。❶

——本尼迪克特·德·斯宾诺莎（Benedict de Spinoza），

《神学政治论》（*Theological-Political Treatise*）（1670）

❶ 《斯宾诺莎文集（第三卷）：神学政治论》，（荷）斯宾诺莎著，温锡增译，北京：商务印书馆，2014。——译者注

序 言

---------------- * ----------------

关于过去的许多事情，最难以理解的是其中的错误与妄念。

——J. M. 罗伯茨（J. M. Roberts）

一旦心底存有强烈的幻想，再多的智慧都会变成无知。

——索尔·贝洛（Saul Bellow）

人们会相信最奇怪的事情。21世纪初的几十年里，这似乎是明显的事实。神话、伪历史、伪科学和阴谋论似乎正不断膨胀，这着实令人费解。或者，在置身其中的人们看来，事情也许本就如此。事实是，神话，即人们相信是真实的但并非如此的故事，从人类历史开始时就已经存在了。互联网等技术只是方便了奇怪信仰和现代神话的创造和传播。

已故英国女王伊丽莎白二世深受各种怪诞信仰和阴谋论困扰。美国右翼极端分子和阴谋论者林登·拉罗奇（Lydon LaRouche）长期以来一直是反英分子，指控英国金融家利用各种邪恶伎俩和阴谋操纵全球经济。1980年，他将矛头指向英国女王，称她为世界级的毒贩。接下来的十年里，拉罗奇和他的同伙不断重复着这样的过激言辞。最终，拉罗奇对这种指控失去了兴趣，但对于女王而言，来自阴谋论的困扰并未停止。新纪元运动❶代表人物、阴谋论者大卫·艾克（David Icke）认为伊丽莎白二世是变形蜥蜴人。

艾克是英国前足球运动员、体育广播员和绿党❷政治家。1994 年，他的关注点从环境问题转移到阴谋论上。他最初的想法是标准的新世界秩序阴谋论，认为有一个秘密而腐败的精英集团试图主宰世界。在几年内，艾克把他的阴谋论提升到一个新的水平，他的书《最大的秘密》（The Greatest Secret，1999）声称新世界秩序阴谋实际上是由外星蜥蜴人中的一位超级精英控制的，他称之为大恶魔（Archons）。他们从天龙座来到地球，已经彻底渗透到人类社会的领导层中。蜥蜴人有变形能力，可以变成人类的样子。他认为许多国家的领导人，如老布什，都是蜥蜴人。伊丽莎白二世自然也被包括在内。人们不得不惊叹于王室工作人员的严密谨慎，对这一惊人信息他们从没有走漏过任何风声，难道他们也是蜥蜴人？

1997 年，戴安娜王妃的逝世导致新一轮阴谋论的涌现，其中一些阴谋论涉及王室。拉罗奇和他的同伴迅速参与其中，他们指控英国王室杀了戴安娜王妃，以阻止她与多迪·法耶德（Dodi Fayed）结婚。可想而知，艾克也在《最大的秘密》中详细阐述了他自己关于戴安娜之死的阴谋论观点。按照艾克的说法，英国王室由蜥蜴人组成，需要定期注射从被他们认可的血统中抽取出的人类基因，从而得以隐藏在人类之中。戴安娜王妃隶属斯宾塞

❶ 新纪元运动起源于 19 世纪 70 年代，是一种去中心化的宗教及灵性的西方社会运动。——译者注。

❷ 绿党，是从倡导保护环境的非政府组织发展而来的政党。——编者注

家族，是梅罗文加（Merovingian）王朝的后裔，该王朝因《圣血与圣杯》（*The Holy Blood and the Holy Grail*）和《达·芬奇密码》（*The Da Vinci Code*）等书闻名于世。这种贵族血统使戴安娜王妃成为查尔斯王子的完美伴侣。然而，她发现自己嫁入了一个蜥蜴人家族，她唯一的用处就是为皇室生育后代，她的婚姻就是一个骗局。两个小王子出生后，戴安娜王妃就变得多余了。一旦她开始造成麻烦，她就需要被淘汰。这一系列的情况导致了她的死亡，同时她的死也是一种献祭。

显然，对大多数人来说，这些有关王室毒品交易和隐蔽的蜥蜴人精英的阴谋论是荒谬的。然而这种猜测的荒诞无稽并不能阻止人们相信它。拉罗奇有一批追随者，艾克的追随者更多，也更国际化。起初，艾克是新纪元运动的领导者，后来他将新纪元运动与其新世界秩序阴谋论融合在一起，还补充了对险恶的蜥蜴人精英的阐释。这种结合使艾克对一般的左派新纪元运动分子和右翼阴谋论者都极具吸引力。尽管右翼阴谋论者亚历克斯·琼斯（Alex Jones）一开始对艾克的蜥蜴人假说不屑一顾，但最终他还是积极地接受了它。艾克成为琼斯广播节目《亚历克斯·琼斯秀》的热门嘉宾。几年后，艾克的蜥蜴人理论发生了变化，蜥蜴人变成了能够在精神层面上跨越不同维度的生命，而不是物理意义上的星际旅行者，以精神形式存在的蜥蜴人也比恶毒的实体蜥蜴人更温和。

伊丽莎白二世并不是唯一一个陷入阴谋论的国家元首。美国第44任总统奥巴马遭受了几种阴谋论的困扰，这些阴谋论质疑他的真实身份。一个版本声称他是敌基督，另一个版本则说他是一个穆斯林秘密特工。还有一种说法是，奥巴马并非出生于美国，所以没有资格担任美国总统。第二种和第三种阴谋论相互呼应。前者的支持者称奥巴马为"穆斯林"，后者的支持者则称他为"肯尼亚人"。

不同于敌基督阴谋论和穆斯林阴谋论，认为奥巴马不是在美国出生的身世阴谋论从未消退。它可以追溯到 2004 年，当时，边缘阴谋论者安迪·马丁（Andy Martin）开始质疑这位迅速崛起的年轻政治家的身世。马丁最初质疑的重点是奥巴马是一个秘密的穆斯林。2008 年，一位名叫 FARS 的用户在网络论坛"自由共和国"（Free Republic）上发表了一篇文章，声称奥巴马在参议员宣誓时用的是《古兰经》。此外，他还声称奥巴马不是在美国出生的，他的母亲带他坐飞机到夏威夷并在那里登记出生。这些说法没有任何证据支持，但它们如今在互联网上广为传播。在互联网上，证据是不必要的，甚至不太讨人喜欢。FARS 的说法很快就受到了关注，支持者队伍不断壮大。当时共和党的领导层比较负责任，担心这种关于政治对手的可笑说法反而会给自己带来麻烦。主流的保守派杂志《国家评论在线》（*National Review Online*）于 2008 年 6 月 9 日发表了詹姆斯·杰拉蒂（James Geraghty）撰写的关于奥巴马身世论的专栏文章，反映了这种担忧，文章的标题为《奥巴马可以公布出生证明以驳斥谣言》（*Obama Could Debunk Some Rumors by Releasing His Birth Certificate*）。杰拉蒂对奥巴马身世论持怀疑态度，他在文章中指出，身世论无关紧要且不可信，他敦促奥巴马竞选团队公布他的出生证明，以戳穿相关谣言。第二天，另一篇文章指出，公布出生证明上的信息对奥巴马的总统竞选之旅并无太大影响。作为回应，奥巴马的竞选团队公布了他的简式出生证，杰拉蒂宣布，这是奥巴马在夏威夷出生的有效证明。

然而，《国家评论在线》的驳斥为奥巴马身世论带来了更大的曝光度，甚至为那些费尽心思诋毁奥巴马的人提供了"正当理由"。希拉里的一些支持者变本加厉，他们发送匿名电子邮件，称奥巴马先在肯尼亚出生，后被送往夏威夷登记。仇视奥巴马的人提出了多个毫无意义的诉讼，以寻求奥巴马在国外出生的证明，他们伪造所谓的肯尼亚出生证明或质疑其夏威夷出生证明的真实性，把原本明朗的局势又搅浑了。情况变得如此荒谬，以至于法官开始对将这些扰民的诉讼带到法庭的人进行警告或罚款。2009 年，保守派评论家迈克尔·梅德韦德（Michael Medved）首次公开反对奥巴马身世论，随后主流的共和党人都开始否认奥巴马身世论。梅德韦德也没有完全摆脱阴谋论的影响，他推测奥巴马身世论可能是一个阴谋，目的是让保守派看起来很疯狂。

奥巴马身世论消退了一段时间，但从未完全消失。2011 年，奥巴马的第一个总统任期即将结束，2012 年即将举行总统大选，就在此时，奥巴马身世论卷土重来。特朗普当时是一位真人秀明星，一个浮夸而饱受争议的商人。2011 年 2 月，特朗普在保守党政治行动委员会（CPAC）的一次会议上发表讲话，提到了奥巴马的身世问题。这是一个很好的话题，因为观众中有大量的奥巴马反对者。特朗普将奥巴马身世论带到了福克斯新闻频道，当他在保守派评论员比尔·奥莱利（Bill O'Reilly）的节目中谈论奥巴马身世论时，奥莱利对这个想法嗤之以鼻。福克斯新闻频道的观众中也有很大一部分仇恨奥巴马的人，他们喜欢特朗普宣扬的奥巴马身世论。福克斯新闻频道的其他主持人邀请特朗普上节目去宣扬奥巴马身世论，一个节目甚至让他成为固定嘉宾，每周出演。当时，特朗普正试图获得共和党的总统候选人提名，然而时机还不成熟，他赢得提名的机会渺茫，因此他退出了竞争，以便继续通过他的真人秀节目《学徒》（The Apprentice）赚钱。然而，奥巴马身世论确实让特朗普获得了更广泛的追随者。

特朗普使奥巴马身世论得以复燃。正如查克·托德（Chuck Todd）所说："没有人比特朗普更懂得如何将虚假问题拱手让给有线电视新闻网的回声室。"特朗普和他的人继续发布大量关于奥巴马身世的可疑信息，亚利桑那州马里科帕县的乔·阿帕约（Joe Arpaio）警长和作家杰罗姆·科西（Jerome Corsi）等人也是如此。他们的说法一次又一次被彻底驳斥，但都无济于事。结果是，奥巴马身世论成为舆论的主流，大多数看似理性的共和党人开始相信奥巴马身世论。托德嘲笑人们毫无理由地相信奥巴马当选总统是有势力为了让一个外国穆斯林入主白宫而设下的局。正如他所说："也许如果当时奥巴马被命名为乔治·林肯·华盛顿，这个'设局'的说法就会吸引更多信徒。"尽管如此，显然特朗普深谙"我只是提出一个问题"这一修辞策略。阴谋论者、伪历史学家和现代骗子在对既定的主流知识提出挑战时都喜欢采用这个策略。他们质疑不容置疑的东西，并反复尝试破坏已被长期证明的事实及理论的可信度。自从在 2011 年首次成为奥巴马身世论的支持者以来，特朗普一直在宣传奥巴马身世论和声称自己不再相信奥巴马身世论之间摇摆不定。那么，特朗普到底是怎么想的？这取决于当天是什么日子。正如他的传记作者迈克尔·德安东尼（Michael D'Antonio）所指出的那样，特朗普认为他鼓吹奥巴马身世论没有什么坏处，这为他带来了忠实的听众和坚定的支持者。在参议员卡玛拉·哈里斯（Kamala Harris）当选为民主党 2020 年副总统候选人之前，出现了一种新的身世论，这一身世论声称哈里斯不是在美国出生的。与奥巴马身世论一样，哈里斯身世论完全是编造的，并被彻底揭穿，然而同奥巴马身世论一样，它并没有就此消失。

在阴谋论和伪历史的编年史上留下了浓墨重彩的一笔的是51区风暴事件。在有关不明飞行物（UFO）风暴的神话中，51区是一个秘密基地，罗斯威尔和其他地方坠毁的飞碟及其外星船员，无论生死，都被保存在51区并被用于研究。毕竟，1996年的电影《独立日》（*Independence Day*）❶不正是发生在那里的事情吗？但这仅仅是一部科幻电影。尽管大多数关于51区的神秘传说都是虚假的或捏造的，并且都大同小异，但它仍然让人着迷。

2019年6月20日，马蒂·罗伯茨（Matty Roberts）观看了视频播客节目《乔·罗根体验》（*Joe Rogan Experience*）的其中一期，里面请到了51区的长期阴谋论者鲍勃·拉扎尔（Bob Lazar），节目内容启发了罗伯茨，他想开个玩笑。2019年6月27日，罗伯茨设立了一个脸书（Facebook）页面，宣布他将举办一个活动，邀请人们在同年9月20日在51区聚集，冲进基地，从而要求看到并释放外星人囚犯。罗伯茨从未想象过这样的事情真的会发生。然而，令他惊讶并且令美国空军恼火的是，仅在3天后，该公告像病毒一样传播开来。最终，超过20万人表示他们会参加该活动，另有150万人表示他们感兴趣。该事件就

---

❶ 科幻片《独立日》于1996年7月3日在美国上映。影片主要讲述了一艘巨型的外星人母船进入地球轨道，并释放了30多个小型飞船进入地球大气层，停留在世界几大城市上空，造成人们的恐慌。——译者注

像其他疯狂和愚蠢的新闻事件一样，吸引了大量的媒体关注。很快，参与者们计划举办两个音乐节，当地商人也开始为游客的大量涌入做准备，但也有许多人怀疑究竟有多少人会真正来参加这个活动。51 区位于荒凉的沙漠中，那里只有几个小城镇，有些城镇的居民还不到 100 人。它没有能力容纳几千名游客，更不用说几万甚至几十万人。51 区周围的整个地区只有 184 个汽车旅馆，而露营设施也少得可怜，还极其简陋。更糟糕的是，美国空军不会允许一群奇怪的人以开玩笑的方式冲进这个绝密的军事基地。事实证明，51 区风暴雷声大，雨点小。音乐节只吸引了大约 1 500 名参加者，而只有 150 人出现在 51 区基地的正门。大门没有被攻破，没有外星人被释放，51 区依然神秘莫测。与此同时，俄克拉荷马城市动物收容所利用这一活动鼓励人们收养流浪动物，要求人们"冲进我们的收容所"。在那里，人们会发现狗狗戴着锡箔纸做的帽子抵御外星人，而猫咪们显然拒绝加入戴锡箔纸帽子的行列。51 区风暴是对互联网时代流行文化中神话的力量和局限性的精彩案例研究。

2019 年年末，新冠疫情暴发，在全球范围内造成了疾病、死亡和经济混乱，也促生了各种阴谋论。尽管多年来流行病学家一直警告人们，全球疫情的暴发不可避免，但当它真正发生时，一些人始终否认它的存在。他们称新冠疫情是一个骗局，一个诋毁特朗普总统的阴谋。如果这是真的，那它就必须是一个具有国际规模的全球阴谋。显然，有些人认为，病毒只不过是一个无意识的遗传物质片段，相比之下，用有关人类敌人的阴谋论去解释这场疫情带来的灾难，反倒让他们心里好受些。

现有的阴谋论或者融入了对疫情的解释，或者被嫁接到疫情的语境当中。世界范围内的观众都看到了电视或互联网上的视频，视频中的人们在宣传一些离奇的阴谋论。随着新冠疫情在佛罗里达州恶化，2020 年 6 月 23 日，西棕榈滩县委员会的委员们召开会议，讨论是否应强制要求人们在公共区域佩戴口罩。整个会议耗时 6 个多小时，还安排了时间让公众发表意见。一位妇女说："我不戴口罩的原因和我不穿内裤的原因一样，我的身体需要呼吸。"按照她的说法，女性的私处是呼吸系统的一部分。显然，她的发言表明她对人体解剖学有非常大的误解。这让人怀疑佛罗里达州的高中健康课质量，不过也许她在那些课上睡着了。当时她穿着蓝色牛仔裤，这显然比口罩和内裤更加"透气"。另一个穿红色 T 恤的女人痛骂委员们，称他们是疯子，并威胁要逮捕他们，让他们受到神的惩罚。会后，这名妇女接受了当地电视台记者的采访。她坚持认为疫情是新世界秩序阴谋的一部分，这种阴谋论认为，真正统治世界的是一个秘密的超级精英阶层，而此次疫情的目标是将人类人口减少 95%。如果她所说的属实，那么阴谋家们一定非常失望，因为和这个目标相比，新冠疫情造成的死亡率还远远不够高。

几周后，7 月 27 日，一群自称来自美国前线医生组织的医生在华盛顿特区最高法院大楼旁举行了一次新闻发布会，这群人否认新冠疫情的存在，对其不以为意。这次发布会是由"'茶党'爱国者❶组织的。其中一位医生斯特拉·伊曼纽尔（Stella Immanuel）在尼日利亚接受了医学教育，她宣称真正的威胁是恶

---

❶ "茶党"的全国性组织之一。"茶党"本指发端于 1773 年的波士顿倾茶事件的组织，并非严格意义上的政党，现被用于形容美国右翼保守主义的一股新兴力量。——译者注

魔的精子（大概是指中世纪时传说在梦中折磨人们的梦魇或魔女❶）。她还提到了外星 DNA 的危险，并称人类正受到蜥蜴人的威胁。由于其主张有严重错误和潜在危险性，该新闻发布会的视频很快被脸书和推特下架。然而，这次发布会确实吸引了特朗普总统的注意，毕竟这位先生从来不会让科学妨碍他所希望的现实。这些虚假观点的大规模流行说明了什么？显然这位伊曼纽尔医生的主张与艾克和其他阴谋论者的主张相呼应，一些威胁公众健康与安全的疯狂想法正在看似正常的人群中流传开来。

艾克的理论，以及其他阴谋论者、伪科学家和伪历史学家的理论，有着深刻而扭曲的历史根基。本书试图追溯其中的一些根源，但它不是对这一主题的详尽概述，甚至不能够称得上是全面的概述，这些都需要很长的篇幅。相反，本书有选择地聚焦于一些"垃圾知识"：伪历史、伪科学、阴谋论和现代神话。第一章讨论了与这些知识相关的概念和术语。第二章探讨了人们相信虚假事情的各种原因，这些事情往往是荒谬的，有时甚至是有害的、危险的。进化心理学、认知心理学、社会心理学、社会化、文化和宗教都在其中发挥了作用。第三章的主题是以色列失落十部落，它追溯了失落十部落神话近 3 000 年的发展历程。如果人

---

❶ 梦魇指一种在人们睡觉时压在人身上的恶灵，也有说法称该恶灵会在女性睡觉时与其发生性关系。魔女，指男人睡觉时出现并与其发生性关系的魔女。这些都只是中世纪的传说。——译者注

们能够穿越时空，回到北方以色列王国❶灭亡后的几个世纪，他们会发现，如果他们问起失落十部落，当时的人会一头雾水。尽管如此，这个神话还是发展了起来，犹太人和非犹太人都会使用它，它既可以用于亲犹太主义，也可以用于反犹太主义。第四章探讨了现代阴谋论的深刻历史根源。艾克的理论主要基于现代元素的混合，其根源可以追溯到法国大革命、圣殿骑士团、所罗门建造圣殿的传说和古埃及的失落智慧。在这些历史背景下，光明会❷诞生了，并且在阴谋论者的思想中经久不衰。虽然冷酷无情的光明会至今未能实现对世界的统治，但是他们思想的顽固长存尤其引人注目。第五章研究的是，20 世纪上半叶在许多德国人中广泛流行并被纳粹拥护的神秘主义和超自然信仰。作为一种意识形态，纳粹主义远远超出了其神秘主义和超自然主义的范围。通过为之披上科学和历史的外衣，纳粹主义这一伪历史、伪科学和种族主义的混合体显得更加合理，更易于接受，这也有助于将暴政和种族灭绝合理化。最后，第六章探讨了罗斯威尔的神话。据说，1947 年 7 月，一个或多个外星飞碟在新墨西哥州的罗斯威尔坠毁了。这一章将讨论罗斯威尔神话中涉及政府掩盖真

---

❶ 公元前 9 世纪，北方以色列王国以撒玛利亚为首都，因此也称为撒玛利亚王国。传说在大约前 722 年，以色列王国遭到灭顶之灾后，组成以色列王国的十个部落被迫离开了迦南，被放逐到亚述帝国最边远的地方。然而，自从他们被放逐之后，就再也没有关于他们的消息了。——译者注

❷ 又译为"光照派"，是阴谋论中的常见组织。其经常被指控合谋控制世界事务，通过策划阴谋，并在政府和企业中安插代理人，来获得政治权力和影响力，最终建立一个"新世界秩序"。——编者注

相、获取和吸收外星技术、政府与外星人的秘密条约和联盟、外星人接触和外星人绑架的故事，以及此后一系列与不明飞行物（UFO）相关的事件。

在此，我想介绍一下本书的方法和理念。本书采用谱系学和进化学相结合的方法来研究特定思想的发展历史。我们有必要确定伪历史、神话或阴谋论的起源，确定这些故事所依据的事件；之后，分析这些故事是如何随着时间的推移而成长或发展的。在这一过程中发现的矛盾和不一致会为故事的可信度打上问号。在对失落十部落的案例研究中，有一些令人疑惑的事实。首先，亚述人只驱逐了古代北方以色列王国的一小部分居民，十个部落中的大多数人继续生活在被征服的北方王国，或迁入从战争中幸存下来的南方犹大王国。尽管《以斯拉续篇下卷》（*2 Esdras*）❶讲述了流亡中受压迫的十部落的人们在阿扎罗兹避难的经历，但关于这段历史，众说纷纭。在希腊化时代，以色列所有十二个部落的代表协助撰写了希伯来语《圣经》的希腊译本，即七十士译本。使徒保罗和《新约》的其他部分记载了十二个部落在朱里亚-克劳狄（Julio-Claudian）王朝时期生活在巴勒斯坦，失落十部落并没有消失。关于新世界秩序的巨大阴谋论的起源可以追溯到光明会和圣殿骑士团，但这一起源的相关历史之中有许多空白和缺口。与这些说法相关的理论和猜测普遍缺乏文献和考古学证据，其可信度因此被削弱了。宣传与物理学、化学和其他科学知

---

❶ 《以斯拉续篇下卷》又译作《厄斯德拉后书》《以斯拉四书》，是一本仅被东正教，不被新教、天主教和犹太教接受作为圣经正经的次经经卷。——译者注

识相矛盾的叙事，也容易引起人们的怀疑。

在写作本书的过程中，我读到了许多离奇、古怪或超现实的理论和信仰，并对其中的一部分进行了详细研究。让人大吃一惊的是，看似理性的人们居然会相信这样的事情，而这些理论和信仰的魅力和神奇之处也正是在于人们对它们的坚信。即便与科学或历史现实毫不相关，这些理论起源、发展和演变的过程也是对人类想象力的赞美。电视节目《远古外星人》（*Ancient Aliens*）的许多观众只是对其创作者接下来要做的事情感到好奇，否则人们对该系列节目提出的各种理论根本就不会买账。大量惊悚小说和恐怖电影都是基于伪历史或伪科学创作的。詹姆斯·罗林斯（James Rollins）的《西格玛中队》（*Sigma Force*）系列小说的情节就是基于一系列伪历史和伪科学创作的。丹·布朗（Dan Brown）创作出的小说《达·芬奇密码》（*The Da Vinci Code*，2003）大获成功，该书是基于迈克尔·贝金特（Michael Baigent）、理查德·利（Richard Leign）和亨利·林肯（Henry Lincoln）所谓的非虚构作品《圣血与圣杯》（*The Holy Blood and the Holy*，1982）创作而成的。电影制片人罗兰·艾默里奇（Roland Emmerich）创作的多部电影的情节都是基于伪历史或伪科学:《星际之门》（*Stargate*，1994）以古代宇航员理论为基础,《独立日》将外星人入侵地球与新墨西哥州罗斯威尔的飞碟坠毁以及 51 区被困的外星人联系起来,《后天》（*The Day After Tomorrow*，2004）的主题是全球变暖导致的灾难性气候变化，而《史前一万年》（*10000 BC*，2008）使用了冰河时代先进文明即亚特兰蒂斯的概念。《2012》（*Farewell Atlantis*，2009）的核心重新回到灾变论，将查尔斯·H.哈普古德（Charles H. Hapgood）的地壳位移论与玛雅人的世界末日预言相结合，取得了很好的效果。20年后，艾默里奇在《独立日》续集《独立日：卷土重来》(*Independence Day: Resurgence*，2016)中重拾外星人入侵的情节。电视连续剧《星际之门：SG-1》(*Stargate: SG-1*，1997—2007)以《星际之门》为蓝本，这部电视剧还有6部衍生电视连续剧和电视电影作品。

你只要记住，它们都只是虚构的小说、电影或电视节目，它们就只是个乐子。然而，并不是每个人都能区分现实与虚构。流行电视连续剧《X档案》(*The X-Files*，1993—2002)的情节涉及不明飞行物和其他无法解释的神秘事件。其创作者克里斯·卡特(Chris Carter)不断强调其情节是虚构的，但这并不妨碍一些观众坚信它是基于真实事件的纪实剧。这就是所谓的真实－虚构大颠倒。

一旦人们开始相信不真实的事情和观点，就有可能造成社会问题。纳粹德国就是一个很好的例子，当时有太多的民众开始相信伪科学说法，认为德国人具有种族优越性，而犹太人、斯拉夫人和吉卜赛人堕落且恶毒。毁灭性的侵略战争和种族灭绝随之而来。第二次世界大战结束75年之后，即2020年，"大屠杀是一个骗局，大屠杀从未发生过"之类的谣言居然在互联网高度发达的时代肆意传播。在互联网上看到和读到的虚假信息让人们变得更为激进。独狼恐怖分子迪兰·S.鲁夫(Dylann S. Roof)在互联网上看到关于白人至上主义的宣传后，变成了激进分子。2015年6月17日，他在南卡罗来纳州查尔斯顿的伊曼纽尔非洲卫理公会教堂里枪杀了9名正在学习《圣经》的黑人。他并非例外，美国和其他国家的许多人都在被白人至上主义者和阴谋论者在互联网上的狂言所刺激着。伊斯兰圣战激进分子喜欢利用互联网招募新成员加入他们队伍。

面对如此多的神话、伪历史叙事、伪科学理论和阴谋论，我们有必要重视常识，保持理智。在这个相对主义盛行的时代，一些研究宗教和文化的学者告诉我们，对人们的信仰进行价值判断是不好的学术行为，就社会中的大多数信仰和观点而言，确实如此。然而这是否意味着如果活人献祭和孩童献祭是某个宗教信仰的要求，那么它就是合理的？成千上万的人声称自己曾被外星人绑架，其中一些人对此相当痴迷。这是否意味着我们应该出于礼貌原因，不指出这些说法是完全不可信的？有时候，体面、荒谬和愚蠢三者之间仅差毫厘。一些阴谋论已经破坏了公众对政府的信任，导致了不健康的甚至是失调的官民关系。民主政体的正常运作需要一定程度的民众信任，严重的不信任会导致人们脱离民主进程。在民主社会中，公民与政府的关系必须在信任和怀疑之间取得平衡，在社会如何应对当代流行的各种垃圾知识方面也是如此。迪士尼版本的亚特兰蒂斯神话并无大碍，但在 20 世纪 30 年代，德国人相信自己是生活在失落的亚特兰蒂斯帝国的超级种族❶的后裔，性质就完全不同了。因此，我同意杜波伊斯（Du Bois）的观点，他批评了 20 世纪 20 年代和 30 年代主导美国南方历史写作的带有种族主义的邓宁重建历史学派（Dunning School of Reconstruction）。他的批评也适用于垃圾知识。正如杜

---

❶ 传说亚特兰蒂斯帝国曾统治过欧洲、非洲和南美洲，雅利安人是亚特兰蒂斯文明的后代，拥有最优秀的史前世界血统。第二次世界大战时期希特勒坚信自己拥有雅利安血统，由此发展出了纳粹种族主义。——译者注

波伊斯在 1935 年所说："如果要使历史成为科学，如果要以准确和忠实的细节记录下人类行动，使其能够作为国家未来的标准和指南针，就必须在历史研究和解释方面制定一些道德标准。"

对边缘信仰的研究使我得出结论，许多信仰在社会层面是病态的，有些信仰对公民社会有潜在的危害，事实上，其中一些已经给社会带来了危险。如果在书中我有时表现出对其中一些边缘思想和信仰的不赞成和批判，我的态度确实如此。过去，我曾在这个问题上引用过马克·吐温的话，如今我仍然完全同意他的观点："可能有人认为我有偏见，也许我确实如此，但如果我不这样做，我会为自己感到羞耻。"

最后，读者们会注意到，本书的书名来自开头出现的斯宾诺莎《神学政治论》序言❶。斯宾诺莎把迷信归因于希望和恐惧。接下来，你将发现，斯宾诺莎是一个敏锐的观察者。在本书所讨论的每一种伪历史、伪科学、阴谋论和现代神话的传播中，希望和恐惧都扮演着重要角色。

---

❶ 本书的原书名为《希望和恐惧》（*Hope and Fear*）。——编者注

目 录 | CONTENTS

第
一
章

伪科学、伪历史、现代神话
与阴谋论

---------------- * ----------------

被诅咒者的队列。

我所说的被诅咒者，是被排斥的一切。

我们该有一个队列，列出被科学排斥的数据。

……

宣告这一切遭到了诅咒，这种权力就是

独断的科学。

查尔斯·福特（Charles Fort）❶

　　人类是有好奇心的。有些人不喜欢学习，甚至对学习颇为抵触，可大多数人还是会享受学习的乐趣。我们懂得弗朗西斯·培根爵士（Sir Francis Bacon）言简意赅的那句"知识就是力量"的含义。在电视剧《权力的游戏》（*Game of Thrones*）中，小恶魔提利昂·兰尼斯特（Tyrion Lannister）说"我醉生梦死，我无所不知"，这句话已经成为印在 T 恤上随处可见的金句。和培根爵士、小恶魔提利昂不一样，现代社会的人们太幸福了，只要点击几下

---

❶ 查尔斯·福特（1874 年 8 月 6 日—1932 年 5 月 3 日），美国作家，奇异现象学研究者。引文选自其著作《诅咒之书》（*Book of the Damned*），该书是各种反常现象的汇编。——译者注

鼠标，就能进入一个知识世界。问题在于，恰是这种便利也为现代社会带来了诅咒。因为它让人们与铺天盖地的所谓"知识"更加纠缠不清，而这些"知识"实际上是虚假的、伪造的、扭曲的、过时的、洗脑式的宣传与断章取义。我们有时很难区分哪些知识是准确客观的，哪些是不准确的、具有误导性的。互联网只是知识的来源之一。互联网对社会的影响十分惊人，但它对社会产生影响的时间相对较晚。而虚假知识由来已久，书籍、报纸、杂志、广播、电影和电视都会传播虚假知识。当然，还有那些从未消失过的旧式传播渠道：谣言、私语、八卦，还有荒诞不经的故事。

除了有好奇心，人类还喜欢好故事。从古至今都是如此，你只要想想荷马、吉尔伽美什和西努赫的故事就知道了。古代的故事多是虚构的，但也有些现实基础。人类乐意体验惊奇，享受异国情调与秘密以及幻想带来的神秘感。幻想与虚构往往比现实与事实更有趣，更让人愉快。但当人们无法区分事实与虚构、真相与谬误、现实与幻想时，问题就来了。

我们置身其中的这个世界，阴谋论泛滥。对假新闻的指责人们已司空见惯，但这种指责通常针对的却是讲真话的记者。伪科学的胡言乱语，甚至已经影响了艾滋病毒的治疗方式，误导人们去反对疫苗，也妨碍了我们为遏制新冠病毒流行而做出的努力。将这次疫情称为骗局尤为不妥：英国前首相鲍里斯·约翰逊（Boris Johnson）是将新冠风险最小化的人之一，他感染了这种疾病，在重症监护室住了好几天才最终康复。后来，否认新冠风险的巴西前总统雅伊尔·博索纳罗（Jair Bolsonaro）也感染了病毒。新冠疫情最大的批判者，美国前总统特朗普也曾被检测出阳性。整个疫情期间，有些人似乎从来没有注意到特朗普的言行不一，他对新冠疫情轻描淡写，但同时他和他的许多工作人员却经常检测核酸，而且他生病时还接受了最先进的治疗，这是绝大多数美国人享受不到的特权。特朗普还建议人们使用尚未批准的、未经充分测试的、有潜在危险的治疗方法，如将羟氯喹作为新冠病毒的预防药物，这些建议根本于事无补。显然，坊间流传着大量不良信息，而许多人对真相一无所知。不幸的是，这造成了种种错误的决定和行动。这种错误信息可以被称为"垃圾思想"或"垃圾知识"。这个术语是苏珊·雅各比（Susan Jacoby）2008 年提出的，它也被称为"边缘知识"或"边界知识"、"反知识"，或者就是"神神道道"。它以各种形式出现并持续存在着：神话、超常态、超自然、神秘学、伪科学、伪历史和阴谋论。

"神话"是个多义词。根据《新牛津美国词典》（*New Oxford American Dictionary*），日常话语中神话的一个常用定义是："一种被广泛接受但错误的信念或想法"。《简编牛津英语词典》（*Shorter Oxford English Dictionary*）提供了一个类似但更详细的定义："一种被广泛接受的（尤其是不真实或不可靠的）流行故事或信念；对真相的误解或虚假陈述；关于某个人或机构的夸大或理想化的概念；被普遍理想化或虚假描述的某个人或机构等。"此外，流行话语中"神话"（myth）与"传奇"（legend）这两个词常常被交替使用。而学者认为"神话"和"传奇"是不同的概念。对他们而言，神话是被创造出来的故事，以寓言或修辞的方式来解释某些自然事件与现象，以及人类的某些心理与状态。比如，希腊神话中用珀耳塞福涅被哈迪斯绑架的故事解释季节变化。而"传奇"是关于过去的故事。传奇以某些真实历史事件为基础，而这个故事往往随着时间的推移而发生变形。海因里希·施里曼（Heinrich Schliemann）对特洛伊废墟的探索，就使特洛伊战争从荷马创造的神话变成了一个传奇。在对神话概念的近期概述中，罗伯特·塞加尔（Robert Segal）将其定义为一个故事，但对此加以限定，提出："故事当然可以表达某种信念，而故事要成为神话，必须让其信徒深信不疑。但是这个故事可真可假。"塞加尔所说的"信念"，指信徒们深信神话所提出的主张或含义。本书所讨论的神话，大致符合塞加尔的定义，只不过其中没有一个故事是真的。因此，它们也符合《牛津美国词典》（*Oxford American Dictionary*）对神话的定义。

超常态、超自然和神秘学彼此密切相关，这些语词可以用于描述超出正常科学理解和自然规律范围的事件或现象。超常态更多用于科学领域，如对遥感或心灵感应等现象的研究。相比之下，超自然往往用于魔法范畴。神秘学的英语是"occult"，这个词来自拉丁文"occultus"，意思是隐藏的、隐蔽的或私密的。正如历史学家艾瑞克·库兰德（Eric Kurlander）指出的，神秘学也带有精英主义含义。在他看来，神秘学并不包括边界知识或伪科学，也不包括属于纳粹主义流行文化的种族神话。

垃圾知识，或者伪知识、边缘知识，由不合常规的知识组成。这些知识不把谬误当谬误，反而认为它们确凿合理，因此垃圾知识不被主流学术界所承认。"伪知识"一词的德语是"Grenzwissenschaft"，意为边界知识或边缘知识。现代社会中，垃圾知识最主要的组成部分是伪科学和伪历史（包括伪考古学）。要充分了解什么是伪科学和伪历史，我们首先需要了解什么是科学和历史学。科学是以观察和实验为基础，依据实证的方法对自然界进行的严谨研究；历史学（包括考古学）是基于现存记录和文物，对人类的过去进行的严谨研究。这两门学科都致力于从证据和数据中得出结论。科学家和历史学家试图保持客观，避免偷换数据或证据以得出预定的结论。此外，科学和历史中的知识和结论总是暂时性的，会根据新的研究发现而改变。因此，虽然科学和历史是知识体系，但这些知识并非一成不变。

科学家和历史学家终归是人，他们也会犯错误，甚至有些人不道德或不诚实。幸运的是，科学和历史能够自我纠正，学者们参与同行评审，互相提出建设性的批评建议。提出新发现，或者修正现有的解释和理论且令他人信服，这两种方式通常最容易让人在学术界声名鹊起。相反，学者如果工作草率就会招致嘲笑，学术不诚信则会遭人唾弃，失去工作。学术专著含有脚注、尾注、各种图表和参考书目，这些都需要通过研究得到。这种学术规范大致说明了研究是如何开展的、发现了哪些证据以及如何得出结论。因此，绝大多数科学家和历史学家能够达成共识现实。随着新研究和新方法的出现，共识现实或多或少会发生变化。然而，大多数情况下，学者之间存在着广泛的共识。当然，一些极端的相对主义者和后现代主义者不愿意承认事实和现实的存在，也不愿意相信人们在一定程度上能够做到客观包容。对他们来说，与伪科学、伪历史一样，科学和历史的话语和叙事只是一种建构，是否真实准确无关紧要。但这本书不是一部有关后现代主义的作品，所以还是让我们接着说。

阴谋论是垃圾知识（或垃圾思想）的另一个组成部分，而且是很大的一个部分。但首先，我们要对阴谋论进行定义。阴谋是指两个或两个以上的人关于犯罪或其他的非法或不道德行为的计划或协议。刺杀林肯是一个阴谋，1605 年火药阴谋策划者

（Gunpowder Plotters）炸毁英国议会大厦的企图，也是一个阴谋。水门事件的核心便是美国前总统尼克松和他的核心圈子试图实施的阴谋活动。以上这些阴谋的共同特点在于它们都是有一小群人参与的暴力或其他犯罪行为。最近，也有类似的阴谋出现：蒂莫西·麦克维（Timothy McVeigh）炸毁位于俄克拉荷马城的穆拉联邦大楼；"基地"组织人员在"9·11"事件中摧毁纽约世贸中心。这两起事件引起了阴谋论者的注意。麦克维声称自己是一个"孤独的爱国者"（实际上他有几个同伙），他想让美国政府为在围攻得克萨斯州韦科市的"大卫教"❶时所做出的暴行付出代价。一些阴谋论者称麦克维的罪恶行径是当局为诋毁反政府民兵运动而采取的假旗行动❷。尽管奥萨马·本·拉登（Osama bin Laden）和基地组织宣称对"9·11"事件负责，也有确凿的证据证实他们的说法，但阴谋论者却编造了各种不同的解释，其中一种说法认为"9·11"事件是以色列情报机构摩萨德的任务，目的在于激起美国人的反伊斯兰和反阿拉伯情绪；另一种说法则是美国政府策划了此次袭击，以合理化其对阿富汗和伊拉克的入侵。正如序言中提到的，最近的新冠疫情也促生了大量的阴谋论。

---

❶ "大卫教"，又译"大卫支派"，美国邪教组织。1993年美国政府对韦科市大卫教总部维克山庄发起围攻，死伤惨重。俄克拉荷马爆炸案后据警方调查，麦克维曾与大卫教有接触，韦科事件对他影响极大。——译者注

❷ 假旗行动，亦作伪旗行动，是一种隐蔽行动，指通过使用其他组织的旗帜、制服等手段误导公众以为该行动由其他组织执行。假旗行动在谍报活动中非常常见，此外民间的政治选举也常采用此法。——译者注

这些阴谋论是阴谋主义的一种表现形式。阴谋主义指相信或倾向于认定阴谋无处不在，并构建阴谋论来解释发生的事情。研究阴谋主义的人主要分成两派。一派态度比较消极，他们认为，即便存在着更合理的解释，阴谋主义者仍然倾向于以阴谋论解释事件，这导致了社会中不必要的焦虑和混乱。另一派则对阴谋主义持积极态度，他们认为阴谋论往往是真实的，阴谋主义者揭露了这些阴谋，这对社会有利。凯瑟琳·奥姆斯特德（Kathryn Olmsted）在《真正的敌人：阴谋论和美国民主，从第一次世界大战到"9·11"事件》（*Real Enemies: Conspiracy Theories and American Democracy, World War I to 9/11*）一书中就对阴谋论抱有积极态度。奥姆斯特德追溯历史，梳理美国政府如何密谋使国家卷入两次世界大战，又是如何参与诸如水门事件和伊朗门事件等阴谋和骗局的。根据她的观点，20世纪美国的阴谋论不再是国内外团体密谋反抗美国人及其政府，而变成了美国政府谋害美国公民。自第一次世界大战以来，联邦政府的规模持续扩大，造成了这种转变。在奥姆斯特德看来，"阴谋论是关于一个阴谋的猜想，可能是真的，也可能不是真的，它还没有被证实"。虽是这么说，但她并不觉得阴谋主义和阴谋论会有多少建设性。

其他学者对于阴谋主义和阴谋论的定义则限定于不真实的、往往无法证实的信仰。这一观点始于哲学家卡尔·波普尔（Karl Popper）在1934年出版的《科学发现的逻辑》（*Logik der Forschung*）一书。正如政治学家迈克尔·巴昆（Michael Barkun）所说："阴谋论涉及的范围越广，证据就越不重要……因为阴谋论是无法证实的。"每一个反对阴谋的证据，都会被认为是另一个巨大阴谋的产物或一部分，因而轻而易举地就被驳回了。因此，以这种限定性更强的定义来看，阴谋论本质上是不真实的。然而，阴谋论记者兼研究者安娜·梅尔兰（Anna Merlan）警告人们："如果有人说我们总能轻易区分虚构的阴谋和真实的阴谋，那么他可能并不了解历史。"本书主要讨论巴昆、梅尔兰和托马斯·康达（Thomas Konda）研究的那类阴谋论，因此可以很肯定地说它们是虚构的而非事实。毕竟到目前为止，虽然已经有很多人找寻了很长时间，但还从来没有人抓到过真正的蜥蜴人或者是真正的光明会特工。

阴谋论的特征是什么？奥姆斯特德得出结论："阴谋论以简单的方式讲述复杂的故事。"在许多阴谋论中，故事被简化为善与恶之间的斗争，但并非所有阴谋论都是如此。梅尔兰指出，阴谋论的叙述有时并不简单，恰恰相反，它们可能是复杂的、令人困惑的，甚至是模糊不清、前后矛盾的。米尔顿·威廉·库珀（Milton William Cooper）的非主流经典作品《看见一匹灰马》❶以及他的其他著作和广播谈话中的阴谋论，就是这样一个思维混乱的例子。梅尔兰看得很准，"重点往往是确定一个敌人，而不是精确地描述他们的所作所为"。

人们如何去评估出现在新闻、社交媒体和流行文化中的各种阴谋和阴谋论？首要原则之一是奥卡姆剃刀原则（Occam's Razor），也被称为简约法则，即在没有相反证据的情况下，对任何事件或现象的简单解释始终是首选。优秀的机械师、修理工以

---

❶ 《看见一匹灰马》这本书的英文标题"Behold a Pale Horse"出自《圣经》，文中灰马是死神的坐骑，死神骑着它来索命，灰马也因而成为死亡的代名词。——译者注

及学者们都会遵循这一定律。比如，汽车坏了首先检查油箱里是否有燃料，电脑宕机时首先检查是否接通了电源。

另一个重要的原则是要清楚地区分"有可能"的事情和"大概率"的事情。归根结底，任何事情都是有可能发生的。如果有人说，我们将在未来某天遇到《独立日》里的外星人入侵，我们没办法说这是完全不可能的。它以前从未发生过［抱歉，《远古外星人》和《罗斯威尔》（Roswell）的粉丝］，并不意味着它不可能发生，但是这意味着外星人入侵很大概率不会发生。因此，评估一件事有多少概率为真，有多少概率为假，而不仅仅是评估它理论上是否可能，这很重要。

怀疑论者迈克尔·舍默（Michael Shermer）列出了阴谋论的特征，这些特征通常可以表明阴谋论是不真实的。首先要判断的是，阴谋论中的各个部分是否确实存在因果关系，还是仅仅属于巧合。依照奥卡姆剃刀原则，最简单的解释通常是随机的巧合。阴谋论的另一个常见手法是将阴谋论提出者塑造成全知全能的人物。然而，在现实生活中，人们会犯错误，计划或阴谋也会出错，阴谋家或者"暴君"的实际权力有明确的限制。乔治·奥威尔（George Orwell）笔下的"老大哥"❶可以是无所不能、无所不知的，但希特勒并不是。显然，光明会也不是全能的，因为他们两个世纪以来的阴谋还没有得逞。阴谋论越复杂，执行起来就越困难，也越不可能是真的。此外，参与阴谋的人越多，就越难保守秘密。

---

❶ 老大哥是乔治·奥威尔在其反乌托邦小说《一九八四》（Nineteen Eighty-Four）中塑造的一个人物形象，是《一九八四》中大洋国的领袖。——译者注

因此，认为"1969 年的登月是伪造的"的观点是可笑的。1969 年 7 月 20 日到 1972 年 12 月 11 日，总共有六次登月，要完成这样一个骗局，需要成千上万的人一起撒谎。然而，在这五十多年的时间里，没有人揭穿这个骗局，也没有人在临终前忏悔自己曾参与骗局。这么多人对这个阴谋和其他大型阴谋闭口不言，按常理来看是难以置信的，有人曾对此进行定量分析，结论表明，任何阴谋都不可能静悄悄地存在超过四年，而没有人提醒公众注意它的存在。而关于光明会和新世界秩序的阴谋论已经存在了多久呢？

那些史诗级的，想要在全球范围内广泛传播的阴谋论不太可能是真的。一般的阴谋家都很实际，不会把统治世界当作一个现实目标。阴谋论者以各种奇特的方式将自己与大事件联系在一起，同时将一些原本无害的小事夸大成恶意的威胁。在阴谋论中，事实和猜测常常混在一起，使其合理性和可能性难以被确定，这也是个危险信号，说明阴谋论不真实。阴谋论者通常不分青红皂白地表达他们对政府机构和私人组织的反对和不信任，并且似乎没有任何明显的事实依据。阴谋论者还往往坚持宣传阴谋论，拒绝考虑其他可能的解释。他们无视任何不能证实自己理论的证据，而只承认能够支持他们说法的证据。这种行为是错误虚假的阴谋论的标志。

迈克尔·巴昆指出，阴谋论认为人类事件是计划或设计的产物，而不是巧合或随机事件。这种世界观反映在几乎所有阴谋论都有的三个主张中：①没有什么事情是偶然发生的，②任何事情都没有看起来那么简单，③所有事情之间都有联系。阴谋论中的邪恶阴谋家非常强大，因此他们相当可怕。从积极的方面看，阴谋论赋予世界意义。善与恶之间的斗争给生活带来了目的和秩序，否则世界将陷于随机和混乱。巴昆还依据单个阴谋论的范围确定了阴谋论的三种类型：①事件阴谋论，②系统性阴谋论，③超级阴谋论。事件阴谋论的重点是一个事件或一组相关联的行动。奥巴马身世论就属于这个类型。系统性阴谋论的范围要广得多，这些类型的阴谋试图统治一个国家、一个地区甚至全世界，基于伪经《锡安长老会纪要》(*Protocols of the Elders of Zion*)❶的阴谋论就是一个例子。该阴谋论称一群犹太人精英正在密谋接管各个国家，并最终统治世界。在各种阴谋论中，超级阴谋论的数量最为庞大，内容最为迷幻。超级阴谋中包含着一系列的事件和系统性阴谋，由一个无形的、未知的邪恶体和看似无所不能的策划者精心谋划，以实现他们的终极目标。外星入侵者与地球领导者开展各种阴谋活动，企图创造外星人与人类的混合种族来统治地球，并奴役或灭绝人类，这种想法就是关于所谓的人类面临的生存危机的超级阴谋论。当阴谋论发展到一定程度，涵盖了所有政府或者一个秘密全球政府时，它们就会吸引左翼和右翼反政府分子。这种现象被称为融合性妄想。有些超级阴谋论具有明确的宗教主题，巴昆将这种主题的转变称为"即兴千禧年主义"，并将其定义为一种导致善恶之争的阴谋论，其结果是摧毁现有世界，随后建立起由所谓的正义统治的新世界。即兴千禧年主义的宗教元素来自新纪元信仰体系的各个组成部分。从不同的宗教，如基督教、伊斯兰教、佛教、神学、新异教，以及其他信仰中提

---

❶ 《锡安长老会纪要》1903年在沙俄首度出版，其主要内容为如何消灭现有的强权，建立由犹太人独裁统治的新帝国。也称《锡安长老议定书》，又译作《犹太贤者议定书》或者《犹太精英协议》。——译者注

取的碎片形成了不同版本的即兴千禧年主义。新纪元信仰体系的传统为即兴千禧年主义提供了宗教崇拜的背景，在此基础上即兴千禧年主义被不断重塑成新的版本。

阴谋论者声称他们的主张以证据和事实为基础，真实且正确。他们精心编排脚注、图表和参考书目作为证据，使阴谋论看起来俨然是严谨的学术作品。1964 年，历史学家理查德·霍夫施塔特（Richard Hofstadter）一针见血地指出，阴谋论者"学者"所做的是：

* 罗列了最为谨慎、认真和连贯的细节，他们费尽心思堆砌看似令人信服的证据，以得到最为神奇的结论。他们处心积虑，为从"无可否认"到"难以置信"之间的飞跃做好准备。他们并不指望他们的证据能说服一个"充满敌意"的世界。他们为了积累证据所做的努力倒更像是一种防御性行为，让他们可以屏蔽外界的声音，免受其他"无关"因素的干扰。

如果有人曾经埋头在铺天盖地的、看似技术含量很高但其实虚假而漏洞百出的证据中，试图找到足够的线索去否认纳粹集中营毒气室的存在，或者揭示"9·11"事件背后真正的阴谋，又或者指责奥巴马身世造假，那么他肯定知道霍夫施塔特在说什么。更大的问题是，阴谋论越是庞大，越是包罗万象，它看起来就越不可能弄虚作假。这种状况下，证据变得毫无意义，因为任何否定阴谋论的证据都可以被解释为由万能的阴谋家所编造。因此，超级阴谋论成为一种信仰，而不是经过调查研究后得出的逻辑推论。相反，人们会首先相信阴谋论，之后再试图寻找证据，无论这些证据多么有倾向性、无关紧要或断章取义，都能使他们更加相信阴谋论。对于阴谋论的忠实追随者来说，阴谋论几乎无懈可击。

在垃圾思想和垃圾知识的世界里，伪科学、伪历史与阴谋论是同路人。巴昆将这些形式的垃圾知识归为"被污名化的知识"。虽然这些知识被大学和其他科学机构的主流学者认为是虚假错误的，但其支持者却认为它们是真的。巴昆将被污名化的知识分为五类。

第一类是被遗忘的知识，指来自亚特兰蒂斯等神话中的古代遗失智慧，或者由像赫尔墨斯·特里斯梅格斯（Hermes Trismegistus）这样的古代圣人提出却被人们遗忘的知识。

第二类是被取代的知识，指的是曾经被视为真实的，但现在被认为是不真实的、可疑的知识。过去存在所谓的神秘学，如炼金术、占星术、白魔法和赫尔墨斯主义。从文艺复兴时期到17世纪科学革命后的很长一段时间，很多知名学者对神秘学都有所涉猎。天文学家约翰内斯·开普勒（Johannes Kepler）和早期心理学家西蒙·福尔曼（Simon Forman）的部分收入就来自占星。并非只有他们二人从事这种活动，当时神秘学被广泛认为是科学而值得被尊重的学术形式。被取代的知识包括被证伪的科学理论，如地心说、颅相学 ❶ 和拉马克进化论 ❷（Lamarckian

---

❶ 该学说认为大脑是心灵的器官，大脑的特定区域对应了心灵的官能，因此通过测量人的头颅便能够判断每个人不同的人格。——译者注

❷ 该学说的主要观点包括用进废退和获得性遗传。前者指生物经常使用的器官会逐渐发达，不使用的器官会逐渐退化。拉马克认为用进废退这种后天获得的性状是可以遗传的，因此生物可把后天锻炼的成果遗传给下一代。——译者注

evolutionary theory），这些理论曾被认为是真实的，但现在已经被推翻了。

第三类是被忽视的知识，比如在农村的贫困人口等社会地位低下的群体中流传的民间医术。

第四类是被拒绝的知识，这类知识一出现就被主流社会所摒弃，并且一直如此。巴昆以外星人绑架案为例，这种说法从一开始就遭到主流权威的抵触，但仍能吸引数以百万计的追随者，他们中许多人还称自己曾被外星人绑架。巴昆还指出，"被拒绝的知识"这一术语概念由英国学者詹姆斯·韦伯（James Webb）于1974年首次使用。韦伯将神秘学等同于被拒绝的知识，但他对神秘学的概念集中在这个词的隐秘性，而不是其魔幻的部分。正如韦伯所描述的：

* 　　神秘学是被拒绝的知识。它可能是被当权者主动拒绝的知识，也可能是因其公认与主流智慧不相容而自愿被放逐的知识……[它是]一种秘密活动，其基本共性就是反对当前的权力机构。

韦伯"被拒绝的知识"的概念包含了巴昆的五类被污名化知识的各个方面。

第五类是被压制的知识，即当局知道其真实性，但将其掩盖了的知识。压制这种知识的原因各不相同。在某些情况下，当局可能意在防止公众恐慌或公众愤怒的爆发。1938年奥森·威尔斯（Orson Welles）将赫伯特·乔治·威尔斯（Hebert George

Wells）的小说《世界大战》（*War of the Worlds*）❶改编成广播剧，很多人信以为真，导致民众恐慌，如今美国当局担心飞碟和相关的妄想会使人们重蹈覆辙。在另一些情况下，当局压制知识的动机可能是维护自身利益或消除恶意针对。"9·11"事件中世贸中心大楼倒塌的相关事实可能被压制，以保护幕后的真凶，比如美国中央情报局或摩萨德。许多人可能怀疑被压制的知识是否存在，但只有少数人知道真相，并且他们也不打算将其公之于众。巴昆指出，被压制的知识包含了其他几类污名化知识的各个方面。因此，为了将公众蒙在鼓里，被污名化的知识的追随者可以声称，污名化是阴谋的一部分。因此，被污名化就成了一种标志，意味着该知识确实为真，这样一来，就可以绕开对经验证据的需求。

另一种持续为伪科学、伪历史和阴谋论提供基础的文化现象是"宗派氛围"。1972年，英国社会学家科林·坎贝尔（Colin Campbell）发表了其经典文章《宗派、宗派氛围与世俗化》（*The Cult, the Cultic Milieu and Secularization*），使"宗派氛围"这一概念在学术界广为人知。正如文章标题所言，坎贝尔试图解释异教宗派的性质，这些异教往往行事神秘、组织松散、寿命短暂，它们所遵循的信仰体系被主流社会视为异类。坎贝尔认为，异教既是一种宗教形式，也包括伪历史、伪科学和阴谋论的各个方面。他还注意到，异教兴起之后不久便会衰落，不复存在。旧的

---

❶《世界大战》是描写外星人入侵地球的科幻小说，小说背景采用真实地点，并以第一人称口吻叙述。同名广播剧的播出形式模仿新闻播报，使美国听众信以为真。——译者注

异教宗派消亡的同时，新宗派会出现。正是因为宗派氛围，异教才有了持续存在的可能。宗派氛围是一种亚文化，它利用杂志、小册子、书籍、讲座、广播节目和会议等手段宣传各种离经叛道或非正统的信仰和思想。随着时代发展，互联网和有线电视上的利基频道 ❶ 也向越来越多的公众展示了宗派氛围中的异端思想和信仰。连锁书店中通常会设立新纪元专区，伪历史、伪科学作品挤占了历史和科学专区主流书籍的空间。《远古外星人》、《橡树岛的诅咒》（ *The Curse of Oak Island* ）❷、《典当之星》（ *Pawn Stars* ）❸、《美国破烂王》（ *American Pickers* ），以及《沼泽猎手》（ *Swamp People* ）之类的节目将传统历史节目挤到了历史频道的角落。其他曾经前途光明的网络频道，如探索频道、学习频道和艺术与娱乐频道，也在很大程度上放弃了它们原来对科学、历史和相关领域教育节目的关注。它们确实符合坎贝尔所认为的异教分子的本质，因为他们都是探寻者，在主流宗教的传统信仰体系之外探寻获得精神真理和个人成就的方法。

宗派氛围提供了一个异端思想和信仰的庞大宝库，也就是韦伯所说的被拒绝的知识和巴昆所说的被污名化的知识。宗派氛围具有多样性，它能够将其组成部分重新组合，形成千变万化的信仰和意识形态，这会吸引新的探寻者群体，并且使异教现象的持

---

❶ 利基频道，指的是针对特定受众而设置的频道。——译者注

❷ 针对橡树岛故事开发的系列考古真人秀节目。传说橡树岛上埋藏着罕见的宝藏，有预言称，必须死七个人宝藏才会出现。——译者注

❸ 美国真人秀，主要内容是各种宝物鉴定。——译者注

续存在成为可能。此外，宗派氛围还吸引了坎贝尔所谓的"被动消费者"的大量支持。

这些被动消费者对宗派氛围中的异端信仰和思想感兴趣，出于好奇，他们会购买书籍杂志、收听广播、观看电视节目、参加讲座和会议、点击网站，偶尔也会使用算命和看手相等服务，他们甚至可能组织通灵活动（尽管在许多恐怖片中，通灵必然招致灾难）。像外星人大会（AlienCon）这样的活动就是宗派氛围的体现。表面上看，大会某个摊位展示的重点可能是《远古外星人》节目，但在摊位区，与会者可以找到很多东西，除了《远古外星人》的文化衫，这里还有芳香疗法、草药治疗和另类的医学知识与商品，还有各种各样的新纪元相关产品。一些出版公司的摊位上有各种涉及宗派氛围的书籍，从《唤醒你的水晶》（*Awakening your Crystals*）、《灵魂之狗》（*Soul Dog*）到《黑暗舰队：秘密的纳粹太空计划和太阳系之战》（*Dark Fleet: The Secret Nazi Space Program and the Battle for the Solar System*），再到《摩西的谋杀》（*The Murder of Moses*）。许多参加这些活动的人是探寻者和真正的信徒，但更多的人是被动的消费者，他们参加活动是出于好奇，而非出于对这些异教的信仰。

2012 年，科林·坎贝尔在莱比锡大学做了一个讲座，名为《重新审视宗派氛围》（*The Cultic Milieu Revisited*）。在讲座中，他讨论了自 1972 年以来，盛行于 20 世纪 60 年代的正统主流观念是如何被打破的。如今的社会总体上更加多元和宽容。从宗派氛围中演变出来的新纪元运动日渐主流化，就是当前这种新文化的体现。许多宗派氛围不再是异教，也就是说，它们不再是异端，不再位于边缘。氛围依旧存在，这是一种由神秘学、超自然现象、伪科学、伪历史和阴谋主义组成的氛围，与传统的学习、高等教育和科学世界相区别。这就是垃圾知识的氛围，这个氛围已经存在了很长时间。它是人们对经历了启蒙运动、世俗化和现代主义（这些都是如今西方文化的内核）后，令人失望的世界的反应。这一氛围并不一定是西方文化中积极的那一部分，纳粹主义的沉重历史证明了这一点。宗派氛围或垃圾知识反对它们眼中的主流权威，即大学学者、知识分子、科学家和政府专家以及他们代表的知识。这就是詹姆斯·韦伯所说的神秘学，包括隐蔽的和公开的。最近的学术研究将这一种宗派氛围称为"对抗性的亚文化"。当然，阴谋论者和 UFO 学者❶ 对来自政府机构或大学的任何信息都持反对态度，除非这些信息和他们的看法一致。这就是当今阴谋论、伪科学和伪历史的基础。

伪学术或垃圾知识与方法合理、基于实证的学术之间有何不同？主流学者的结论基于证据和数据，他们首先进行研究，调查事实，然后得出结论和解释。学者们都认为，一旦发现了新证据，就必须要修改之前看来确凿可靠的结论。研究者需要对历史文献和文物的背景有所了解，才能基于证据得出真实可信的解释。伪学者们则截然相反，他们以结论和理论为出发点，然后对证据进行优选，以支持其先入为主的结论。如果证据不是很合适，他们还是把它硬塞进自己的理论当中。这种方法往往忽视证据的历史背景。

主流学者形成了一个研究群体，他们分享思想、参与辩论。

---

❶ UFO 学（Ufology），又称幽浮学、飞碟学，是指对 UFO 报告、目击事件、物理现象与相关奇异现象进行的各种研究。——译者注

他们通过参与同行评审，相互批评指正。主流学界出错的例子在历史上并不少见。当面对自己的错误以及支持对立面的充足证据时，主流学界会相应地调整自己的理论和解释。阿尔弗雷德·魏格纳（Alfred Wegener）首次提出大陆漂移理论时遭到了其他科学家的嘲笑，但随着时间的推移，积累的证据表明他才是正确的。随后，板块构造学的概念出现了，并以更好的方式解释了大陆漂移过程，修正了魏格纳的原初概念。学术方法中带有自我修正机制，这帮助科学、历史学和其他学科推动人类知识的进步。

伪学术并不遵循实证方法，也不坚持自我纠正机制。尽管他们各自理论之间的差异之大与他们同主流理论的差异相比，有过之而无不及，但边缘学者们几乎从来不会公开批评对方。报纸杂志或电视节目上，从来没有出现过一个边缘学者对另一个边缘学者的批评。在外星人大会这类活动或者是一些小型会议上，人们偶尔会看到不同理论的竞争和分歧。伪学者不参与同行评审或其他自我纠正过程。

科学、历史和其他学科中的伪学术和垃圾知识如何才能被大众所认可？这是一项艰巨的任务。伪学者使用一些技巧来提高他们的可信度，或转移人们对其可信度的质疑。他们使用过时的、被推翻的学术成果和理论，并把它们刻画成最先进的研究，以支持自己的观点与理论。例如，他们可能会引用1882年出版的伊格内修斯·唐纳利（Ignatius Donnelly）的《亚特兰蒂斯：太古的世界》（*Atlantis: The Antediluvian World*）来支持他们关于亚特兰蒂斯和其他失落大陆的观点。如今唐纳利的书是亚特兰蒂斯学的经典之作，但这并不意味着它是可信的学术成果。在之前亚特兰蒂斯学盛行的时代，它的主张看起来并不像现在那么牵强。但即便在当时，它们依然是非常边缘化的。此后，科学的进步已经证明当初的那些内容不足取信。空心地球论、火星文明论、亚特兰蒂斯文化或古埃及文化的超级扩散论，都遇到了类似的情况。

伪学者们还花了大量时间诋毁主流学术界和科学家。他们指责主流学者和科学家等人使用并维护的都是过时或完全错误的理论与解释，而恰是这些理论与解释构成了正统知识。他们称主流学者只关注无关紧要的细节和琐事，而不关注大局和背后的真相。他们不断地攻击专家的可靠性和可信度。这种对专家和专业知识的攻击在今天甚至更为猛烈、更为持久，正如混淆视听的新冠疫情否认主义那样。大学学位、学术职位和学术出版物等学术凭证反而会招致怀疑，伪学者更是以此为理由，拒绝接受主流学者在其专业领域发表的一切观点。

然而，如果有机会从主流学者那里获得对伪知识的支持，学术凭证又突然变得有效而可信。巴里·费尔（Barry Fell）就是一个很好的例子，他创作了《公元前的美国》（*America BC: Ancient Settlers in the New World, 1976*）和后续一系列类似书籍。费尔声称，在前 500 年和古典文明兴起之前的几个世纪里，古代凯尔特人、塞蒂贝尔人、爱尔兰人甚至埃及人经常前往北美并开采铜矿。这种活动持续了几个世纪，一直到基督教时代早期。他所引用的一个证据是新罕布什尔州神秘山的岩石构造。另一个证据是所谓的用爱尔兰奥格姆文字写成的铭文，费尔声称他能够破译这些铭文。长期以来，绝大多数考古学家一直拒绝承认这些铭文的真实性和费尔破译铭文的专业水平。尽管如此，费尔是哈佛大学的教授，这是一个非常有力的学术凭证。只要一有可能，他的支持者就会利用费尔的这一身份。事实上，费尔是一位备受尊敬的无脊椎动物学教授。但当一些关于前哥伦布时代的美洲访客的纪录片提到他时，他的真实身份总会被遗漏。任何一个善于思考的人都会觉得，这种对费尔确切的专业身份和资历的遗漏无疑是虚伪的。

垃圾知识的传播者使用的另一种策略是抛出大量细节使读者埋首其中，应接不暇。考古学家加勒特·费根（Garrett Fagan）将这种做法称为"厨房水槽"（kitchen-sink）论证模式。杰罗米·柯西（Jerome Cauchy）在《出生证明在哪里？巴拉克·奥巴马没有资格成为总统的案例》（*Where's the Birth Certificate? The Case that Barack Obama Is Not Eligible to Be President*, 2011）中提供了大量的细节。结果读者们感到非常困惑，他们不禁想，既然看起来有这么多证据，那么奥巴马身世论是否真的有道理？它掩盖了一个重要事实，那就是从客观的视角来看，奥巴马在夏威夷州的出生证明是无可指摘的。

伪学者往往主要依靠异常现象作为其论点的证据。异常现象是指奇怪的、意外的、不正常的或奇特的东西。换句话说，异常现象是无法解释的。UFO是不明飞行物的缩写，这就是它的含义。绝大多数UFO最后都被解释成了相当正常的现象。然而，UFO学家们毫不犹豫地声称，其余那些无法解释的UFO报告就是外星人访问的证据。事实上，这些无法解释的UFO目击事件是一种异常现象。它们是否有可能是外星飞船？确实，就像外星人入侵一样，这是有可能的。不过，就目前而言，没有可信的证据表明这些异常的UFO目击事件和某种外星飞碟有关。异常现象并不能证明什么或否定什么，它唯一能说明的是，我们确实没有办法解释所有的事情。迈克尔·舍默指出，合理的信念和理论"不是仅仅建立在单一的事实上（异常现象可以反驳单一事实），而是基于多重调查中证据的汇集"。证据的汇总与比较方法的实证性运用，是社会科学和历史学的科学性所在。此外，现在不能用科学解释的东西并不意味着我们永远都无法用科学解释它。多年来，科学已经解开了许多谜团和看似无法解释的现象。正确的做法是采取等待和观察的态度，而不是默认超自然或超常态的解释。

伪学者还采用了颠倒举证责任的策略。换言之，他们还会抛出一个耸人听闻的说法，而在主流学者推翻它之前，这个说法被默认成立。在现实中，应该由伪学者来证明他们的论点。持怀疑态度的科学家卡尔·萨根（Carl Sagan）说："超乎寻常的论断需要超乎寻常的证据。"这句话并不是他原创的。18世纪中期，哲学家大卫·休谟（David Hume）写道："明智的人……根据证据的多少来确定信仰的深浅。"而垃圾知识的传播者往往会退缩，称他们只是在提问，这是事实，但他们提出的问题具有倾向性和引导性，旨在推卸证明他们的非主流主张的责任。

垃圾知识也会参与真实 – 虚构大颠倒的过程。对于伪历史、伪科学和阴谋论的信徒来说，虚构的事件和概念已经成为真实历史的一部分。爱德华·鲍沃尔 – 利顿（Edward Bulwer-Lytton）的《即临之族》（*The Coming Race*, 1871）是一部早期的乌托邦科幻小说，它讲述了一个生活在空心地球里面的人类社会。社会成员的创造力和破坏力高到了一种令人难以置信的程度，这些能力被称为"维利"，用来扩张和征服地下世界。一旦这些地心人在地表出现，将不可避免地给生活在地球表面的人们带来灭顶之灾。

纳粹时代以来，有关维利社会的故事一直在流传。这要归因于流亡的科学家威利·莱伊（Willy Ley），他在1947年发表的一篇文章中首次提到了维利社会。莱伊的文章引发了各种疯狂的猜测，它们声称纳粹维利会和第三帝国试图将维利用作一种神奇武器。尼古拉斯·古德里克-克拉克（Nicholas Goodrick-Clarke）的研究以更加平实的视角看待维利社会，但真实-虚构大颠倒现象已经在宗派氛围中根深蒂固。

主流学者发现，与主流科学、历史和其他学科不同，垃圾知识并不能通过持续的研究揭示新的事实和证据，进而提出新的或者改进的理论和解释。实证学术和科学的真相在于，发现与理论总是暂时的。当新的研究促使人们以新的方式思考问题时，解释和理论就会随之改变。自1968年埃利希·冯·丹尼肯（Erich von Däniken）的《众神的战车》（*Chariots of the Gods*）❶首次出版以来，他关于古代外星人的想法发生了多少变化？他揭示了哪些新证据，提出哪些新见解？从他后来的书以及他在《远古外星人》节目中的表现来看，五十多年来他没有任何重大的新发现。查尔斯·哈普古德提出了地壳位移论，认为南极冰盖下有一个失落的古代超级文明，他的追随者并没有发现新的证据来支持他的理论。主流科学的进步促生了新的实验方法和测量方法，如果发生了极点移动，实验测量结果就可以证明哈普古德的假设。然

---

❶ 埃利希·冯·丹尼肯认为金字塔、玛雅文明、秘鲁纳兹卡平原上的巨型图画等很多文明遗迹其实是外星人留下的，外星人不但很早以前就来过地球，而且在人类文明发展历史中起到了重大作用。——译者注

而，事实恰恰相反。哈普古德的观点确实是错的，除非你是一个无视科学的伪科学信奉者。伪科学假说未能成为既定理论，就认识论而言，这一点本身就是一个巨大的危险信号。

自 20 世纪 30 年代以来，有一个问题一直存在，那就是如何划分科学和伪科学之间的界线，在更广泛的意义上，也就是如何划分经验知识和垃圾知识之间的界线。哲学家卡尔·波普尔（Karl Popper）认为，科学与伪科学的区别在于伪科学的主张是无法通过实验或观察来证实的。但进化生物学家、怀疑论者马西莫·皮格利乌奇（Massimo Pigliucci）指出，这种区分将生物学、地质学、心理学、社会科学以及历史学的大部分领域都划入了伪科学的范畴。这些学科的从业人员可能从未或很少进行实验，但他们确实会像侦探取证那样，系统地收集证据、事实和数据。这个过程使所有的学者和研究人员能够对他们所研究的东西做出推论。他们积累的证据越多，推论就越站得住脚。我们要记住，科学固然可以证明一个理论是真实正确的，但它更重要的作用是证明一个假设或理论是错误的。前文反复强调，科学中的真理总是暂时的，从来不是绝对的。这同样适用于其他使用对比方法和证据进行推论的学科，如历史学。历史学家试图根据现存的历史证据，尽可能重建过去的事件。某些时代的历史证据数量稀少，甚至根本不存在。而对于较近的时代来说，大量的历史证据又会令人目不暇接，因此历史知识不可能是一成不变的。历史学家还要对他们在研究中收集到的东西进行阐释，将其置于特定背景中从而赋予其意义。出于学者的职业道德，所有这些事情都应该本着公平的精神去做，尽可能地避免偏见和主观性。如果历史和科学是按照严格的学术标准和方法进行的，那么它将大大有助于揭露伪历史和伪科学、神话、误解和公然欺诈，使世界和过去更容易被理解。

那么，主流学术知识和垃圾知识（伪知识）的分界线在哪里？垃圾知识是有程度之分的。有些作品和演讲是纯粹的垃圾，但其他作品则是不同程度的主流学术知识与垃圾知识的混合体。因此，两种知识的区分变得模棱两可。对于学者来说，尤其是对那些对相应主题有直接专业知识的学者来说，识别垃圾知识是相当容易的，其简单程度如同让珠宝商分辨出高质量钻石、劣质钻石和假钻石。对于非专业的普通大众来说则不一样，他们不了解学术文献和历史记载，不知道正确的方法论，他们可能不具备批判性思维能力，不能识别本章所讨论的各种危险信号。这就是为什么主流学者、科学家和专家需要应对垃圾知识带来的挑战。正如我们将在下一章看到的，认知心理学和社会心理学揭示了人性的某些方面会使垃圾知识具有吸引力和可信度。

第二章

为什么人们会相信奇怪的事情？

＊

卑劣之人憎恨知识的原因不难理解。他憎恨知识，因为它是复杂的，因为它给他接受思想的微薄能力带来了难以承受的负担。因此，他总是在寻找捷径。所有的迷信都是捷径。迷信的目的是使不可理解的东西变得简单，甚至显而易见。

H. L. 门肯（H. L. Mencken）

在焦虑和不确定的情况下，迷信可能会凸显出来。这也许被看作是一种向婴幼心态的退行，或者是向生命里早期习得但后来被压制的信念的退行；或者被看作是对可怕局面获得某种虚幻控制的手段。

詹姆斯·韦伯

如何回答本章标题所提出的问题？有些人可能会说，人们相信奇怪的事情是因为他们很愚蠢。虽然在某些情况下确实如此，但显然还有许多聪明人也会相信一些相当古怪和非理性的想法。还有人认为，相信怪事的人没有受过教育，或者受教育程度不高，他们是无知的，更容易被具有欺骗性的观点迷惑。有很多证据表明，缺乏科学素养的人更容易接受伪科学概念和理论。然而，这些都不能解释为什么人们即便在面对显然与自己的信仰相悖的、无可争议的事实时，依然会顽固地坚持错误的观点。许多人觉得这种执迷不悟的态度令人费解，甚至不安。我们会问，他们怎么能坚持下来的？显然，这种行为的原因复杂，涉及进化生物学、认知心理学、社会心理学、社会化、文化和宗教。

要理解人们为什么会相信奇怪的事情，最好从进化生物学及其对认知心理学的影响开始谈起。人类喜欢把自己看作是理性的存在。我们这个物种的学名是智人，意思是有智慧的人。当然，即使对历史和时事只了解皮毛，我们也会知道，作为一个物种，人类的所作所为常常并不明智，甚至具有自我毁灭性。人类确实在思考，但他们的思考往往不是理性的、连贯的或一致的。根据著名的怀疑论者和科学史学家迈克尔·舍默的说法，"信念第一，解释第二。我把这个过程称为依赖信念的实在论"。习得一套信仰是社会化过程的一部分，每个人都在与父母、其他家庭成员、朋友、学校、宗教和文化的互动中经历过这一过程。社会化过程深刻影响着人们所相信的事物。同时，个人也会或多或少独立地形成一些自己的信仰。正如舍默所断言的，"大脑是信念的引擎"。人类的大脑本能地接受他们收到的感官信息并识别其模式。舍默以一个早期人类在地上觅食的情景为例，此人注意到来自附近草丛的声音、景象和气味，认为可能有一只大型肉食性动物正在等待毫无防备的猎物自投罗网。于是，出于谨慎，此人爬到了最近的一棵树上的安全地带。如果真的有一只狮子躲在灌木丛中，这一决定将拯救他的生命。如果灌木丛的沙沙声是由微风引起的，那么对于此人而言，中断觅食并不会对他造成实质性的伤害。作为一种生存机制，大脑会本能地寻找这种类型的感官模式。有些模式是有意义的，它们促使人们做出准确有用的评估。然而，通常情况下，大脑识别出的模式并不真正存在，也没有意义。一个日常生活中常见的例子是，人们会从云中看到图像。人类的大脑努力将这些随机事件连接起来。舍默把这个过程称为"建模性"。此外，人类试图为这些模式赋予某种意义、目的和动机。他称这一过程为"动机性"❶。有时模式并不真实。能量线就是一个例子，它将事物联系起来的方式归根结底是毫无意义的。新纪元信徒声称，地球上的许多地方，如吉萨金字塔群、英国巨石阵和乌鲁鲁巨石等都拥有神秘能量。它们的位置不是随机分布的，而是形成了一种模式或坐标网，反映了一些无法解释或无法探测的超自然现象，又或者是某种古老外星人的史前飞碟登陆基地，它们连接在一起就是测绘或能源生成系统。这种想法的问题在于，你只要有耐心和时间研究和摆弄地图，就能从比萨饼店的分布或者教堂的分布中发现类似的模式。当涉及阴谋论时，建模性和动机性尤其容易导致虚假警报和荒谬阴谋。

我们所有人的信仰都有自己所依赖的现实，它基于我们的个人经历、文化环境和能够获取的信息。在 20 世纪的大部分时间里，有一个相对稳固的共识现实，它是美国、加拿大、西欧以及许多拉丁美洲国家等工业化国家的基石。在每个国家，人们阅读相同或相似的书籍、杂志和报纸，听相同的广播节目，看同种电影。到 20 世纪 50 年代，电视迅速成为播放新闻、娱乐节目和纪录片的主要阵地。美国只有三个主要广播网络，而在英国，英国广播公司（BBC）从 1932 年到 1955 年垄断了英国的电视广播。

---

❶ 按照舍默的解释，建模性倾向于从随机的无意义的噪声中寻找有意义的模式，而动机性倾向于相信世界被无形的有意图的机构控制着。——译者注

此时，独立电视网（ITN）应运而生。大多数美国和英国的观众都可以看 3~4 个频道。在美国，随着独立电视台的出现，纽约和芝加哥等大型城市为观众提供了更多选择。所有这些频道都大体相似，它们试图吸引广大的普通观众。在其他工业化国家，民众可选的频道数量基本相同。在很大程度上，这些社会的信息文化是相当同质的。这种同质性有助于创造和维持一个共识现实。这种情况一直维持到有线电视和互联网出现，它们带来了数百个电视频道和数不清的网络平台。

这些信息渠道在向公众提供信息时都会对信息的性质和类型进行把关。它们的首要目标是吸引主流观众，因此，小众群体的口味和兴趣不会受到重视，因而基本上不能得到满足。而在印刷媒体领域，情况则没有那么单一。关注点较为特殊的杂志、报纸和书籍随处可见，尽管它们的受众相对较少。谁被出版或谁被广播，主要是由经济效益决定的，核心问题是：这个项目能不能大卖或者吸引观众从而获得利润？❶有些决定则是基于对道德和公共习俗的考量，这些决定促使某些标准得以形成，从而压制或阻止了某些主题的出版、电影制作以及广播或电视转播。信息渠道作为把关者，还要阻止某些不良科学、不良历史或不良学术成果在主流读者和观众中传播。一个突出的反面例子是 1950 年，天文学家试图阻止伊曼纽尔·维利科夫斯基（Immanuel Velikovsky）

❶ 此处指的是欧美国家的出版和广播情况。——编者注

的《碰撞中的世界》(*Worlds in Collision*)❶出版。维利科夫斯基的观点特立独行，站不住脚，但对大众读者有极大的吸引力，以至于出版商愿意将利润置于理智之上。大约在同一时间，右翼的约翰·伯奇协会(John Birch Society)❷为了成为主流组织而苦苦挣扎，但最终还是失败了。他们的问题在于，约翰·伯奇协会的世界观与主流的共识现实都不相容，和现实就更不相容了。当时，该运动的领导人写了一本书，指责受人尊敬和爱戴的时任美国总统德怀特·艾森豪威尔(Dwight Eisenhower)是一名共产主义特工。即使在20世纪50年代那个充满恐惧的时代，这个指控对绝大多数美国人来说也实在是太荒谬了。

当然，奇怪的想法一直存在于人类社会中。我们与生俱来的建模性和动机性行为确保了我们不断地将随机的感知和经验联系在一起。这也意味着，有时这些事件会以错误的方式连接起来，并被错误地纳入一些人的信仰所依赖的现实中。当这种类型的连接发生时，就会出现人类认知的另一个方面——确认偏差。一旦人们形成并接受了某个信念或观点，他们就会立即去证明自己的想法是正确真实的。当他们只专注于寻找支持其信念的证据时，就会存在偏误。他们会忽视相反的事实或证据或者对其

---

❶ 在书中，维利科夫斯基宣称，大约在前1500年，木星的一部分脱离木星进入太空，成为近距离掠过地球的一颗彗星，引起地球表面剧变。这颗彗星进入规则轨道成为金星。——译者注

❷ 约翰·伯奇协会是第二次世界大战后美国具有代表性的极右翼组织，协会继承了麦卡锡强调的"共产主义阴谋论"，但在表述内容与宣传方式方面更加切合实际和多样化。——译者注

采取漫不经心的态度。这个现象又称为"动机性推理"。正如记者安娜·梅尔兰所解释的："我们倾向于对能证实我们预先存在的信念和价值观的研究报告、新闻报道和任何其他形式的信息给予更多的重视，并想办法拒绝那些与我们感觉到的真相不一致的东西。"俗语中这种行为叫作"采樱桃"❶。科学或经验性的努力是为了确定并提供一个有效的、依赖科学的信仰体系。"采樱桃"的做法会让这样的努力付之东流。

迈克尔·舍默描述了确认偏差的各种子集。有一种后见之明偏差，即试图让过去的事情与现在的知识或情况相适应。在历史学术领域，它的另一个名字是辉格史❷。这种偏差忽视了过去事件的偶然性，认为它们是必然事件。另一种确认偏差是现状偏差。究其根本，它认为我们一直是这样做的，而且这样一直很有效，所以为什么要改变呢？研究人员也经常与期望偏差做斗争，期望偏差指的是，观察者或研究人员更关注那些能够证实自己研究或实验的预期结果或结论的数据与证据。期望偏差与自证预言的倾向密切相关。自证预言是指人们希望得到某种结果，因此会采取非常规的措施和干预手段，促使这种结果发生。确认偏差是人性的普遍特征，因此如果想生活在一个现实而非幻想的世界

---

❶ 采樱桃是一种非形式谬误，指刻意挑选呈现支持论点的数据，而将重要但不支持论点的数据忽略。这个词语源于采樱桃或其他水果的一般经验。挑水果的人把好的水果挑出来，看到的人可能会以为所有水果都是好的。——译者注

❷ 辉格史即"历史的辉格解释"，指19世纪初期，辉格党历史学家往往从他们所处的时代的角度出发，来评判历史事件的价值。——译者注

里，就需要意识到它并加以防范。

当人们追随可疑的信仰时，他们经常遇到一个问题，即现实世界中的事件并不能持续巩固他们的信仰体系，他们会遭受认知失调的困扰。当一个人或一个团体的信仰与证据、事实、现实，甚至其他信仰发生冲突时，就会出现这种情况。这种冲突和矛盾的状态给信仰者带来了压力和焦虑，这就是失调。这种压力或失调需要得到缓解。心理学家利昂·费斯廷格（Leon Festinger）在研究一个 UFO 异教组织时提出了认知失调的概念和理论，该异教组织声称他们从外星来客口中得知，一场大洪水将带来世界末日，特别是将导致芝加哥地区的毁灭，而大部分异教分子就住在那里。当然，在该异教组织宣称的洪水降临的那天，并没有发生毁灭世界的灾难。该异教组织确实经历了一时的冲击和一定程度的幻灭，一些成员也因此脱离了这个组织。然而，核心成员坚持了下来。他们解释道，他们对洪水的预测失败实际上并不能算作失败。他们称就在做出预测之后，外星人告诉他们，因为异教的祈祷和信仰，世界已经被从毁灭中拯救出来。

尽管所有的研究都表明吸烟有害健康，并且证据显示烟民的身体状况正在恶化，但他们戒烟还是可能会失败。这个时候，人们也会使用同样的方式为自己辩护。费斯廷格的结论是，许多认知失调的人会不惜一切代价来减轻压力，即使这意味着忽视现实与自己的信仰及行为之间的冲突。就有关 UFO 和阴谋论的信念而言，终极的回避方式是使他们的信念无法被证伪，这时，认知失调就消失了。许多人声称新冠疫情是一个骗局，或者是一种生化武器，其幕后黑手是某个国家、新世界秩序、比尔·盖茨，抑或是一些坏人。相较于不会思考、无情无义的病毒"幽灵"，否认疫情的存在或者将其归咎于邪恶人物的阴谋能够让人们好受些。如何对抗疫情？答案是以科学为基础的医疗实践和药物治疗，但这些需要耐心、毅力和忍耐力。这些品质并不是人人都有的。而且，主要的问题是，一些国家有相当大一部分人拒绝提供科学解决方案的专家和权威人士。相反，他们倒向了魔法思维、阴谋论和认知失调。相较于与一个看不见的病毒打交道，指责假新闻或指责"深层政府"❶创造了人类公敌要来得更舒服些。他们更进一步的做法是称疫情为骗局，拒绝承认问题的存在和真实性。这种现象的名称是否认主义，它是缓解认知失调的方法。遗憾的是，它缓解认知失调的方式是完全非理性地忽视、质疑、拒绝历史证据和科学发现。

为什么许多人觉得可以随意否定专业知识以及支撑这种知识的事实和科学呢？研究人员发现，两种人格特征会让人们无视专家：邓宁－克鲁格效应和自恋。邓宁－克鲁格效应指能力或知识水平较低的人总是将自己的能力或知识水平排在比他们实际情况更高的位置的现象。根据心理学家的研究，邓宁－克鲁格效应源于元认知的缺乏，也就是他们对自己认知的认知缺乏。通俗地说，他们缺乏对自己才能或知识局限性的了解或认识；更直白地说，他们对自己的无知一无所知。就政治事务而言，这意味着许多人自以为自己知道的比他们真正知道的要多。因此，他们觉得没有必要提升自己，让自己变得更加见多识广。这种情况使他们更容易受到阴谋论和垃圾知识的影响，因为阴谋论和垃圾知识为

---

❶ "深层政府"指由军队、警察、政治团体等组成的，为保护特定利益而秘密地控制国家的集团，也被称为"国中之国"。——译者注

他们的信仰与偏见提供了简单的解释和答案。其中，信念是第一位的，其余则是由邓宁－克鲁格效应导致的确认偏差和动机性推理。这些人不需要，也不想要理性和批判性思维的帮助。邓宁－克鲁格效应甚至有助于让能力低的人更加自信，它还为一些心理防御机制提供了基础，使人们能够减轻或忽略认知失调带来的不适和压力。许多人拒绝科学家关于人类活动正在加速和加剧气候变化的广泛共识，就是这一现象的一个很好的例子。有关气温大范围地创下新高以及极地冰盖融化的报道频出，但这些人始终对此视而不见。这样一来，违背理性和现实的想法就会持续存在。换句话说，浅学真的会误人。

在阴谋论和其他形式的垃圾知识的信徒当中，另一种很常见的人格特征是自恋。要记住，和大多数人格特征一样，所有的人都有一定程度的自恋。每个人也都拥有一定程度的自尊心，其程度因人而异。事实上，一定程度的自恋对一个人来说是健康的。我们所有人都会偶尔表现出不适当的自私。然而，和其他人不一样的是，自恋者往往拥有低水平的自尊。因此，他们尝试用他们的行为方式掩盖这个缺点。尽管毫无根据，自恋者还是认为自己很重要。他们渴望得到钦佩，有强烈的权利意识。与其他人相比，自恋者认为自己是特别的、优越的。这种自我形象常常导致他们对其他人表现得傲慢无礼。此外，他们对他人的感受或需求缺乏同情心。这也意味着他们会利用他人，且对周围的人没有忠诚感或社会责任感。毋庸置疑，自恋者往往很难相处。幸运的是，只有 1% 的人高度自恋，并被归类为自恋型人格障碍（NPD）。这也意味着，虽然有很多人的自恋程度还没有达到被诊断为 NPD 的程度，但他们仍然能够令人厌恶，并对社会造成破坏。

研究表明，自恋的人往往更容易被垃圾知识中的想法和概念所吸引并对其笃信不疑，特别是阴谋论。一些研究发现，相信阴谋论、低自尊和自恋之间有很强的关联性。这并不意味着所有相信阴谋论的人都是自恋者，也不意味着所有自恋的人都相信阴谋论。阴谋论、低自尊和自恋之间如何相互影响，以及为什么会相互影响，我们对这些问题尚不清楚，但它们之间肯定存在关联。自恋者经常表现出偏执，因为他们相信与周围大多数人相比，自己是特别的、优越的。他们认为人们羡慕、嫉妒他们。因此，他们假想人们要对付他们，并策划阴谋反对他们。此外，由于自恋的人自以为高人一等，他们对阴谋论的信仰使他们自以为洞察了周围普通人和"低等"人无法了解的秘密。拥有阴谋论信仰的人属于一个特殊的"精英"群体，这将他们与社会上的其他人区分开来。这就是集体自恋，是一种通过赋予特殊小团体宝贵成员身份而实现的自我强化。作为一个群体，他们参与集体斗争，对抗那些要摧毁他们、损害他们的权利和特权的各种阴谋集团。在这样的世界观中，对任何特定阴谋论的驳斥对于自恋者个人和集体来说都是一种存在性威胁。他们可以轻易地回避这种危险：只需要把他们的阴谋包装成是全能的、系统性的超级阴谋，抑或是即兴千禧年主义，他们的阴谋就无法被证伪了。

另一个能够解释人们为什么会接受非理性的想法和信念的心理学概念是控制源。控制源也是一种人格特征。如果一个人认为他们可以通过自己的行动和能力来控制自己的生活，他们就会表现出内控制源。如果一个人认为机会、巧合或社会结构等外部力量控制着他们的生活，他们就表现出外控制源。然而，人类并不是简单地只有内源控制或外源控制。从极端的内源控制到极端的外源控制,形成了一个连续体,而大多数人处于连续体的中间区域。一个人的控制倾向会随着年龄和个人情况的变化而变化。对于个人而言,控制源随着不同的环境和问题而变化。随着年龄的增长,人们的内控制源会得到更多的发展,这不难理解,因为大多数人随着年龄的增长,经济水平更有保障。但是对于老年人而言,身体的日益衰弱意味着外控制源的增强。如果一个原本衣食无忧的人丢掉了一份好的工作,然后又找不到另一个类似的职位,那么这个人的内控制源就会受到严重打击。在全球范围内,气候变化或大流行病等外部威胁会导致一些人的压力水平和他们的外控制源大幅增加。对心理学研究者来说,一个有趣的问题是:反对戴口罩的人和那些在新冠疫情期间去拥挤的海滩、酒吧或酒馆以及进行政治集会的人,在内外控制源的连续体上位于哪个位置?

心理学家发现,阴谋论者和超自然或魔幻思维的追随者往往拥有较高的外源控制。研究一次又一次地表明,外控制源和阴谋论信仰之间存在着强烈的关联。因为外控制源倾向于让人们相信自己受制于无法控制的、模糊但强大的外部力量,一旦这种外控制源倾向与人们与生俱来的"建模性"与"动机性"特征结合起来,人们就很容易将不同的事件联系起来,相信阴谋论或其他的即兴千禧年主义愿景。

许多记者和社会批评家都对外控制源和阴谋论或神秘信仰之间的联系发表了观点。弗朗西斯·惠恩(Francis Wheen)观察到,"新的非理性主义是人们绝望的表现,他们感到无力改善自己的生活,怀疑自己受到秘密的、非个人的力量的摆布,无论这些力量是来自五角大楼还是火星的入侵者"。政府认为怪异的信仰是一种分散对现实的注意力的有用手段。大卫·阿罗诺维奇（David Aaronovitch）也认为，"阴谋论常常在政治、社会或经济变革的牺牲者中生根"。安娜·梅尔兰指出，"动荡和社会动乱频发的时代往往会导致阴谋论思想激增"。她还指出，社会流动性下降、人民感觉政治权利被剥夺、社会安全网和医疗保健系统混乱是焦虑、不满和无助感的根源。这些都标志着社会功能日益失调，并最终沦为具有高度外控制源倾向的人的温床。

阴谋论和其他垃圾知识的另一个吸引力在于大多数人喜欢简单的解释或叙述，而不是复杂和微妙的解释。上文已经指出，邓宁－克鲁格效应天然伴随着对事情简单但错误的解释。相较于复杂的基于证据的科学理论或历史叙述，阴谋论和许多其他伪科学或伪历史的想法都相当简单。糟糕的事情会发生，比如，去工业化使得曾经高薪与稳定的制造业工作不复存在。对此，学者们的解释涉及经济全球化，新技术、工厂向劳动力成本低的地区转移，以及当资本主义功能失调时，保守的政府不愿意监管大公司等方面。这些都是整个过程的一部分，专家们并不总能解释清楚。他们对事件的解释似乎难以捉摸，令人困惑，不能让普通人满意。因此，单一因果的解释更受欢迎。将事情归咎于贪婪的犹太银行家或恶毒的新世界秩序要容易得多。这样一来，就可以把不愉快的情况简化为善与恶之间的冲突，并给受害者提供了一个可以与之战斗，或者至少是可以憎恨的敌人。同样的问题也适用于对原始时代人类和文明起源的解释。经验性的解释会谈论人类进化、环境挑战、人类创新、文化扩散、人口迁移、政府和官僚机构的发展以及宗教的作用，这些因素都在人类文明的历史上发挥了连续的作用。但对一些人来说，一个更简单并且显然更有吸引力的解释是：人类的祖先是外星人！

善恶斗争的叙事使阴谋论、伪科学和伪历史对其追随者更有吸引力。这些信徒是好人，他们是自己生活中的英雄，尤其是在他们的幻想中，他们与深层政府、蜥蜴人或邪恶的犹太人及其泥人❶爪牙英勇搏斗。在这种对世界及其困境的看法中，奇异信仰的追随者不仅是善良的，更是上帝或命运的天选之子。这正是自恋的人梦寐以求的。基督教认同运动声称不列颠群岛和北美的白人实际上是以色列失落十部落的后裔，特别是以法莲和玛拿西部落的后裔。如今看来，这是可怕的天选血统论。至于犹太人，他们被看作是骗子，是邪恶撒旦的后代。20 世纪上半叶，许多德国人越发相信自己是一个拥有特殊命运的民族。他们用这种信念回应了大卫·阿罗诺维奇提出的反问："谁……不想和有天赋和见识的人站在一边？"他们说在亚特兰蒂斯和希柏里尔等失落大陆的原始时代，古代德国人拥有超能力和先进科技，但随着时间的推移，由于与低等人类杂交，他们退化了。纳粹主义就是要恢复德国人作为主种族或"优等民族"（Herrenvolk）的命运。这是纳粹主义和纳粹民族意识形态所推崇的身份。它使德国人感到自己很特别，并充满希望，尽管是一种虚假的、最终导致灾难的希望。然而，在一段时间内，这种雅利安人身份非常具有诱惑力，就像伪科学和伪历史一样。

归根结底，主要有三种基本需求导致人们相信阴谋论。其

---

❶ 在犹太教传说中，人们通过巫术可以用水和泥创造出自由行动的人偶，也称为魔像（Golem）。——译者注

一，人们渴望获得对世界确定的理解。阴谋论简单或简化的解释很容易满足这种期望，至少表面上是如此。其二，虽然阴谋本身威胁到人类的生存，但相信阴谋论可以获得一种控制感和安全感。只要知道威胁是什么，潜在的受害者就可以抵制甚至打败它。其三，成为一名知情者和参与宇宙斗争的好人和精英，会带来积极的自我形象。这种心理上的好处为许多人相信阴谋论提供了巨大的动力，无论阴谋论本身多么不可信。

垃圾知识的奇怪想法主要是现代主义和大众社会的产物。印刷机的发明使信息的大规模生产成为可能。知识和信息传播方面的所有其他技术创新都加剧了这一巨大的变化。19 世纪，印刷业进一步革新，书籍、报纸和杂志变得更加便宜，这推动了大众消费。19 世纪 40 年代，电报的发明第一次使新闻和信息的远距离即时传输成为可能。第一部电影出现在 19 世纪末期，而到 20 世纪 20 年代初，电影已经成为主要娱乐产业。19 世纪 90 年代，发明家们开始试验无线电，到 20 世纪 20 年代，无线电已成为即时通信以及新闻和娱乐广播的另一种媒介。进入 20 世纪，电视、计算机和互联网进一步推动了即时通信和信息传播。随着成本下降，互联网的访问范围不断扩大，促使信息同时走向民主和大众市场。人们接触到的信息并没有局限于主流知识，还延展到了混乱的无政府主义和虚无主义等领域。正是技术变革让栖息在社会边缘的垃圾知识比以前更容易渗入文化主流。电视剧《远古外星人》的成功就是一个典型例子。对于许多观众来说，它带来了一种罪恶的快感或者满足了人们无意义的好奇心。然而，对其他人来说，它是他们的宗教信仰，是他们对现实和人类历史的看法。它是事实和虚构的颠倒之地，也是一个充斥着怪异理论的超市，为其真正的信徒补充精神货物。这是一个超速发展的宗派氛围。然而，正如大卫·阿罗诺维奇所指出的，垃圾知识的主要创造者和消费者都是受过教育的中产阶级成员。他们的闲暇时间和可支配收入，可以花在像外星人大会这样的活动上，或者用于支付会费订阅一个或多个网站，这些网站专注于空心地球理论和 UFO 学等奇奇怪怪的事情。

一些学者认为，后现代主义和相对主义在学术界的兴起加剧了这种垃圾知识的泛滥。20 世纪 70 年代以来，文化斗争一直在持续，并且在未来仍将继续。同时，电视上夸张的极右翼评论员告诉公众，大多数大学教授都在教导人们真理并不存在，一切都是相对的，所以一切皆有可能。重要的是，这样的铁杆后现代主义者在大多数校园里是极少数，他们绝对不会出现在工程学院或自然科学学院。在人文和社会科学学院，后现代主义确实存在，而且会产生影响。它所做的是为伦纳德·杰弗里斯（Leonard Jeffries）、沃德·丘吉尔（Ward Churchill）和马丁·伯纳尔（Martin Bernal）这样的学者创造了一个安全区。他们以可疑的叙述方式宣扬他们的理论，比如认为广泛使用的带有天花病毒的毯子是对付美洲原住民的生物武器；毫无科学依据地认定一个人皮肤中黑色素越多，智力就越高；或宣扬有关古典学术中所谓的种族主义倾向性的历史。很少有学术界人士真正从事这样的研究。但是，如果他们从事了这种研究，他们的命运和大多数教师的命运基本相同——学生们并不会听他们的。因此，在这个过程中没有学习行为，这些极端的后现代主义者也就没有对社会造成伤害。不过，过度的后现代主义实际上还是造成了一些伤害。正如大卫·阿罗诺维奇所警告的，"如果所有的叙述都是相对的，那么我们就会迷失。"极端的相对主义宣传一种"什么都可以"的容忍度，钝化了人们的批判性思维。正如记者、社会评论家弗朗西斯·惠恩所断言的，"这就是后现代主义所留下的虚弱遗产——理性的瘫痪、拒绝在合理的假设和胡言乱语之间观察出任何质的区别"。要准确衡量后现代主义的影响是不可能的，它的影响介于微不足道与深远广泛之间。毋庸置疑，右翼学者利用后现代主义的幽灵，来破坏学术界专家的信誉。这就是为什么阿罗诺维奇坚称，学者和研究人员需要"教条式的坚持"，需要准确、真实而理智地描述相关的事实和事件。

　　阴谋论历史学家凯瑟琳·奥姆斯特德对这个问题采取了不同的研究方法。她认为，解决现代社会特别是美国阴谋论激增的最好办法是让政府更加透明。在政府严格保密的社会背景下，这似乎是合理的建议。这也是奥姆斯特德在研究阴谋论的过程中产生的建议。她的研究重点是与政府不法行为和对其进行掩盖的行为有关的阴谋。这就是为什么她把重点放在政府的行为上。一个更透明的政府将有助于减少阴谋论的扩散。然而，这并不能阻止它们。UFO运动的历史表明，提高政府透明度不一定能消除人们对政府的怀疑和阴谋论。美国政府最初几年对它所知道的UFO相关情况严格保密，而一旦政府采取更透明的姿态，UFO阴谋论就遭遇了失败。UFO学家们拒绝接受后来政府针对UFO的报告和揭秘，他们对美国政府掩盖真相的指控有增无减，因为就UFO运动而言，政府在这个问题上毫无任何可信度。此外，正如前面所讨论的，对于存在一个系统性的阴谋或涉及UFO的超级阴谋，多疑的UFO学家们会简单地声称政府的阴谋组织者有能力处处隐瞒或伪造证据。无法证伪的阴谋论根本不会被证据或政府透明度所揭穿。

阿罗诺维奇是正确的，反驳垃圾知识与随之而来的阴谋论需要事实和证据。然而，许多学者都拒绝与垃圾知识打交道，他们认为这只是在浪费时间。这是一种势利的精英主义。学者们也应当是教育家，他们需要教育公众，使之了解垃圾知识的内在谬误。一些学者认为，与垃圾知识打交道会让这些错误的信念和概念得到关注，甚至使它们变得合理。最近，修辞学教授珍妮·赖斯（Jenny Rice）提出另一种观点，她反对与垃圾知识的传播者对抗，因为驳斥和反驳不能改变真正的信徒的想法，她建议不要和这些人打交道。她对于真正信徒的观点是对的：对于他们而言，要摆脱垃圾知识为时已晚。对垃圾知识的吸收已经融入了他们的存在和身份，任何争辩都无法改变这一点。他们的核心思想已经被构建为不可证伪的，至少在他们自己看来是这样。没有人能够改变亚历克斯·琼斯的想法，也许他真的相信他提出的东西，也可能不相信。最近泄露的录像带表明，琼斯在公开场合对特朗普的高度评价可能并不是他的个人观点。我们要记住厄普顿·辛克莱尔（Upton Sinclair）的话："如果一个人的薪水要求他必须不能理解某件事，那么就很难让他理解这件事。"事实上，人类容易出现所谓的"信念固着"或"概念保守主义"，即使有确凿的信息和事实与自己的信念相悖，他们也会将它坚持到底。更令人费解的是，当面对驳斥时，信徒反而会更加坚信自己遭到驳斥的信念，这就是所谓的逆火效应。当神话般的信仰变得更加常见，当其他人提出了太多对他们信仰的驳斥，或当信徒的世界观受到威胁时，就会出现逆火效应。因此，赖斯关于真正的信徒的观点是正确的，但她关注的受众是错误的。正如其他怀疑论者所断言的那样，进行驳斥、反驳和事实核查，以及教授批判性思维的原则，其实是为了那些接触到怪异思想但还没有全身心投入的人，这也是他们所需要的。这些人能够而且应当接受教育，了解如何区分真实知识的"钻石"和垃圾知识的"假宝石"。

此外，当技术被用于广泛传播垃圾知识以及刻意制造虚假故事和毫无根据的阴谋论时，学术界这种不闻不问的态度就不再合适了。安娜·梅尔兰在《谎言共和国》（*Republic of Lies*）一书中指出了这个问题，并补充道，社交媒体"可以使信息扁平化，让每个信息来源看起来都一样，或者看起来同样可信"。社交媒体一直拒绝承担事实检查和信息审核的责任，但现在情况正在改变。即便如此，互联网上仍有大量渠道可以传播编造的阴谋论和虚假故事。梅尔兰一针见血地指出，在一个动机性推理的世界中，"立场胜过真相"。研究表明，阴谋论和相关的反政府垃圾知识盛行，使许多人产生了焦虑感和无助感。换句话说，阴谋论正在提高许多人的外控制源水平，这将减少政治参与、公民参与和社会参与。尽管存在这些问题，梅尔兰仍然认为，互联网依旧是言论自由以及打击社会和政治弊端的有力工具。如果人们有善意、公德，他们就会明白梅尔兰和欧里庇得斯（Euripides）的观点是正确的："人类最可贵的品质是能明智地意识到什么不该相信。"

第三章

以色列失落十部落迷踪 ❶

❶ 本章中与《圣经》相关的译文皆来自:《圣经》,上海:中国基督教
三自爱国运动委员会,中国基督教协会,2000 年。——译者注

＊

　　前 722 年，亚述军队攻陷希伯来十部落组成的北方以色列王国❶首都撒玛利亚，此举是对以色列王国的致命一击。亚述帝国将以色列王国变为其行省。按照他们征服后的惯例，亚述人将政治精英和能工巧匠迁往本国各地，既是为了避免再次发生叛乱，也是为了人尽其才。撒玛利亚的陷落也标志着以色列失落十部落的神话的滥觞。通常，神话在历史记录中没有明确的开端，但失落十部落的神话不同。随着时间的推移，该神话的细节愈发丰富，地理范围不断扩大，其对不同民族的意义也得以发展。关于失落十部落的书籍、论文和散文可以装满一个图书馆。关于失落十部落的定位众说纷纭，从北极到南非、从美洲到东南亚。许多群体被认定为或自称是失落十部落的后裔，如：吉卜赛人、英国人、部分抑或所有美洲原住民部落、亚特兰蒂斯人、阿富汗的帕

---

❶　前 930 年，所罗门去世后，古代希伯来王国"黄金时代"终结，统一的以色列联合王国开始进入南北分裂时期。北方十部落归顺耶罗波安，史称以色列王国或北方王国；南方犹大和便雅悯两个部落仍忠于罗波安的统治，称犹大王国或南方王国。——译者注

坦族、可怕的歌革和玛各民族 ❶、印度西部的宾尼以色列人和非洲南部的霍屯督人等，不一而足。失落十部落的神话被不同的团体用于各种用途。它是一个很好的例子，向我们展示了架空历史的神话与传说是如何演变、扩展，并被用于行善或作恶的。

原初

虽然宏大的历史背景相当清晰，但撒玛利亚的陷落和以色列精英们被驱逐的细节却有些模糊不清。前 745 年之后，古代中东的政治和军事形势发生巨变。前 1000 年起，青铜时代晚期的大帝国崩溃之后，各种小王国开始蓬勃发展，其所在地是现在的以色列、约旦、黎巴嫩和叙利亚等国。相对其他帝国而言，亚述帝国在这场危机中毫发无损。前 883 年，亚述纳西尔帕二世（前883—前859 年在位）统治的新亚述帝国时代开始，亚述帝国势力不断扩张。尽管他们入侵了叙利亚的阿拉米人的土地，却未能实现永久的占领。在当时，如果能将一些小王国变成缴纳贡品的附庸国，亚述帝国就很满意了。但由于阿拉米人的国家、腓尼基人的沿海城市和以色列王国组成了有效的防御联盟，亚述帝国入侵时常常面临着顽强的抵抗。

虽然亚述人的军事力量异常强大，但其统治阶层频繁出现动荡。身为亚述帝国的国王是相当危险的。亚述帝国历史中常常出

---

❶ 歌革和玛各（Gog and Magog）出现在《圣经》的《创世记》、《以西结书》、《启示录》以及《古兰经》中。他们有不同的形象，例如人、超自然生物（巨人或恶魔）、民族团体或土地。——译者注

现儿子谋逆、将军篡位等情节。王权变化频繁不仅仅是亚述人的问题，在他们动荡的历史中，包括以色列王国在内的中东小国经历了数次类似的政权变更。在亚述帝国残酷的政治斗争中，偶尔会有伟大的战士登上王位。其中最杰出的一位是提格拉特·帕拉沙尔三世（前744—前727年在位）。他开启了亚述帝国成为古代近东的第一个世界帝国的崛起之路。在他的领导下，新亚述帝国向四面八方扩张。除此之外，他不再满足于向战败国征收贡品，而是将这些国家纳为新亚述帝国的行省。

起初，叙利亚、黎凡特❶和巴勒斯坦等地的许多国家于前738年同意向亚述帝国进贡，这一权宜之计使他们免受提格拉特·帕拉沙尔三世领导的亚述帝国的入侵。问题在于，亚述帝国对贡品的要求非常苛刻，该地区因而滋生了强烈的怨恨和不满情绪。与亚述帝国达成进贡协议的是以色列王米拿现，前735年，米拿现去世，反亚述分子比加暗杀了米拿现的儿子、原王位继承者比加辖，并登上王位。即位后，比加停止向亚述帝国进贡。比加与来自叙利亚首都大马士革的利汛联合起来，当时，利汛正领导着西方诸国联手抵抗亚述帝国的威胁。前733年和前732年，提格拉特–帕拉沙尔三世进行了反击，杀死了利汛，占领了大马士革。以色列最北端的领土沦陷，成为亚述帝国的领土。提格拉特–帕拉沙尔三世将13 500余人驱逐出该地区，策动政变废黜并杀死了比加，继而任命他心中的忠臣何细亚为以色列王。

---

❶ 黎凡特是历史上一个模糊的地理名称，相当于现代所说的东地中海地区，它指的是中东托鲁斯山脉以南、地中海东岸、阿拉伯沙漠以北和上美索不达米亚以西的一大片地区。——译者注

前 727 年，提格拉特 – 帕拉沙尔三世去世，他的儿子撒缦以色五世（前 727—前 722 年在位）继位。起初，何细亚继续向亚述帝国缴纳贡品，为此不得不向民众征收苛捐杂税。以色列人民不堪重负，怨声载道，何细亚不得不在前 726 年停止了进贡。撒缦以色五世因此入侵以色列，何细亚被俘。然而，以色列的首都撒玛利亚在亚述军队的围攻下坚持了数年，直到前 722 年才沦陷。

时至如今，人们对撒玛利亚的沦陷依然所知甚少。我们尚不清楚该城是因风暴式的突袭而陷落，还是因饥饿而投降。事实上，我们甚至不清楚谁攻占了撒玛利亚。《圣经》中，撒缦以色五世攻下了这座叛乱的城市，但一些学者认为是他的继任者萨尔贡二世（前 722/ 前 721—前 705 年在位）最终占领了撒玛利亚。萨尔贡似乎是一位亚述将军，他篡夺王位，推翻了撒缦以色五世的统治。然而这段历史的事实细节仍待考证。被征服的以色列变成了亚述的行省，萨尔贡二世驱逐了 27 280 余人，而《圣经》的记载中则将这一事件归功于撒缦以色五世。

亚述帝国的统治持续了三个世纪，据学者估计，这期间有 4 500 000 人被驱逐。提格拉特·帕拉沙尔三世和撒缦以色五世（或者萨尔贡）总共驱逐了约 41 000 名以色列人，不及被驱逐总人口的百分之一，可见以色列人并非唯一的受难者。值得注意的是，亚述人并没有驱逐以色列的希伯来人，这对于失落十部落的神话来说有重要意义。关于以色列王国总人口的估算结果各不相同。有人根据米拿现所收取的贡金，估算出其人口总数是 800 000 人，也有人根据对亚述人入侵时代的古以色列定居点的调查，给出了更为可靠的估计，认为人口至少有 222 500 人，甚至有可能多达 350 000 人。这意味着被亚述人驱逐的人数不超过人口的 20%，也许只略高于 10%。800 000 人的估计相比之下疑点更多，但如果真是如此，被驱逐者仅占总人口的 5% 左右。考古学证据表明，在未被驱逐的以色列人中，有许多迁往南部的犹大王国。换句话说，无论使用哪种人口估计结果，十部落中的绝大多数人从未离开过大卫和所罗门的故乡，也就从未失踪。

据《圣经》记载，十部落的被驱逐者们被掳到亚述帝国，被安置在"哈腊与歌散的哈博河边，并玛代人的城邑"。考古学证据表明，部分希伯来人居住在尼尼微。《旧约》次经之一《托比传》（*Tobit*）中提到了撒缦以色五世将以色列人驱逐到尼尼微，还提到部分以色列流亡者生活在米底亚。而北方以色列王国则永远消失了，它的土地已被分割成亚述帝国的各个行省，包括米吉多、基列和撒玛利亚等。同时，亚述人将大马士革以北的哈马人和巴比伦附近的古他人驱逐到撒玛利亚。虽然他们有自己的宗教信仰，但随着时间的推移，他们与当地居民融合在一起，成为撒玛利亚人。

以色列王国的毁灭给以色列人和位于南部犹大王国的希伯来人留下了巨大的创伤。犹大人❶臣服于亚述帝国，被迫向亚述帝国进贡。犹大王国与地中海东岸的其他小国在煽动下一同发动叛乱，亚述国王西拿基立（前 704—前 681 年在位）的军队对耶路撒冷发起围攻，却以失败告终，犹大王国得以幸存。最终，犹大

---

❶ 犹大人指犹大王国的子民，后来被巴比伦、希腊和罗马相继征服。犹太人起初是希腊人和罗马人对犹大人的蔑称，后来为世界通用。——编者注

王国比亚述帝国续存更久。前614—前609年，亚述帝国被巴比伦人和玛代人征服。但美索不达米亚平原上大国势力的压迫并没有停止，犹大王国的苦难也并没有结束。新巴比伦帝国取代了亚述帝国，成为世界帝国，并在争夺黎凡特地区的过程中击败了埃及。这期间，犹大王国被摧毁，耶路撒冷在前597年和前587年被巴比伦国王尼布甲尼撒的军队攻陷。在前587年的围攻中，耶路撒冷被摧毁，剩余人口被驱逐到巴比伦。一些犹大人带着先知耶利米逃到埃及以躲避巴比伦人的攻击。到这时，十二个部落的一部分人都被驱逐到或逃到以色列王国和犹大王国之外，过着流亡生活。

自犹大人的巴比伦流亡生活起，到他们得以重返耶路撒冷和犹大为止，末世论❶、世界末日说和弥赛亚主义盛行，由此产生了以色列失落十部落的神话。4 500 000被亚述帝国驱逐的人中，99%的人都被历史遗忘了。但与那些人不一样，这41 000名被驱逐的以色列人成了无数神话传说的主人公。在许多世代累积的传说中，他们的记忆得以延续。但这些神话传说往往相互矛盾，既没有任何《圣经》记载中的依据，与十部落的后裔也没有令人信服的联系。

前740—前540年，这200年对于以色列王国、犹大王国以

---

❶ 末世论或末日论是研究历史终结及其相关方面的哲学或者神学理论，神学上的末世论一般关心人类社会的终结问题，而哲学上的末世论则既可能着眼于人类社会的终结问题，也可能着眼于自然的终结。在末世论的基础上产生的学科有末世论的历史哲学、自然哲学，以及本体论、认识论等。——译者注

及与它们相邻的小国来说是一段艰难时期。亚述人和巴比伦人攻占了这些国家，埃及人也不时试图夺取巴勒斯坦和黎凡特的部分领土。不同的先知曾警告以色列人和犹大人，称他们的罪恶行为将给他们带来上帝的审判和严厉的惩罚。外邦的入侵及对他们的驱逐被视为先知们预言的应验。但以赛亚、耶利米、阿摩司等先知不仅预知了毁灭，还提到了上帝的怜悯——这将使十二个部落重新统一。以色列和犹大将再次合二为一。

预言的一部分很快应验了。前 539 年，在居鲁士二世（前 559—前 530 年在位）的领导下，玛代人和波斯人摧毁了新巴比伦帝国。居鲁士二世是一位宽容仁厚的统治者，他准许第一批流亡的犹大人回到耶路撒冷废墟的周边地区。随着时间的推移，其他批次的流亡者也陆续返回，犹大和便雅悯两个部落的人民回到了他们的祖国。然而，许多流亡者还留在巴比伦等地。以色列十部落会在应许之地与他们团聚吗？众先知及其后来的拉比❶们给出的答案是肯定的，但关于这一团聚如何发生，他们始终语焉不详。

据《圣经》记载，上帝许诺给亚伯拉罕、以撒、雅各和以色列子民一个家园，这个应许之地主要位于现代以色列境内。这

---

❶ 犹太人流散到各处之后，为了适应民族与国家分离的现实以及当时的生活环境，犹太人中的法利赛人或文士逐渐演化为拉比，继《圣经》时代的先知和祭司阶层之后，成为犹太教的精神领袖和导师。——译者注

里将出现君主制，一统联合在一起的十二个部落。尽管扫罗 ❶ 的统治一败涂地，伟大的大卫王确保了以色列联合王国的统治。他的儿子所罗门继他之后统治了这个强大的王国，并在耶路撒冷建起了宏伟的圣殿。然而，所罗门迎娶外邦人为妻，宽容异教。他还对他的臣民提出了苛刻的税收要求，强迫他们劳动，导致北方十部落的不满情绪愈发高涨。随后，所罗门的儿子罗波安继位，他拒绝放松苛刻的税收条件，因此，位于北方的十部落发动叛乱，拥护以法莲部落的耶罗波安为他们的国王。就这样，在短暂的辉煌之后，以色列子民的联合王国一分为二。从那时起，尽管偶有上升，分裂的王国的财富总体呈下降趋势。两个王国都迷恋于虚假的异教之神。最终，以色列和犹大王国先后在公元前722年和公元前587年不敌强大的入侵者，其部分人口被驱逐。从古代近东大部分地区的多神论世界观来看，战争的失败意味着该民族所信奉的神软弱无能。对一个古代社会来说，这样的领悟相当沉重，亚述人也以此来嘲弄他们的手下败将。

然而以色列人和犹大人并没有就此屈服。他们的先知曾许下承诺，并预言他们终能重聚，重建家园。代表上帝的耶利米告诉流亡者："耶和华说，我知道我向你们所怀的意念，是赐平安的意念，不是降灾祸的意念，要叫你们末后有指望。"以赛亚在预言王国复兴时补充了更多细节。

《以西结书》中甚至提出了一个详细计划，让十二个部落划分以色列土地。他补充道："归与自己和你们中间寄居的外人，

---

❶ 扫罗，天主教译为撒乌耳，是以色列联合王国的第一代国王，他的登位亦标志着士师时代的结束。——译者注

就是在你们中间生养儿女的外人。你们要看他们如同以色列人所生的一样。"这样一来，以色列的十二个部落就扩展到了全人类。

在巴比伦流亡的犹大人的热切希望之一是复兴大卫王朝，大卫王朝曾经统治过犹大人，他们相信该王朝也能统治这个再度统一的王国。所罗巴伯是大卫王的后裔，他被波斯人选中，担任犹大省总督。起初，犹大人希望立所罗巴伯为王，虽然这一期望落空，但他们对恢复君主制的渴望并未停止。这种渴望催生了"弥赛亚"的概念，意为"受膏者"❶。

弥赛亚主义发展出了两个不同的版本。一个版本中的弥赛亚是征服者，他会领导犹太人建立一个独立而强大的王国。另一个版本追寻的弥赛亚则更注重于精神层面，他以平和的、超自然的方式带领人们进入繁荣而和平的时代。和谐且有序的时代将永存，这样的憧憬使弥赛亚主义具有末世论的特征。大卫王朝的复兴也标志着历史的终结。但弥赛亚主义对末世和历史终结的看法也有所不同，其中一种世界末日的说法开始发展起来。"天启"一词的词根意为"启示"。天启所揭示的正是关于世界末日的那些不为人知的知识。在对世界末日的描述中，往往会出现善恶两方大军为恢复上帝的弥赛亚王国而进行的激烈斗争。既然复兴的大卫王朝会包括所有以色列人，即十二部落，那么，它也能使失落十部落归来。失落十部落由此成了犹太人和后来的基督徒中弥赛亚主义、末世论和世界末日论的组成部分。随着时间的推移，

---

❶ 弥赛亚原意为"受膏者"，古代犹太人在封立君王和祭司时，会在受封者额上敷油膏，意指上帝所派遣的人。在犹太人亡国以后，"弥赛亚"就成为犹太人盼望复国救主的象征。——译者注

《圣经》之外也出现了许多关于失落十部落的神话，这些神话又不断演化、扩展。失落十部落的神话也被不同的组织用于各种目的。

弥赛亚主义与失落十部落

第二圣殿时期（约前515—前70年）之后，与失落十部落有关的经典神话才真正开始积累起来。前文已经指出，失落十部落的大多数成员仍然生活在曾是北方以色列王国的地区，或者逃到了犹大王国。托勒密二世（前285—前246年在位）下令将犹太经文翻译成希腊文，即后世所说的七十士译本。大祭司以利亚撒从每个部落中召集了6人，总共72名翻译。后在59年，使徒保罗在希律·亚基帕二世和百尼基女王面前作证时，提到了他对十二个部落的使命。先知们知道被驱逐的十部落所在的位置。《列王纪下》列举了这些地方，"哈腊与歌散的哈博河边，并玛代人的城邑"。《托比传》讲述了托比和他的儿子拿弗他利部落的托比雅的故事。托比被撒缦以色五世驱逐到尼尼微，他把钱财留给了居住在米底亚的埃克巴塔纳的其他犹太人。由于双目失明，他不得不派他的儿子托比雅将这些钱财索回。根据《列王纪》记载，尼尼微和埃克巴塔纳都是以色列流亡者的栖息地。虽然《托比传》的背景设定在8世纪或7世纪初，但它是在前225—前175年写成的。这表明，以色列流亡者的居住地并不是什么秘密。至少在他们流亡生活的前5个世纪，他们没有被驱逐到别的地方，也没有失踪。

在失落十部落的神话开始发展时，这些部落的职责之一是保护受压迫的犹太人。犹太人受到非常严重的压迫时，他们就会出现。但很明显，第二圣殿时代的犹太人还没有把十部落当成守护者。塞琉古国王安条克四世（前175—前164年在位）对犹太人的迫害引发了马加比人的叛乱（前167—前160年）。在那场斗争中，叛军并没有指望能够得到十部落的帮助。前64年罗马大将军庞培占领耶路撒冷时也是如此。罗马士兵在圣殿范围内屠杀了12 000名犹太人，庞培进入圣殿亵渎了圣殿中的圣物。尽管如此，没有人期盼十部落能够伸出援助之手。66—73年犹太起义期间也不例外，尽管耶路撒冷的第二座圣殿被摧毁，也没有人期望得到十部落的帮助。

耶路撒冷圣殿被毁标志着第二圣殿时代的终结，此后不久，独特的失落十部落神话开始发展。次经《以斯拉续篇下卷》［又称《以斯拉四书》（4 Ezra）］记录了这个神话发展的早期特征。可以肯定的是，《以斯拉续篇下卷》是在圣殿被毁后创作的，创作时间在70—100年，根据文本中的一些内部证据，可以推断出其大约被创作于83年以前。《以斯德拉记》是匿名写成的，有说法认为其作者是以斯拉（或称以斯德拉）。该书将历史背景设定为前515年左右，比其创作时间早了几个世纪。它展示了一系列世界末日的异象。第十三章中，上帝告诉以斯拉，有一天上帝的儿子将在锡安山出现，各国将聚集在一起。神子将谴责交战的国家并摧毁它们，然后他将把和平的国家聚集到自己身边。上帝特别指出，和平的幸存者中有以色列的十个部落。

这些经文写于犹太人反抗罗马失败、第二圣殿被毁、许多犹太人开始流亡之后。犹太人不仅没有获得独立，而且还失去了他们所崇敬的宗教中心——耶路撒冷圣殿。这对各地的犹太人都是创伤性事件。《以斯拉续篇下卷》的作者当然也包括其中，为了让他的同胞保持希望，他写下了这本书。而他也为失落十部落的神话贡献了两部分内容。其一，流亡的以色列人离开了亚述人安置他们的地方。经过 18 个月的跋涉，他们发现了一处荒无人烟之地。该地名为阿扎勒，听起来很有异国情调，然而在希伯来语中，这个词的含义简单直白，意为"另一片土地"。其二，《以斯拉续篇下卷》中强调，十部落的流亡者遵循上帝之令，寻找遥远的土地。他们在以色列王国生活的时候违背了上帝的命令，因而被征服和遭受流放。就这样，十部落始终在迁移，没有人知道他们住在何处。迁移过程中，十部落遵守神的律法，重新成为优秀的犹太人。最重要的是，在上帝对人类进行最后的审判，世界恢复秩序时，失落十部落成了正面角色。大约在同一时代，犹太历史学家弗拉维奥·约瑟夫斯（37—100 年）在《犹太古史》（*Antiquities of the Jews*）一书中提到，"十个部落直到现在还生活在幼发拉底河以外，人数众多，无法用数字来估计"。

　　同时，弥赛亚不再如过去那般，意味着未来某日会有某个抽象的救主降临。罗马帝国内，犹太和整个巴勒斯坦地区的不满情绪相当强烈，暗杀和小型叛乱频发。罗马人认为大多数叛乱者只是像比利亚的西门和阿斯隆吉斯一样❶，是强盗或篡位者。但偶尔也有叛军领袖抱有宗教动机，甚至声称自己拥有超自然力

---

❶ 比利亚的西门是希律的前奴隶，自称为王，在耶利哥的王宫里劫掠放火，后被罗马军处死。阿斯隆吉斯是牧羊人，在 4 名兄弟的支持下自己称王，招募了一大群武装者，在乡间劫掠了几个月。他们都自称"弥赛亚"，也就是"受膏人"。——译者注

量。36 年，一位撒玛利亚先知试图带领他的追随者到基利心山建立一个独立王国。本丢·彼拉多的粗暴干预阻止了这场运动。1 世纪 40 年代中期，丢大带领他的追随者来到约旦，称他能将河水分开。罗马军队将丢大斩首，制止了他的反逆行动。另一位先知在 52—58 年从埃及来到该地区，声称拥有和约书亚一样的力量，可以使耶路撒冷的城墙倒塌。他试图集结军队攻城，但被罗马军队击败，而这位埃及先知则成功脱身。在犹太战争期间（66—73 年），几个叛军首领试图获取以色列的王权。其中一位首领西门·巴尔·吉奥拉的行为具有宗教特质，可能表明他曾打算成为弥赛亚。以上这些人物中，没有人公开声称自己是弥赛亚，而在约瑟夫斯的历史记录中，他们也没有成为弥赛亚。作为一个犹太人，约瑟夫斯对这种说法格外警惕。路加在《使徒行传》中写道，"丢大站起来，自夸伟大。"但这是否表明丢大是个伪弥赛亚，尚未可知。耶稣从未声称自己是弥赛亚，这是他的追随者对他的称呼。尽管有些作家声称，弥赛亚会在第二圣殿时代后期现身，但事实并非如此。然而，人们不断地思考和谈论着弥赛亚的到来。犹太弥赛亚主义也将由此开始对失落十部落的神话产生非常重要的影响。

由于犹太人在罗马的统治之下受尽屈辱，131 年，犹太地区爆发了另一场叛乱。哈德良皇帝准备禁止割礼，并计划在耶路撒冷原址上建立罗马殖民地，建造自己的朱庇特神庙，这一系列举动推动了犹太人的反叛。拉比阿基巴走访罗马帝国的各个犹太社群，组织人们支持叛乱。与此同时，这场叛乱的领导者出现了，他就是西门·巴尔·科西巴。拉比阿基巴宣布他就是弥赛亚。在某些说法中，阿基巴赐予这位首领巴尔·科赫巴（意为"星辰之子")一名。另一些说法则称，只有基督徒才会用巴尔·科赫巴称呼他。在大约两年的时间里，犹大王国实际上是一个由巴尔·科赫巴统治的独立王国。他发行的硬币上有一个星星的图案，刻有"以色列自由"和"耶路撒冷自由"的字样。巴尔·科赫巴明确声称自己是真正的弥赛亚。如果弥赛亚恢复了大卫王国，那么所有以色列人都应该聚集在犹太地区。按照预言，十部落本应加入反叛的行动，可是他们并没有出现。然而，十部落的缺席并没有让拉比阿基巴起疑心，怀疑巴尔·科赫巴的弥赛亚身份。相反，阿基巴宣布十部落已经融入邻族，不复存在。以利亚撒等多数拉比不同意阿基巴的观点，坚持把巴尔·科赫巴归为伪弥赛亚。与此同时，人们开始相信，当弥赛亚出现时，十部落将现身，助他一臂之力。后来，犹太人将这一信念的范围延展开来，坚信每当犹太人遭受迫害和苦难时，十部落便会现身，予以援手。

关于失落十部落的神话中，还有另外一个地理元素——桑巴提安河。从拉比的文献中看出，有一条周期性流动的河流，河水每周流淌六天，第七天，也就是安息日，河流干涸，归于平静。在早期的描述中，桑巴提安河只是一条普通的河流。随后就有了一些修饰，比如说它在安息日停止流动。犹太法典《塔木德》（*Talmud*）中记载，拉比阿基巴以桑巴提安河为例，证明安息日是上帝命定的休息日。还有其他的说法称，桑巴提安河在每周的六天里水流湍急，人们几乎无法通行。根据更详细的版本，其水流汹涌，携带大小不一的石头顺流而下，过河不仅是件难事，甚至会要了人们的命。更有夸大其词者，称在这条河中流动的不是水，而是岩石和巨石。约瑟夫斯在《犹太战争》（*Jewish War*）中讲到，罗马大将，即后来的皇帝提图斯攻陷了耶路撒冷，凯旋途中在叙利亚西南部看到了一条周期性流动的河流，它每周有六天是干涸的，却在安息日流淌，这与其他说法恰恰相反。老普林尼在百科全书《自然史》（*Natural History*）中提到，"犹太有一条每逢安息日就干涸的河流"，但也仅是一笔带过。古代地理学并非一门精确的科学。

拉比的文献也开始将桑巴提安河与十部落联系起来。《约拿单泰根译本》（*Targum Jonathan*）中，桑巴提安河就是《列王纪下》中提到的戈赞河。基于此，有人提出了一种说法，称十部落中，有部分人后来流亡到桑巴提安河。还有另一些说法，称桑巴提安河成为十部落唯一的流放地，而这个位置恰好与《以斯拉续篇下卷》中记载的故事对得上。《以斯拉续篇下卷》中提及，经过18个月的跋涉，十部落抵达了一条河，他们渡河后进入荒无人烟之地。上帝允准他们通过那条汹涌的河流，然而当他们到达那里的时候，忠诚的十部落却被困住了。在桑巴提安河流动的六天中，他们不可能渡过这条河流。但当河流停歇时，根据犹太律法，十部落在安息日也必须休息。只有当弥赛亚最终到来时，上帝才会使桑巴提安河停止流动，允准十部落帮助其建立复兴的大卫王国。

罗马帝国曾两次粉碎了重建犹太以色列国的企图。战败后，幸存的犹太人或被屠杀，或被驱赶到罗马帝国境内外各地。罗马帝国的覆灭也并没有结束犹太人的苦难。以君士坦丁堡为中心的拜占庭帝国对犹太人的态度并不友好。七八世纪起，哈里发国在北非和中东占据主导地位，他们对犹太教态度较为宽容，但绝不允许任何人建立独立的犹太国。而在西欧中世纪的基督教背景之下，犹太人面临着最为恶毒的压迫和反犹太主义。西欧教会希望犹太人皈依基督教，承认基督为他们的救世主和弥赛亚。为此，西欧颁布了歧视性法律，限制犹太人的经济活动。同时，基督教教会还宣扬一种观点，称犹太人造成了基督的死亡，犯下了弑主罪。由于犹太人拒绝皈依基督教，他们被视为魔鬼的孩子。当时的人们认为，犹太人在水井中投毒、传播瘟疫、献祭信仰基督教的儿童并将其血液用于邪恶仪式，通过这些方式谋害基督教徒。

犹太人生活在一个充满敌意的世界里，而弥赛亚主义给他们带来了对美好未来的希冀。他们相信，十部落生活在某个遥远的国度，随时准备向受压迫的犹太人伸出援手，协助他们建立大卫王国。在某些版本的弥赛亚主义中，经过困苦磨难和激烈斗争后，弥赛亚就会现身。正因如此，每当反犹太主义集中爆发时，犹太人就心怀希望，期盼弥赛亚即将现身，重建以色列国，使十二个部落重新团聚。

中世纪中后期，出现了一些地方性和区域性的弥赛亚运动。基督徒决定从穆斯林手中夺回圣地。他们鼓动人们支持第一次十字军东征（1096—1099年）和第二次十字军东征（1146—1147年），同时在一个又一个城市对犹太人进行屠杀。同时期，许多君主开始将犹太人驱逐出他们的王国。1290年，爱德华一世强迫犹太人离开英格兰。1306年，法国的菲利普四世驱逐了在法国的犹太人。1348—1349年，黑死病肆虐欧洲，犹太人被当作替罪羊，遭受了更多的大屠杀。

711年后的几个世纪中，穆斯林掌控下的伊比利亚半岛成了犹太人的避风港。伊比利亚半岛中的塞法迪犹太人族群兴旺繁荣，文化昌明。然而，在1212年的托洛萨会战中，基督教十字军重创穆斯林穆瓦希德王朝，实现了基督教对伊比利亚半岛的统治。人们的反犹太情绪开始高涨，不容异说的神职人员们更是煽风点火。卡斯蒂利亚❶的君主们任用犹太人为税吏，更是加剧了人们对犹太人的负面情绪。强制犹太人皈依的呼声越来越高，有时强制手段会被付诸实施。最终，1391 年，发生了一系列骚乱、屠杀和强迫性宗教皈依，在死亡威胁下，约半数犹太人皈依了基督教。这段时期也造成了大量的改宗者，也就是转为基督徒的犹太人。但教会和其他基督教徒对犹太人皈依的诚意抱有怀疑态度，于是关于犹太人和改宗者密谋的阴谋论开始出现，这也是后来《锡安长老会议定书》相关阴谋论的前身。直到 18 世纪，这些阴谋论一直在伊比利亚地区挥之不去。出于对犹太人的不信任，1478 年，穷凶极恶的西班牙宗教裁判所建成。1492 年，西班牙的犹太人被驱逐，1497 年，葡萄牙的犹太人遭到同样的命运。由于受到迫害和驱逐，许多犹太难民迁往其他地区，包括低地国家、意大利、中欧的德语区、东欧部分地区和奥斯曼帝国。

这些被驱逐的经历对犹太人来说相当惨痛，但弥赛亚主义再次巧妙地应对了这些苦难，并使犹太人保持希望。拉比通常敦促人们谨慎行事，并教导人们，弥赛亚的到来不可强求。不过，想到在鞑靼草原，在中亚山区，在阿拉伯沙漠深处或埃塞俄比亚的广袤土地上，以色列十部落时刻准备行军救援，人们总能获得些许安慰。关于十部落的神话还有另一个作用。为了让犹太人皈依，中世纪的基督教教士往往指出，上帝反对犹太人拒不改变信

---

❶ 伊比利亚半岛中部卡斯蒂利亚地区封建王国。由西班牙西北部的老卡斯蒂利亚和中部的新卡斯蒂利亚组成。它逐渐和周边王国融合，形成了西班牙王国。——译者注

仰，犹太人在基督教世界中的悲惨地位就是明证。这时，忠诚的犹太人可以反驳，在亚洲或非洲有许多广袤而强大的犹太王国，由失落十部落组成，可见上帝并不排斥他们。中世纪的犹太人抱有希望，相信弥赛亚终会到来，并在十部落的帮助下复兴大卫王国。十部落神话勾勒出潜在的守护者的形象，为生活在欧洲基督教社会中的犹太人带来希望。

虽然总会有质疑的声音，但出于对弥赛亚的期望，许多犹太人热切地接受了这些故事，故事的主人公或曾与十部落相遇，或自称是十部落的使者。关于十部落游历的早期记载可以追溯到883 年。一个自称来自但部落的名叫埃尔达德的人来到了一个犹太社群，它位于凯鲁万，也就是如今突尼斯的所在地。埃尔达德自称是但部落的代表，向他们讲述了自己的旅行。西班牙的犹太人也听说过他的消息。在他的日记和信件中，埃尔达德讲述了十部落的命运。据他所言，他所在的但部落完全躲过了亚述帝国对以色列王国的征服。耶罗波安向罗波安发动叛乱，以色列王国分裂，但部落拒绝加入叛军，而是自愿离开了以色列，他们前往库什（今埃塞俄比亚），征服并统治了一个王国。后来，西拿基立征服以色列时，展开了两轮对犹太人的驱逐。第一次驱逐行动将流便、迦得和半支玛拿西部落迁移到哈腊和哈博，第二次驱逐行动则将亚设和拿弗他利这两个部落迁往亚述帝国。《圣经》中有关西拿基立驱逐以色列人的叙述，仅限于此。然而，西拿基立死后，迦得、拿弗他利和亚设三个部落逃了出来，加入了埃塞俄比亚的但部落。他们住在哈腓拉王国，这是一个重要的黄金产地。在他们附近，无法逾越的桑巴顿河中央有一座岛屿，这便是摩西后裔的隐居之地，这里居住的全部都是利未人。埃尔达德还提到，自己曾造访了以萨迦、流便和西布伦部落，他们生活在米底亚和波斯的山区，用希伯来语沟通，按犹太教经文生活。以法莲和半支玛拿西部落居住在麦加附近的山区，他们是无与伦比的战士，仅一人就足以对付一千名阿拉伯人。西缅和剩余半支玛拿西部落居住在巴比伦，在十部落中人数最多。总而言之，埃尔达德描绘了一幅美好的画卷，呈现了十部落在非洲之角、美索不达米亚和波斯的生活。

9世纪，地中海地区的犹太人开心地接受了但部落的埃尔达德，但他们还是向巴格达著名犹太学院的院长核实了埃尔达德所说的故事。院长为埃尔达德和他关于失落十部落的故事做了担保。这些故事在犹太人中流传开来，一直到现在。犹太人甚为振奋，了解到世界上存在着强大的犹太王国而其中一些王国就在桑巴提安河边。学者帕梅拉·巴尔马什认为，埃尔达德的叙述成了失落十部落神话的开端，在神话中，十部落至少有一部分人是伟大的战士，住在桑巴提安河边，等待弥赛亚的召唤。

随后的几个世纪里，对于埃尔达德故事的可信度的评价有高有低。拉比奇斯代（Chisdai），又名哈斯戴·伊本·沙普鲁特（Hasdai ibn Shaprut），是一位西班牙裔犹太人，为科尔多瓦哈里发国效力。960年前后，他在信中对埃尔达德予以高度评价。摩西·迈蒙尼德（Moses Maimonides）这位谨慎的理性主义者同样将埃尔达德讲的故事当真。然而，也有一些中世纪的学者认为埃尔达德是个骗子。1889年，著名犹太书志学家阿道夫·诺伊鲍尔（Adolf Neubauer）宣称埃尔达德是个骗子，19世纪时人们对埃尔达德叙述的评价跌入低谷。埃尔坎·内森·阿德勒（Elkan Nathan Adler）在1930年提出，埃尔达德及其叙述是真实的。近年来，大卫·J.瓦瑟斯坦（David J. Wasserstein）、图德·帕菲特（Tudor Parfitt）和兹维·本－多·贝尼特（Zvi Ben–Dor Benite）等学者都对埃尔达德十部落故事的真实性表示怀疑。但无论真假，在他所处时代和此后很长一段时间里，埃尔达德都给犹太人带来了希望。

其他中世纪的犹太旅行者也在非洲和亚洲遇见或者听说过一些失落的部落。这些旅行者中，最出名的一位是来自西班牙图德拉的拉比便雅悯（Rabbi Benjamin），他在1165—1173年期间穿行于亚洲。与埃尔达德不同，拉比便雅悯的身份和他的经历是完全真实的。他住在纳瓦拉王国，从西班牙出发，前往罗马和君士坦丁堡，再到巴勒斯坦、巴格达和波斯，接着前往印度和锡兰，可能一直抵达中国。返程中，他于亚丁停留，从红海的西海岸行至尼罗河畔的阿斯旺，跨越了多个国家。随后沿着尼罗河一直到达开罗和亚历山大。重访罗马后，拉比便雅悯最后返回了纳瓦拉。在旅途中，拉比便雅悯遇到了库尔德斯坦的犹太人，他们自称是十部落后裔，还称与巴格达的拉比有联系。路途中，拉比便雅悯听说了一个名叫大卫·阿尔罗伊（David Alroy）的伪弥赛亚，他试图煽动人们发起叛乱。拉比便雅悯还得知，在一名利未人的统领下，但、西布伦、亚设和拿弗他利等部落在尼沙布尔周围的山区建立了一个王国。然而，拉比便雅悯的叙述没有提到桑巴提安河。这位中世纪犹太人关于十部落的叙述的细节较为模糊。他完全有可能在库尔德斯坦地区和其他地方遇到了犹太社群。1434年，来自费拉拉的犹太旅行者以利亚（Elijah），以及1487—1490年期间的贝尔蒂诺罗的俄巴底亚（Obadiah of Bertinoro）留下了类似的记载，提到了埃塞俄比亚、印度和中亚等地的十部落犹太人后裔，还提到了桑巴提安河及河中利未人居住的岛屿。然而他们的记载都是在重复二手资料，而非讲述他们的旅行见闻。类似的记录还有很多。15 世纪访问巴勒斯坦的意大利犹太人经常给家里寄信，称十部落已经准备好行军，甚至正在行军途中。这种说法周期性地激起犹太人弥赛亚式的希望，但也引起了包括教皇在内的基督徒的忧虑。在这种背景下，自称是十部族使者和十部落强大军队指挥官的大卫·卢温尼（David Reuveni）因此更容易被人们接受了。

大卫·卢温尼，又名卢贝尼（Reubeni），于 1524 年从埃及来到威尼斯，他的故事相当精彩。前往新建立的犹太人聚居区时，他宣布自己是已故的所罗门国王之子、约瑟夫国王的弟弟。他们的海白尔王国是独立的犹太王国，位于麦加东部山区，由流便、迦得和半支玛拿西部落组成。他前来寻求与教皇和查理五世结盟，好让以色列摆脱奥斯曼帝国的统治。威尼斯和意大利其他地区的犹太人欣然接受了他的请求，并为他的旅行提供了资金。他关于十部落准备行军开战的言论激发了这些犹太人对弥赛亚的热情，当然也难免招致质疑。卢温尼从威尼斯出发，前往罗马，新当选的罗马教皇克莱门特七世热情款待了他。新教皇的做法让意大利的犹太人很高兴，同时也有点惊讶。克莱门特七世欣然接受了卢温尼提出的结盟建议。当时，在年轻的苏丹苏莱曼大帝的带领下，奥斯曼土耳其人对巴尔干地区和地中海地区展开攻势，分别于 1521 年和 1522 年占领了贝尔格莱德和罗德岛。能对土耳其人进行反击，这固然令人喜出望外。问题是，教皇不愿意让查理五世加入这个联盟。相反，他派卢温尼去觐见葡萄牙的若昂三世（1521—1557 年在位），这位国王为了控制印度洋的香料贸易，已同奥斯曼人开战。卢温尼请求若昂三世提供武器和一艘葡萄牙船只，用来协助十部落军队对吉达和麦加的进攻。1513年，葡萄牙在印度的总督阿丰索·德·阿尔布开克（Afonso de Albuquerque）曾突袭红海，觊觎吉达，卢温尼的计划符合葡萄牙的利益，对其相当有吸引力。当然，他也激起了葡萄牙改宗者们的热情，其中一位便是迭戈·皮耶斯（Diego Pieres），他回归了犹太教信仰，取名什洛莫·摩尔科（Shelomoh Molkho）。

不幸的是，卢温尼在葡萄牙的逗留时间过长。越来越多的证据表明，卢温尼是个冒名顶替者，是个江湖骗子。而且，摩尔科回归犹太教是受卢温尼指使的。这样一来，卢温尼有可能会说服更多改宗者效仿摩尔科回归犹太教，这对葡萄牙政府和教会来说是件麻烦事。1526年夏天，卢温尼离开葡萄牙，1530年或1531年他在意大利与摩尔科会合。8月，两人翻越阿尔卑斯山，求见查理五世，试图说服他加入联盟，共同对抗奥斯曼土耳其帝国。查理五世却将卢温尼和莫尔科霍交给了宗教裁判所，摩尔科被判处死刑，后于1532年在曼图亚被处以火刑，卢温尼则因在葡萄牙煽动改宗者而被监禁。卢温尼被监禁的细节没有被保存下来，但看上去，他要么死于宗教裁判所的牢房中，要么于1538年在勒雷纳被烧死。

16世纪至今，犹太人对卢温尼及其故事真实性的看法莫衷一是。卢温尼的部分游记描述了他在抵达开罗前的威尼斯之旅。他称自己穿越了红海，在厄立特里亚登陆，并访问了埃塞俄比亚和苏丹，然后沿着尼罗河前往开罗。从他所描述的行程来看，卢温尼貌似是在漫无目的地游荡。尽管他称自己访问了埃塞俄比亚，但他似乎忽略了埃塞俄比亚人是基督徒这一事实。根据这些细节，学者们推断卢温尼从未到过埃塞俄比亚。流便、迦得和半支玛拿西部落建立的沙漠王国也备受质疑。一个犹太王国在伊斯兰教的中心地带繁荣发展，并且延续了几个世纪，这是令人难以置信的。即便如此，从埃尔达德开始，阿拉伯沙漠中存在一个犹太王国的想法已经成为失落十部落神话的主流，一直延续到 17世纪。事实上，如果我们对比埃尔达德与卢温尼二人的叙述，可以看出其中存在借鉴的痕迹。

尽管卢温尼故事的可信度存疑，但 1524 年至今，始终有人对他的故事信以为真。另一方面，在卢温尼旅行到威尼斯之前，大马士革和开罗的犹太人都认为他是个骗子，当时他们更容易辨别出卢温尼故事中的漏洞。但卢温尼到达意大利后，他成功地吸引并说服了那里的犹太人和外邦人，甚至教皇克莱门特七世，都相信了他的故事。意大利的犹太人和葡萄牙的改宗者非常愿意看到弥赛亚和十部族即将现身的迹象，这一点对卢温尼而言既是有利的，又是一种负担。葡萄牙改宗者的热情反而导致原先持支持态度的若昂三世现在对结盟的承诺表现冷淡。更要命的是，查理五世不仅不相信卢温尼，还对他抱有敌意。

卢温尼自称是十部落王国的王子，无论是从他这个说法来看，还是从他旅行的细节来看，几乎可以肯定他是个骗子。虽然如此，卢温尼很可能打心底里希望让四处流散的犹太人回到复兴的以色列王国。他希望弥赛亚到来。莫提·本梅勒克（Moti Benmelech）认为，卢温尼是一个巴勒斯坦犹太人，受到亚伯拉罕·哈列维（Abraham Halevi）的弥赛亚教义的影响。亚伯拉罕·哈列维，即亚伯拉罕·本·埃列塞尔·哈－列维（Avraham ben Eliezer Ha-

Levi），是一个卡巴拉主义者 ❶，1492 年被驱逐出西班牙，1514 年来到巴勒斯坦。他在教义中提到，以色列救赎和复兴很快就会来临，但他也主张消极的弥赛亚主义，教导犹太人耐心等待奇迹发生。卢温尼采纳了哈列维教义中主张救赎即将来临的部分，但增加了积极推动弥赛亚降临所需的因素的相关内容。他想促使葡萄牙人进攻吉达和麦加，并建立一个基督教欧洲联盟，以打败奥斯曼帝国，解放以色列。随着这一系列事件的发展，十部落和弥赛亚肯定会现身，而这时，他是否是个骗子，就不再重要了。当然了，这一切都没有发生。接下来，让我们看看中世纪和文艺复兴时期的欧洲基督教是如何看待十部落的。

基督教千禧年主义与失落十部落

中世纪欧洲的许多基督徒认为，十部落存在于世界的某个角落。与犹太人相反，中世纪基督徒中间的大众宗教文化对十部落的看法非常消极。情况并非一直如此，并且教会的官方教义没有对十部落不怀好意的描述。然而，教会的官方教义并不总能对大众宗教的运作产生很大影响。基督教对于十部落的态度是如何转变的，这是反犹太主义和失落十部落神话历史中发人深省的一段故事。

---

❶ 卡巴拉，字面意思是"接受、传承"，是与犹太哲学观点有关的思想，用来解释永恒的造物主与有限的宇宙之间的关系。虽然它被许多教派所引用，但它本身并未形成宗派，而仅仅是传统犹太教的一种经典。——译者注

　　早期的基督徒相信，基督再临和世界末日很快就会到来。随着时间推移，人们不再迫切地相信末日临近。然而，许多猜测仍在继续，包括基督再临、千年国、决战"敌基督"，以及基督和其追随者的胜利等。关于类似末世和决战的各种观念都在发展、壮大和演变。犹太人和十部落也在世界末日中出场。《圣经》教导人们，末日来临时，犹太人将皈依基督教，并和基督一同重生。从基督教的角度来看，这是一件好事。基督再临将终结堕落的世界，这于信徒们而言是件皆大欢喜的好事。但久而久之，人们对犹太人和十部落产生了更加恶毒的看法。

　　公元二三世纪，许多基督教神学家断言，敌基督是出生于但部落的犹太人。然而，大约在同一时期，千禧年派基督教诗人康莫迪安（Commodianus）描述了基督和敌基督的决战，在此次决战中，受上帝保佑的十部落组成了基督的军队，而《启示录》第20章中的歌革和玛各的邪恶民族将组成敌基督军队。基督教历史学家保卢斯·奥罗修斯（Paulus Orosius）在《反异教史七卷》（Seven Books of History against the Pagans）中指出，传说被亚历山大大帝击败并被关在远山的不洁民族便是十部落。有一本书的影响尤为重大，那就是《伪美多迪乌斯启示录》（Revelation of Pseudo-Methodius）。该书写于500年后，原著为希腊语或叙利亚语（阿拉米语），约在700年被翻译成拉丁语。它勾画了末世景象：敌基督将犹太人聚集到耶路撒冷，在那里，犹太人将敌基督奉为弥赛亚。一些说法称，敌基督生于巴比伦，但他后来移居巴勒斯坦，并在耶路撒冷为犹太人建造了一座新的圣殿。他将召集流散的犹太人，他们将成为他忠实的追随者。在敌基督和基督的决战中，犹太人将被打败，遭到诅咒。10世纪时，法国蒙捷昂代尔修道院的院长阿德索编写了一本手册，汇总了关于敌基督的传说。阿德索增加了一个细节，即敌基督的母亲是一个妓女，撒旦将附身于她腹中的胎儿。因此，犹太敌基督将成为撒旦的化身，而犹太人，包括十部落，将成为敌基督的军队。

在希腊王国和罗马帝国等异邦中，犹太人曾遭受了反犹太主义之苦。基督教一出现，就对犹太教产生了敌意，一种新形式的反犹太主义随之产生。基督教取得胜利，成为罗马帝国唯一的合法宗教之后，基督教反犹太主义便成为留存于欧洲的反犹太主义形式。此外，历史学家认为，至少从13世纪到16世纪，基督教的反犹太主义不断强化。中世纪的天主教会对犹太人的策略始终是改变他们的信仰，如果做不到就予以镇压。天主教会的目标并不是消灭犹太人。实际上，许多国王、贵族、大主教和主教们都会保护自己领地上的犹太人。然而，犹太人依然会遭到反犹太主义的下层神职人员和平民的恶意攻击，对此，这些统治者往往就无能为力了。1096年第一次十字军东征和1146—1147年第二次十字军东征开始时，莱茵地区的城市和通往君士坦丁堡的道路上发生了针对犹太人的恶性大屠杀。后来，十字军东征失败，人们对《塔木德》的内容更为了解，关于世界末日的焦虑和对犹太人的厌恶情绪加剧。托钵修会❶宣扬犹太人侍奉敌基督，十部落随时

---

❶ 托钵修会，又称乞食修会。13世纪上半叶罗马教会为与异端教派争夺信众而建立的天主教修道组织。其修士积极维护正统教义，热心布道，甘愿过清贫禁欲的生活，以标榜赤贫。他们攻击异端来挽回教会的威信，并到各国城乡宣传所谓"清贫福音"，要人民安于贫困，忠于教皇。——译者注

准备攻击并摧毁基督教，这让反犹太主义更加盛行。中世纪后期，出现了"血祭诽谤"，指责犹太人绑架基督教儿童作为人肉祭品，获取其血液以用于可怕的仪式。

中世纪后期，所谓的关于十部落的消息成为欧洲人关注的焦点。1145 年，伽巴拉的十字军主教休传消息到罗马，称神秘而强大的基督教统领、祭司王约翰现身，协助东地中海地区的十字军国家扭转了与伊斯兰势力的战局。1165 年，教皇和欧洲君主开始收到据称来自祭司王约翰的信件。人们发现，失落十部落的王国是这位基督教君主的附庸国。这对基督教世界来说是个好消息，因为它意味着世界秩序井然。即使在陌生的亚洲土地上，犹太人也服从于基督教。另一方面，犹太人则坚信，十部落可能有一个或多个王国，而王国本身则是强大而独立的。

蒙古大军给欧洲带来威胁时，情况开始恶化。1238 年，蒙古大军的目标还仅限于伊斯兰国家，并未波及基督教世界。但到了 1240 年，蒙古人的势力开始盘旋于主要信奉基督教的欧洲上空，给基督教带来的威胁越来越大。13 世纪的编年史家马修·帕里斯（Matthew Paris）将蒙古人描述为属于撒旦种族的畸形人。尽管其表述颇为含糊，但他认为蒙古人就是亚历山大大帝在上帝的帮助下围困于高加索山区的十部落。帕里斯是第一个提到失落十部落的英国作家。1241 年，蒙古人对欧洲中部基督教军队发起进攻，帕里斯讲述了犹太人与蒙古人的阴谋。据推测，神圣罗马帝国的犹太人认为蒙古人是他们的同胞。犹太人召开了一次秘密会议，犹太领导者们在会议上提出计划，要对蒙古人施以援手："以色列剩下的人，我们的弟兄们，之前被关起来，而现在他们已经走出去，让整个世界都臣服于他们和我们。"犹太人告诉基督教当局，他们想要给蒙古人送毒酒，但酒桶里装着的其实是武器。犹太人的背叛行为被发现，肇事者被处决或被终身监禁。根据帕里斯的判断，这一事件"充分显现出犹太人潜在的背叛特质和非凡的欺诈手段，他们宁愿选择帮助这些世界公敌（蒙古人）……即便基督徒准许犹太人生活在他们之中，这些犹太人也不愿帮助基督徒"。在欧洲，许多人都相信这一事件真的发生过。相比之下，此事是否确实发生就无关紧要了。蒙古人就是十部落，犹太人与蒙古人联盟想要摧毁基督教，这已是老生常谈。

后来，人们虚构出来一位约翰·曼德维尔爵士（Sir John Mandeville），他来自英国，游历广泛，称自己曾听闻十部落被俘，且仍然被困在里海附近的山中。据他说，

* 在敌基督的时代，这些犹太人肆无忌惮，对基督徒造成了很大的伤害。因此，世界上不同地区的所有犹太人都学会了说希伯来语，因为他们相信，被围在那些山丘中的犹太人出现后，会通过语言辨认出自己的同胞。然后他们将带领其他犹太人进入基督国，消灭基督徒。因为那些犹太人通过预言知晓，被围在那些山丘中的犹太人将突破重围，控制基督教，正如基督教曾控制他们那样。

曼德维尔的《游记》（*Travels*）最早在1356—1366年以法语出版，在中世纪后期广为流传。在基督教世界的德语区，关于十部落的传说司空见惯，这些传说中，十部落的军队战无不胜，威胁性极强，伺机粉碎基督教。14至15世纪，这些传说演变成

了可怕的红色犹太人的传说❶，在德国教友❷的大众文化中蓬勃发展。

一些历史学家已经证明，中世纪后期，对世界末日的预期与反犹太主义并行不悖。犹太人相信弥赛亚和踪迹未明的十部落会来临，团结以色列众人，复兴以色列王国。基督徒则相信基督会再临，在世界末日与敌基督和邪恶集团（包括十部落的军队）展开决斗。这两种信仰形成了一种对应。犹太弥赛亚和十部落在犹太《启示录》中是英雄，在基督教《启示录》中则是反派。中世纪早期，基督教中的世界末日思想认为，十部落和其他犹太人为敌基督而战，敌基督被击败后，他们将皈依基督教，获得永恒的救赎。中世纪后期的版本中，十部落和犹太人仍然为敌基督而战，但他们不会皈依，也不会获得救赎。有人认为，中世纪的反犹太主义是出于对部分犹太人的财富和其放债人身份的妒忌和憎恨。然而，社会、经济和人口方面的研究表明，这些动机并未占据主导地位。没有那么多的犹太放债人，扣押犹太人的财富更多的是反犹太主义的手段而不是其动机。基督教社会鄙视、惧怕犹太人，因为他们是异类，并想保持自己的异类身份。他们相当顽固，拒绝接受那些中世纪基督徒眼中显而易见的真理，这是基督徒不满和怒气的根源，同时也使他们产生焦虑，担心犹太人可能

---

❶ 德国民间流传的说法是，"红色犹太人"是犹太民族的一部分，对基督教世界有极大的威胁，他们在世界末日来临时将入侵欧洲。——译者注

❷ 教友又称平信徒、会友，是指基督教中除了神职人员及教会所认可的修会人员之外所有的基督信徒。——译者注

是正确的。中世纪的社会中，团结统一即是善。多样性是可疑的，而犹太人就是一种令人不安的多样性，他们可能正在与他们的亲戚、十部落或红色犹太人谋划险恶的阴谋。关于中世纪晚期基督教世界末日思想中的反犹太主义，安德鲁·高（Andrew Gow）的解释是，"它本质上是有意而为的，它源于一种敌对的动机，那就是将犹太人的救世行为解释为一场邪恶阴谋"。中世纪基督教世界的犹太人和十部落是敌基督的手下。歌革和玛各的十部落是"外忧"，欧洲的犹太人则是"内患"。

这些暴力且带有反犹太主义色彩的世界末日思想在 13—15 世纪煽动了中世纪基督徒，随后式微。它们为什么开始衰落？最重要的原因在于，尽管人们长期以来一直在讨论基督再临和即将来临的千禧年，但天启并未发生。人们厌倦了焦急的等待。宗教改革后，新教教义出现，关于红色犹太人以及失落十部落伪装成犹太弥赛亚，实则为敌基督军队之类的信念被削弱了。路德认为世界末日已经临近，他将土耳其人视为歌革和玛各。对他来说，天启并非可怕的战斗，而是神佑的终结，是新天地的开端。同被困的不洁民族的神话一样，这些细节甚至未在《圣经》中出现。文艺复兴时期，人文主义的怀疑主义倾向也使受过教育的精英们摒弃了失落十部落为敌基督军队的传说。一个版本的十部落神话逐渐消失了，但新的版本开始发展演变。美洲大发现为十部落提供了一个新的流放地。

失落十部落在美洲

1492 年，欧洲人发现了美洲，众多陌生土地和民族进入欧洲人的视野，他们也越发意识到此事意义重大。美洲的发现给欧洲人的世界观带来了冲击，他们必须找到方式，解释美洲原住民即印第安人的存在，并将其与旧世界联系起来，以维护所有人类在《圣经》中的合一。有人推测，这些以往不为人知的人种源于犹太或希伯来血统。但具体是哪一谱系呢？他们的祖先是失落十部落，是巴比伦征服、犹太战争、巴尔·科赫巴叛乱中的难民，还是其他的族群呢？看起来，讨论美洲原住民犹太起源的早期作家大多认为他们是十部落的后代。然而，他们很少提及十部落，即便有，也是零散的几笔，不经提醒，读者们几乎注意不到。这表明，当时人们默认记载中提到的犹太人就是十部落的犹太人。

1492 年 10 月 12 日，克里斯托弗·哥伦布在圣萨尔瓦多岛登陆，根据他的日志，当时他和手下看到"海滩上到处都是赤身裸体的人"。他形容他们"肤色如加那利岛人，既不黑也不白"。哥伦布相信，他已经到达当时所谓的印度群岛（Indies，如今的印度尼西亚），所以他称这些原住民为印度人。尽管直到临终前，他仍坚持认为自己找到了一条通往亚洲的西部航线，但大多数欧洲人没过几年就意识到，人类发现了新大陆（虽然北欧人早已发现了美洲大陆，但人们显然早已遗忘了此事）。新大陆和新人种的发现也带来了一些严肃的宇宙学问题：这些所谓的印第安人来自哪里？他们与现有的古典及《圣经》知识体系有什么联系？所有人类都应当首先是亚当和夏娃的后裔，其次是诺亚的三个儿子——闪、含和雅弗——之一的后裔。那么，美洲原住民在这种世界观中处于哪一个位置呢？

关于美洲原住民的起源，人们提出了各式各样的主张。几乎所有的古代人都曾被认为是他们的祖先。迦太基人、凯尔特人、斯基泰人、希腊人、罗马人、中国人、日本人和西非人等，都被认为是哥伦布发现新大陆之前美洲某些或全部民族的祖先，就连亚特兰蒂斯人也曾被认为是印第安人祖先，且在一众理论中占据突出地位。毋庸赘言，犹太人和失落十部落也被认为是哥伦布时代之前最早在全美洲或至少在美洲部分区域定居的人。十部落一向是迷失和流浪的代名词，这使他们顺理成章地成为第一批美洲人的候选人。

尽管犹太人和十部落在欧洲基督教文化中的知名度很高，但第一批探险家和定居者并没有立即将美洲的原住民的身份解释为希伯来人或十部落人。他们查询了古希腊和罗马的文献，认为首批美洲定居者是迦太基人或者亚特兰蒂斯人的幸存者。历史学家李·埃尔德里奇·哈德斯顿（Lee Eldridge Huddleston）对美洲原住民起源理论的发展历史有着广泛的研究，他"并没有发现任何早期探险家和历史学家以书面形式表达过这种（关于十部落或希伯来人起源理论的）想法"。已知最早的相关记载，可能是皮特·马特·德安吉拉（Peter Martyr de Angleria）的《新世界》（*The Decades of the New World*）一书。16世纪初，他提到哥伦布认为伊斯帕尼奥拉岛是阿斐的土地，也是所罗门国王的矿产地，那里的居民可能是希伯来访客的后代。没有其他证据表明哥伦布认为自己发现了阿斐，而且直到1575年之后，同时期的西班牙人才接受美洲人的阿斐起源论或者美洲原住民的希伯来人起源理论的其他版本。

第一个提出美洲原住民源于十部落的人，是出身于低地国家的约安尼斯·弗雷德里克·卢姆尼乌斯（Joannes Fredericus

Lumnius）。在《上帝审判的最终召唤》和《关于上帝最终审判和世界末日的临近》中，他首次明确提出了上述主张。虽然这一主张未广泛流传，但卢姆尼乌斯建立了失落十部落理论的神学基础。根据《以斯拉续篇下卷》，他声称十部落逃离了亚述，并在美洲定居。同年，法国学者吉尔伯特·格内布拉德（Gilbert Génébrard）紧随卢姆尼乌斯之后，发表了《编年史》，该书也支持失落十部落理论。

16 世纪的前 75 年中，主张印第安人的祖先是亚特兰蒂斯人的西班牙学者占多数，其次是支持迦太基人血统理论的人。最近许多记载称巴托莱梅·德·拉斯卡萨斯（Bartolemé de Las Casas）、迭戈·德·兰达（Diego de Landa）以及后来的胡安·德·托克玛达（Juan de Torquemada）推崇印第安人是希伯来人（尤其是十部落）后裔的说法，这是错误的。事实上，他们对任何称希伯来人与古代美洲有关联的理论都持有相当怀疑的态度。1580 年左右，另一批研究墨西哥原住民的西班牙学者发现，十部落或希伯来人血统理论合理地解释了他们口中希伯来人和墨西哥原住民习俗之间的相似性。在对墨西哥原住民的详细研究中，迭戈·杜兰（Diego Durán）、胡安·苏亚雷斯·德·佩拉尔塔（Juan Suárez de Peralta）和胡安·德·托瓦尔（Juan de Tovar）等人都看到了墨西哥原住民与古希伯来人在文化上的相似之处。杜兰在《新西班牙印度诸岛史》（*History of the Indies of New Spain*）中指出：

* 所有这些事情都证实了我的猜测，这些原住民属于以色列十部落，在以色列国王何细亚的时代，被亚述国王撒缦以色五世俘获并带到亚述……《圣经》中还有其他证据可以证明这一点：据说在《何西阿书》第一章至第十二章中，上帝应许以色列十部落的繁衍，使他们多如海中的沙。他们已经占据了世界的大部分地区，这清楚地表明以色列子民大幅增加。

到 17 世纪初，西班牙编年史学家佩德罗·西蒙（Pedro Simón）和安东尼奥·巴斯克斯·德·埃斯皮诺萨（Antonio Vázquez de Espinosa）编造了一个狭义的失落十部落血统理论，称美洲原住民是希伯来伊萨迦部落的后代。后来，1681 年，耶稣会学者迭戈·安德烈斯·罗查（Diego Andrés Rocha）在他的《一本独特的小册子：关于秘鲁、墨西哥、圣菲和智利的西印第安人之起源》一书中写道，美洲原住民富有野性，这表明他们主要是鞑靼人和希伯来人的后代。

其他西班牙学者强烈反对印第安人是失落十部落或其他犹太人后裔的理论。巴托莱梅·德·拉斯卡萨斯被误认为是失落十部落起源理论的支持者，他实际上强烈反对这一理论。17 世纪的西班牙人，如何塞·德·阿科斯塔（Joséde Acosta）、胡安·德·托克玛达、佩德罗·贝纳维德斯（Pedro Antonio Benavides）和伯纳贝·科博（Bernabé Cobo）等人，都否认了美洲原住民是十部落或其他希伯来人后裔的可能性。阿科斯塔对这种说法一直持怀疑态度，他明智地问道：

* 犹太人一直孜孜不倦地保存着他们的语言和古老的传统，以至于如今他们在所生活的每一个地方，都与其他人不同。然

> 而仅在印度群岛，他们忘记了他们的祖先、法律、仪式、弥
> 赛亚，以及他们全部的犹太身份，这怎么可能呢？

　　理智的争论从来没能阻止荒谬理论的传播，关于美洲原住民
的十部落起源论也不例外。在英国、荷兰共和国、新英格兰的英
国殖民地中，人们对天启的期望大行其道，这激发了人们对该理
论的新一轮热情。

　　只要还有基督徒和犹太人，千禧年主义和弥赛亚主义就永远
不会消退，但大众对它们的兴趣有起有伏。17 世纪中期，欧洲
对末日的预期出现了高潮。根据各种基督教的计算方法，基督教
千禧年将在 17 世纪 50 年代中期或 60 年代中期到来。由于带有
666 这一"兽名数目"，1666 年被认为很可能是一个末日年份，
但它肯定不是所有世界末日年份中可能性最突出的。英国预言
家、千禧年主义者玛丽·卡里（Mary Cary）认为千禧年是 1655
年或 1656 年。剑桥大学学者约瑟夫·梅德（Joseph Mede）认为，
末日将于 1660 年前后开始，他的依据是一个预言，该预言声称
末日将在 400 年罗马帝国灭亡 1260 年之后来临。同时，梅德提
出末日年份是 1654 年，他还补充说，基督再临不会晚于 1716 年。
根据犹太教的纪年系统，犹太学者们得出了类似的结论。犹太卡
巴拉主义者认为，1648 年为弥赛亚降临之年。

　　17 世纪上半叶发生了一系列的事件，很可能导致了许多
人相信世界末日即将来临。欧洲饱受残酷战争的折磨。1618—
1648 年，三十年战争令德国满目疮痍，其他国家也被卷入其中。
17 世纪 40 年代到 50 年代，英国经历了一系列内战，深受其害。
这些内战造成了英国社会系统的崩溃，各种激进的千禧年主义宗

派趁乱而出，如贵格会❶和第五王国派❷。与此同时，1648—1657年，东欧的哥萨克人反对波兰立陶宛联邦，发动赫梅尔尼茨基起义，造成大范围的破坏，大肆屠杀居住在乌克兰的犹太人。迫害和大屠杀往往会激发犹太人对弥赛亚的期望。

与中世纪后期的千禧年主义和弥赛亚主义不同，至少在基督教和犹太社会的精英与知识分子中，无论是重生的基督与敌基督之间的决战，还是即将到来的弥赛亚与邪恶势力之间的终局之战，其中的暴力方面都被大幅淡化了。新教徒不再将犹太人的弥赛亚视为敌基督，因为他们认为真正的敌基督是教皇。如果十部落出现了，他们将成为共同抵抗邪恶的盟友，而不是撒旦的突击部队。至少，玛拿西·本·以色列（Menasseh ben Israel）和佩特鲁斯·塞拉里乌斯（Petrus Serrarius）等虔诚的犹太教和基督教学者是这样认为的。

1641 年，在如今哥伦比亚中西部山区和丛林中发生了一场邂逅，这为十部落传说中的所在地增添了一个新的地点，也促使 17 世纪上半叶一直膨胀的千禧年和弥赛亚热潮继续发酵。有

---

❶ 又名教友派、公友会等。该教派没有成文的信经、教义，最初也没有专职的牧师，没有圣礼与节日，而是直接依靠圣灵的启示，来指导信徒的宗教活动与社会生活。该教派始终具有神秘主义的特色。——译者注

❷ 出现于 17 世纪英格兰共和国时期和护国时期，又名"第五君主国派"。该派认为第一王国为亚述－巴比伦，第二王国为波斯，第三王国为希腊，第四王国为罗马，只有在以基督为王的第五王国（千年国）里人压迫人的现象才能消灭，正义才能得到最后的伸张。——译者注

一位改宗者，原名亚伦·列维（Aaron Levi），后更名为安东尼奥·德·蒙特西诺斯（Antonio de Montezinos），他来到西班牙新格拉纳达总督辖区。蒙特西诺斯从卡塔赫纳出发，与一些印第安人一同开启贸易远征，其中一位印第安人名叫弗朗西斯科。行至山区，蒙特西诺斯一行人遭遇了猛烈的风暴，面临着生命威胁。这时，弗朗西斯科却对西班牙人言辞不逊。蒙特西诺斯后来就此事劝诫了弗朗西斯科，但弗朗西斯科再次控诉了西班牙人对印第安人的暴行，他断言，印第安人将报仇雪恨，还隐晦地补充说，印第安人将获得不知名人士的帮助。回到卡塔赫纳后，宗教法庭将蒙特西诺斯带去审问，并将他关进监狱。在监狱里，他以犹太人的方式祈祷，感谢上帝让他没有生为外邦人（也包括印第安人）。不知怎的，他突然发起怒来，断言印第安人是希伯来人，还重复了两次。说完后，他自忖，他如此重复宣称印度人是希伯来人，这件事情必有蹊跷。

出狱后，蒙特西诺斯在马格达莱纳河畔的宏达镇找到了弗朗西斯科。他要求弗朗西斯科与他一起去旅行。走出宏达镇后，蒙特西诺斯向弗朗西斯科坦言，自己是利未部落的犹太人。此时，弗朗西斯科同意带他进入荒野，但蒙特西诺斯必须要听从他的吩咐。两人在旷野中行走了七天后，来到一条不知名的河流。弗朗西斯科发出了信号，一些白人出现了，他们一起乘船过河。这些白人非常谨慎，不允许蒙特西诺斯渡河进入他们的土地，但蒙特西诺斯了解到，这些白人是鲁本部落的希伯来人。弗朗西斯科告诉蒙特西诺斯，在过去很长一段时间里，印第安人和白人之间水火不容。印第安人的军队曾几次试图入侵并摧毁白人的领地，每次印第安军队最后都消失得无影无踪。和平缔交后，两个群体友好相处，许多印第安人皈依了犹太教。世界末日即将来临之时，神秘白人和印第安人将勇往直前，打败西班牙人，之后再将欧洲犹太人从压迫中解救出来，一同成为世界的统治者。

1644年9月19日，蒙特西诺斯到达阿姆斯特丹，将这一故事带给了弥赛亚学者、拉比玛拿西·本·以色列以及当地的犹太社群。玛拿西是普世主义者，他相信无论犹太人或基督徒，所有善良的人最终都会得到拯救。起初，阿姆斯特丹的犹太社区的人们和玛拿西还心存疑虑，但随后他们就热切地聆听了蒙特西诺斯的故事。流散各地的犹太人愿意听到任何关于与失落十部落相遇的消息。如果这些相遇是真的，那就证明弥赛亚要出现了，也许弥赛亚很快就会到来。17世纪上半叶的独特之处在于，北欧的犹太弥赛亚主义和基督教千禧年主义和谐共生，一同欢迎弥赛亚来临和基督再临。玛拿西与约翰·杜里（John Dury）和佩特鲁斯·塞拉里乌斯等基督教千禧年主义者志同道合，他们会在各种普世教会合一运动❶和千禧年活动中交流合作。

蒙特西诺斯到达阿姆斯特丹时，约翰·杜里正在海牙担任牧师。正是在那里，他了解到蒙特西诺斯在南美洲与流便部落相遇的故事。杜里把这个故事转告了其他对此感兴趣的人，包括英格兰的托马斯·索罗古德（Thomas Thorowgood）和爱德华·温斯洛（Edward Winslow）。温斯洛是一个分离主义者❷，他乘坐"五

---

❶ 普世教会合一运动是提倡现代基督教内各宗派和教派重新合一的运动。——译者注

❷ 分离主义者的目标是从现存的主权国家中分离出一部分领土建立独立的国家。——译者注

月花号"来到北美。英国内战爆发时，温斯洛回到英国，支持议会反对国王查尔斯一世，后来他成为奥利弗·克伦威尔（Oliver Cromwell）的支持者。收到杜里关于蒙特西诺斯和十部落的消息后，1648 年年底或 1649 年年初，温斯洛将其告知了远在新英格兰的约翰·艾略特（John Eliot）。艾略特是知名的传教士，主要向新英格兰的印第安人传教，他于 1646 年开始在美洲原住民中进行传教工作。收到温斯洛关于蒙特西诺斯和十部落的信件后，艾略特开始认为新英格兰的美洲原住民有可能是失落十部落的后代。索罗古德是诺福克的格里姆斯顿的牧师，是长老会的温和派。他对美洲原住民有犹太血统这一说法的兴趣始于 17 世纪 30 年代中期，当时他阅读了皮特·德安吉拉、何塞·德·阿科斯塔等人关于美洲的书籍。他还与新英格兰牧师罗杰·威廉斯（Roger Williams）通信讨论过这一说法。威廉斯对印第安人以色列血统的说法持怀疑态度，但索罗古德并没有因此而气馁，1640年，他完成了《美洲的犹太人》（*Iewes in America*）一书的草稿。当时，他将自己的手稿搁置在一边，因为当时整个大不列颠正陷入政治和宗教危机，几乎可以肯定，这是让索罗古德分心的重要原因。

蒙特西诺斯的故事表明十部落有可能定居美洲并成为美洲各原住民部落的祖先，这一点激发了温斯洛、艾略特和索罗古德的兴趣。在杜里告诉他之前，索罗古德没有听说过蒙特西诺斯和玛拿西·本·以色列关于失落十部落的猜测。因此，1648 年，索罗古德重拾《美洲的犹太人》的手稿，与杜里分享。杜里又将手稿传给了温斯洛，两人都鼓励索罗古德将其出版。当时，人们争取让议会设立新英格兰福音促进会，这进一步激发了索罗古德的热情。1649 年，温斯洛的《福音在新英格兰印第安人中的光荣进步》(*The Glorious Progress of the Gospel amongst the Indians in New England*) 一书出版了，其中收录了来自托马斯·梅休和约翰·艾略特的信件，以表示他对设立新英格兰福音促进会的支持。杜里为该书撰写了附录，他在其中推测千禧年或弥赛亚将在 1650 年到来，致使"要么我们基督徒成为摩西人，要么他们犹太人成为基督徒"。他还表达了与温斯洛相同的观点，"我更倾向于认为，这些地方（美洲）至少分布着一些亚伯拉罕的子孙"。同时，杜里写信给玛拿西·本·以色列，希望得到更多关于蒙特西诺斯在南美洲荒野经历的信息。1649 年 11 月 27 日，他收到了回复，其中包括蒙特西诺斯对其冒险的叙述，以及玛拿西的宣誓书。杜里与索罗古德分享了这一信息。后者在修订《美洲的犹太人》时，引用了这一信息。因此，当 1650 年《美洲的犹太人》最终出版时，经过修订和扩充的文本包括了蒙特西诺斯叙述和杜里所作的题为《杜里先生就美洲人是以色列人的后裔这一猜想给索罗古德先生的书信论述》的序言。两人观点的不同点在于，杜里认为犹太人将在千禧年中发挥重要作用，而索罗古德则不这么认为。索罗古德认为，作为失落十部落的后裔，美洲原住民皈依基督教本身就是一件好事，这将实现清教徒将异教和野蛮民族基督教化和文明化的目标。《美洲的犹太人》还使索罗古德成为第一位用英语为印第安人的犹太血统理论进行全面辩护的人。

索罗古德的《美洲的犹太人》不仅是证明美洲原住民是失落十部落后裔的一次尝试，也是对英国教会中加尔文主义和清教徒立场的一种辩护。此外，和当时的许多作品一样，《美洲的犹太人》提到的犹太人真正指的是以色列人，这一点令人困惑。17

世纪，"犹太人"指的是被放逐到巴比伦后的犹太教徒，而犹太人被放逐到巴比伦之前，以色列王国正处于分裂状态，"以色列人"一词指北方以色列王国的人，"犹大人"则指南方犹大王国的人。失落十部落是以色列人。基于对美洲原住民和以色列人的传说、家庭习俗、宗教信仰和语言的比较，索罗古德提出了美洲原住民起源于失落十部落的观点。虽然这种方法不为现代文化和人类学学者接受，但它是现代早期的常用方法。索罗古德得出的结论是，北美洲和南美洲的所有原住民都是失落十部落的后裔，而且十部落没有留在亚洲，全都迁移到了美洲。在从被亚述人流放到前往美洲定居这段时期，失落十部落逐渐退化成异教的野蛮状态，他们的宗教和文化只有部分残留得以幸存。

1650 年，玛拿西·本·以色列的《以色列的希望》(*The Hope of Israel*)出版了。他对美洲失落十部落持不同观点。书本一开篇，玛拿西就对他的读者说："关于美洲人的起源以及新世界和西印度群岛的第一批居民，有多少人就有多少种见解。"他接着提到，在各种理论中，他发现，"没有任何观点比蒙特西诺斯的观点可能性更大，也更合乎理性"。接着，他向读者展现了蒙特西诺斯"叙述"的文本。之后，玛拿西研究了各种对立的印第安人起源理论。他首先提醒读者，"关于新世界印第安人起源的说法众多，且不确定性很大，很难说什么是确定无疑的"。整本书中，玛拿西不断强调，失落十部落并没有聚集在一个地区，而是分散在亚洲和非洲各处。在书中第二十六节，他提出了犹太弥赛亚思想中的两个弥赛亚概念，即约瑟的弥赛亚和大卫的弥赛亚。最后，玛拿西总结了他的观点，特别强调了失落十部落定居于许多地方，其中部分人来到美洲。到美洲后，他们像蒙特西诺斯故事中的流便人一样隐蔽地生活着，继续奉行他们的宗教和文化。而野蛮的、无宗教信仰的美洲原住民部落则是鞑靼人的后裔。玛拿西进一步宣称，各部落重返巴勒斯坦的预言是真实的，有朝一日终会实现。返回巴勒斯坦之前，各部落将首先聚集在亚述和埃及，在那里建立由十二个部落组成的统一的以色列王国。

　　玛拿西对弥赛亚的看法与索罗古德认为美洲原住民是失落十部落后代的理论相差甚远。玛拿西认为，十部落中只有一部分人藏身于美洲，继续奉行他们的宗教和文化。索罗古德则认为，所有十部落的人都迁移到了美洲，所有美洲原住民都是他们的后代，但他们的宗教、语言和文化只有一些残片得以幸存。对杜里和温斯洛而言，这两人关于美洲失落十部落的说法都有助于实现基督教千禧年天启。玛拿西认为，失落十部落的群体虔诚而低调地生活在美洲原住民中，为弥赛亚的回归创造了条件。1290 年，犹太人被爱德华一世驱逐，玛拿西也把美洲失落十部落的故事看作扭转这一局面，让犹太人重新进入英国的方式。玛拿西渴望犹太人回归英国，原因有两个：一个是出于实际的考虑，犹太人虽然在欧洲四面受敌，但他们始终能找到避风港，如英国；另一个原因则与救世主相关，玛拿西相信，只有在犹太人遍布世界各地之后，弥赛亚才会到来。如果英国不允许犹太人进入，这就给弥赛亚回归带来了障碍。一些基督教千禧年主义者可能也会对此持相同意见。玛拿西将 1652 年出版的第二版《以色列的希望》献给了英国议会。1655 年，他发表了题为《致英格兰、苏格兰与爱尔兰共和国公共健康保护者殿下》（*To His Highness the Lord Protector of the Common-Wealth of England, Scotland and Ireland*）的小册子；1656 年，他发表了《犹太人的诉求》（*Vindiciae*

Judaeorum），进一步论证了英国应该重新接纳犹太人。玛拿西于 1657 年去世。他为英国重新接纳犹太人做出了许多努力，成果却微乎其微，他有生之年没能看到真正批准犹太人在英国居住的法律。

约翰·艾略特听说了蒙特西诺斯的故事以及玛拿西·本·以色列和托马斯·索罗古德的工作，他开始重新考虑自己关于美洲原住民起源的想法。关于美洲原住民的身份和起源，欧洲人中流传着许多理论，但到了 17 世纪中期，最广为接受的是鞑靼人理论。该理论主张，美洲的人口主要源自中亚和西伯利亚的游牧民族，他们进入亚洲东北部和北美洲西北部地区，在此定居繁衍。17 世纪，人们还没有弄清北美洲西北部地区的实际地理情况。当时人们推测，该地区有一个狭窄的海峡，称为阿尼安海峡。这一推测后得到证实，维图斯·白令（Vitus Bering）发现了这一海峡，并以自己的名字为其命名。

艾略特一直支持鞑靼人理论，但从温斯洛那里得到信息后，他开始考虑十部落是美洲原住民的祖先的可能性。1650 年，艾略特阅读了《美洲的犹太人》后，就与索罗古德进行了通信，通信从 1650 年 10 月开始，持续到 1657 年 10 月。艾略特的部分信件后来收录于 1660 年版的《美国的犹太人》中。随着时间的推移，艾略特对索罗古德关于失落十部落的理论的支持开始动摇。其中一个原因是，预测未能应验，千禧年并未到来，这引起了艾略特的怀疑。另一个原因是，传教过程中，艾略特亲自接触了美洲原住民。相反，索罗古德从未见过任何美洲原住民。根据艾略特的一手观察，索罗古德的猜想并不成立。艾略特提出了一个理论，认为美洲原住民不是十部落或鞑靼人的后裔，而是希伯的小儿子约坍的后裔。希伯是诺亚的儿子闪的曾孙，他有两个儿子，分别是法勒和约坍。亚伯拉罕、以撒和雅各的希伯来人延续了法勒的血统。约坍有许多后裔，其中包括示巴、哈腓拉和阿斐。这三个名字也代表了位于（或者说，被认为是位于）阿拉伯半岛南部或东非的土地。到了 16 世纪，有人认为所罗门王的矿场阿斐实际上是秘鲁。艾略特提到，古实的儿子宁录带头反抗上帝的旨意，企图建造巴别塔，希伯对此表示反对。因此，当上帝通过言语淆乱阻止宁录叛乱时，希伯和他的家族保留了伊甸园中亚当和夏娃最初使用的完美的语言，这一语言便被冠以希伯之名，即希伯来语。这是希伯的儿子法勒和约坍以及他们后代的语言。艾略特认为，言语淆乱之后，法勒和约坍向东进入广阔的亚洲及其他地区。艾略特称，这次迁移后，"人口众多的印度人是希伯来人，日本人和赤身裸体的美洲人也是希伯来人，因为为首先在这些地方耕种的人都是希伯来人"。后来，失落十部落中的一些人来到了美洲。由于他们的语言和美洲原住民的语言起初都是希伯来语，他们沟通顺畅，更容易相融。艾略特认为，美洲原住民实际上是约坍的后代，后来有部分来自失落十部落的人加入了他们。1653 年或 1654 年，他在一封信中与索罗古德分享了他的理论。索罗古德并没有因此气馁，而是继续在《美洲的犹太人》（1660 年）中宣传自己的理论，同时将艾略特的信收入书中。

　　艾略特只是提出了美洲原住民起源的另一种可能性，但索罗古德关于美洲原住民失落十部落血统的理论还面临着更为严肃尖锐的批评。《美洲的犹太人》出版后，索罗古德给他在诺福克的邻居哈蒙·莱斯特兰奇（Hamon Estrange）寄了一本。莱斯特兰奇在伊顿公学和剑桥大学基督学院接受教育，他和家人在英国内战初期支持查理一世，他退休后隐居乡村，研究历史和神学。1651 年 3 月 30 日，莱斯特兰奇写道，关于索罗古德，"我非常钦佩和敬重他的庄重和学识。"但当莱斯特兰奇阅读《美洲的犹太人》时，他"如同落在沙砾和岩石之上，感觉非常不适"。这促使他撰写了《美洲没有犹太人》（*Americans no Iewes*），该书于 1652 年出版，对索罗古德的观点进行了反驳。莱斯特兰奇首先提出了自己关于美洲原住民起源的理论。他的看法与艾略特类似，但艾略特认为美洲原住民是约坦的后代，而莱斯特兰奇则认为美洲原住民是法勒的后代。莱斯特兰奇补充道，如果他的观点有误，那么，"我注意到博学的爱德华·布雷尔伍德（Edward Brerewood）先生认为美洲人属于鞑靼人的种族。如果我放弃了我之前的观点，我将认同他的观点"。接着，他广泛引用古代文献，举出反例，反驳索罗古德认为美洲原住民的语言、宗教和习俗是基于希伯来文明的观点。虽然莱斯特兰奇的方法并不比索罗古德的高明，但他证明了一点，那就是许多古代民族与美洲原住民一样，与以色列人之间存在相似性。也就是说，可以提出同样合理的论点，认为以色列人也是其他古代民族的祖先。当然了，索罗古德并没有被莱斯特兰奇的论点说服，他坚持认为自己的证据更有说服力。在 1660 年出版的《美洲的犹太人》中，索罗古德重申并且完善了他的主张，认为失落十部落已经在美洲定居，他还认定鞑靼人也是失落十部落的后裔，从而将鞑靼人的起源理论融入了自己的学说。此外，他补充道，他关于以色列人是美洲原住民的祖先的主张只是一种可能，而非被证实的事实。17 世纪 60 年代，预期中的千禧年没有出现，因此，人们对于失落十部落是美洲原住民的祖先这一理论的热情和迫切性有所减退，但从未消失。

神秘的弥赛亚萨巴泰·茨维与失落十部落

犹太人的弥赛亚主义并不局限于米拿西·本·以色列所在的阿姆斯特丹和西欧地区。同一时期，奥斯曼帝国中发生了犹太历史上最大规模的弥赛亚运动，其中包括对失落十部落将会纵马驰援的希望。1648 年，在博赫丹·赫梅利尼茨基（Bohdan Chmielnicki）领导的哥萨克起义期间，乌克兰犹太人遭到屠杀，引起了全欧洲和中东犹太人的高度焦虑。当时东正教徒中盛行激进的反犹太主义，赫梅利尼茨基利用这一点煽动民众对犹太人进行种族大屠杀。哥萨克起义的革命团体同样憎恨罗马天主教，因为它是统治乌克兰的波兰霸主所奉行的宗教。在当时和此后很长一段时间内，受害者的实际人数，包括死亡以及流离失所的难民人数，都被夸大了。即便如此，乌克兰的 5 万犹太人中，还是有 2 万多人被杀害，其余的人则都逃走了。这种磨难往往也强化了各地犹太人对弥赛亚的期望。

正是在这种大屠杀与弥赛亚主义交织的环境下，萨巴泰·泽维（Sabbatai Zevi）开始宣称自己是弥赛亚。然而，萨巴泰从来没有将自己视为受神任命的凡世国王，能通过军事力量重建以色列王国，并重新团结十二个部落。相反，萨巴泰声称自己受到召唤，并确实将成为神秘的弥赛亚。他将成为国王，通过神秘及精神控制的方式重建以色列，而非诉诸暴力。显然，萨巴泰和他的核心追随者们相信，弥赛亚高潮时刻来临之时，土耳其苏丹和他的大臣以及军队将承认萨巴泰为统治者并让位于他。随后，所有十二个部落的犹太人将以和平的方式聚集在耶路撒冷和巴勒斯坦，一个和平与正义的弥赛亚时代将随之到来。

萨巴泰生于士麦那（今土耳其伊兹密尔），潜心研习《塔木德》和卡巴拉体系。早期，萨巴泰行为古怪。犹太弥赛亚主义著名学者格肖姆·索伦（Gershom Scholem）认为萨巴泰可能患有躁郁症。他确实在一些场合表现出躁郁症的症状。无论他的思考过程是怎样的，1648 年，萨巴泰 22 岁时，他得出结论，他就是弥赛亚。他与他的朋友以及其他学徒分享了这一见解。其中一些人相信他，而当地的犹太领袖和拉比们则不相信他。萨巴泰毫不畏惧，行事大胆，例如他会在公开场合说上帝的四字圣名。他的这种做法引起了宗教当局的不满。结果，1651 年，士麦那的犹太社群将他驱逐。直至 1654 年，萨巴泰一直在奥斯曼帝国流浪。这位未来的弥赛亚不受人待见，时常被迫搬家。但他越是流浪，遇到的人就越多，他的支持者也越多。1657 年，千禧年主义的贵格会传教士抵达奥斯曼帝国。萨巴泰和贵格会传教士有过好几次交集。我们并不知道萨巴泰和贵格会会员是否真的见过面，但早期贵格会会员对他的热情显然一定程度上刺激了奥斯曼帝国的官员、伊斯兰教神职人员和犹太拉比。与此同时，萨巴泰的声誉和他作为弥赛亚的接受度继续提高。1665 年 4 月，年轻而受人尊敬的卡巴拉学者加沙的拿单（Nathan of Gaza）看到了一个异象，认定萨巴泰正是弥赛亚。6 月下旬，萨巴泰在前往耶路撒冷的途中经过加沙，两人会面，拿单膏立 ❶ 萨巴泰为弥赛亚。拿单

---

❶ "膏立"，就是以膏油涂抹，以示受命于神。在犹太人传统中，国王、祭司要经过"膏立"仪式才能就任。——译者注

还充当了萨巴泰的先知和宣传员，引导他的运动往更神秘的方向发展。

此时，失落十部落进入了人们的视野，他们并没有真的现身，只是关于他们的传言愈演愈烈。长期以来，犹太人一直相信，失落十部落会在弥赛亚时刻出现，协助弥赛亚与邪恶势力斗争，并将犹太人从痛苦和压迫中拯救出来。萨巴泰这位弥赛亚则不太一样。他和拿单宣扬唱赞美诗会带来救赎，他的追随者会得到奇迹般的保护——土耳其士兵向他们发射的子弹都会反弹回去，击中土耳其人。因此，在萨巴泰运动及其神秘的弥赛亚主义中，失落十部落的无敌大军既非必要，也无用武之地。1665 年年底，拿单在预言中提及失落十部落，这是萨巴泰派领导人唯一一次提及失落十部落。拿单称，萨巴泰成为国王后将穿越桑巴提安河，带回十部族。然而，在民众的想象力之下，出现了失落十部落骑马驰援的传言。就在拿单看到异象，认定萨巴泰是弥赛亚的时候，1665 年 4 月，一个传言在意大利出现，称阿拉伯人入侵并洗劫了麦加。这类故事原本是可信的，因为阿拉伯部落不守规矩，生性贪婪，也曾袭击过麦加。但到了 7 月，这一故事发生了变化，至少根据荷兰语的小册子来看，洗劫麦加的军队变成了失落十部落。大约同一时间，英国皇家学会也收到了麦加被摧毁的消息。到了 8 月，意大利威尼斯有消息称，许多犹太人加入了阿拉伯人，向麦加发起进攻。1665 年年底，荷兰的公报和《伦敦公报》（ *London Gazette* ）都报道了麦加遭受的洗劫和萨巴泰运动。在新英格兰，英克里斯·马瑟（Increase Mather）告诉他的教友们，十部落现在正向耶路撒冷进发。1666 年年初，德国的小册子称失落十部落征服了麦加，其中一些部落称他们的领袖是萨巴泰。与此同时，奥斯曼帝国内部并没有任何失落十部落大军将麦加夷为平地的故事。关于十部落的谣传并非源于中东，而是西欧的犹太弥赛亚主义者和基督教千禧年信徒们的狂热想象与痴心妄想。和大卫·卢温尼一样，基督徒将失落十部落视为对抗土耳其人的盟友，而不是中世纪晚期基督徒心目中敌基督的帮凶。这种转变是有原因的，因为土耳其人控制着圣地，而要完全复兴以色列王国，就需要先解放圣地。从卢温尼的时代到萨巴泰的时代，十部落的使命发生了变化，在宗教改革的背景下，新教千禧年信徒将十部落视为盟友，不仅能协助他们对抗土耳其人，还会与他们一同与教皇制做斗争。

对麦加的掠夺只不过是人们想象出来的，因此奥斯曼帝国的官员不必为此烦恼，但萨巴泰给帝国稳定带来的威胁让他们愈发感到不安。1665 年 12 月，萨巴泰在士麦那宣称自己既是国王，也是弥赛亚。犹太世界的宗教狂热不断蔓延，关于萨巴泰的故事也在西欧基督徒中流传开来。1666 年 2 月 19 日，英国海军军官、著名日记作家塞缪尔·佩皮斯（Samuel Pepys）在日记中记录了萨巴泰在士麦那的消息，以及伦敦犹太人中弥赛亚狂热情绪的事例。随着弥赛亚的现身，犹太家庭开始出售他们的房产，期待自己能奇迹般地重返耶路撒冷，复兴以色列王国。1666 年 2 月，萨巴泰前往伊斯坦布尔，他一抵达就立即遭到逮捕，并被监禁起来。在萨巴泰被关押的几个月里，他的追随者们的热情有增无减。于是在 9 月，苏丹及其议会将萨巴泰带到民众面前。萨巴泰和他的追随者期望苏丹和奥斯曼政府会让步，承认萨巴泰为统治者。然而，苏丹和政府向萨巴泰提供了两种严酷的选择：要么皈依伊斯兰教，要么被处决。萨巴泰听从了一位叛教的犹太医生的建议，选择了皈依伊斯兰教。震惊、失望和幻灭席卷了整个犹太教世界。拿单带领下的一些顽固的萨巴泰派坚持认为，萨巴泰叛教只是弥赛亚现身过程中的一个考验。这些萨巴泰派多年来一直坚持他们的信仰。其中一个皈依者团体"东马派"跟随萨巴泰皈依了伊斯兰教，但暗地里，他们继续奉行犹太教，且仍然相信萨巴泰就是弥赛亚。该团体幸存到了 20 世纪。至此，犹太历史上最后一个广泛的、最为实质性的弥赛亚运动便结束了。萨巴泰叛教之后，所有的弥赛亚主张在拉比们眼中变得更加可疑，但在犹太流行文化中，他和巴尔·科赫巴一样是个英雄。失落十部落的神话也并没有止于萨巴泰。

失落十部落重返北美

回到北美，关于美洲原住民是失落十部落还是其他犹太人的后裔的争论仍在继续。1671 年，爱尔兰地理学家和宫廷游艺总管❶约翰·奥格尔比（John Ogilby）的《美国》（America）出版了。它在很大程度上是对阿诺德斯·蒙塔努斯（Arnoldus Montanius）《全新与未知的世界：美国及其南部描述》一书的翻译，还另外增添了有关英属北美的材料。书中第二章探究了关于美洲原住民起源的各种理论。其中谈到了失落十部落起源理论，并对其进行了驳斥。作者还介绍了鞑靼人起源理论，认为该理论是正确的。这并不令人惊讶，因为大多数欧洲学者都支持鞑靼人

---

❶ 宫廷游艺总管最初主要负责监督皇家庆祝活动，后来还负责舞台审查，奉英国王室之命监督演出风纪、杜绝言语猥亵。——译者注

起源理论。当然，奥格尔比的结论未能说服失落十部落理论或其他印第安人犹太起源理论的追随者。十年后，贵格会教徒、商人、宾夕法尼亚殖民地所有者威廉·潘恩（William Penn）理所当然地认为美洲原住民是失落十部落的后裔。1682 年，他来到美国，收取自己新被授予的土地，他说："我相信他们是犹太种族，也就是十部落的人。"他有几点理由。第一，上帝引导他们从亚洲东北部来到北美西北部，并定居于此。第二，他观察到，"他们以及他们孩子的长相都与犹太人非常相似，以至于当一个人看到他们时，会误以为自己在伦敦的杜克广场或伯里街❶"。第三，他发现犹太人和美洲原住民的习俗和仪式非常相似。几年以后，1698 年，加布里埃尔·托马斯（Gabriel Thomas）对潘恩的观点表示了赞同，他说："大多数人认为，这个国家的原住民或第一批居民，属于分散的十部落，因为他们在人种和肤色方面与犹太人非常相似。"与潘恩一样，他补充道，犹太人与美洲原住民的宗教和社会习俗及仪式也非常相似。近一个世纪后，1792 年，丹尼尔·古金（Daniel Gookin）在新英格兰美洲原住民中的传教工作记录出版了，其中概述了几种美洲原住民的起源理论，并列举了关于十部落起源理论、鞑靼人 / 斯基泰人起源理论和摩尔人（西非地区以航海为生的有色人种）起源理论的正反两面的证据。讨论十部落起源理论时，古金承认，"这种观点，即这些人（美洲原住民）是犹太人，没有得到广泛认可"。然而，他又表示，"但可以肯定的是，这并非完全不可能，甚至也不像许多

---

❶ 杜克广场和伯里街是伦敦两所犹太会堂所在地，因此在这两处很容易见到犹太人。——译者注

学者所认为的那样不太可能"。在他关于美洲原住民起源理论讨论的最后，古金感叹道："这些或任何其他的见解，充其量不过是合理猜测；因为无法确定他们最初的来源……必须留待某日，所有秘密都显兆于上帝之荣光之时，才能完全确定。"克洛维斯第一理论认为，最早的人类穿越白令陆桥❶到达美洲的时间不早于2万年前，随着克洛维斯第一理论瓦解，目前美洲史前研究面临着持续动荡，关于美洲原住民如何以及何时到达美洲，现代学者并不比18世纪的前辈们更确定。

事实上，当古金表达他的疑虑时，人们正对失落十部落起源理论的真实性重拾信心。1775年，毛皮商人、美洲原住民问题专家詹姆斯·阿代尔（James Adair）的《美国印第安人的历史》（*The History of the American Indians*）出版了。该书对北美东南部的部落进行了细致的人类学研究，除此之外，阿代尔还提出了自己的观点，他认为美洲原住民的祖先是以色列人、希伯来人或犹太人。阿代尔在使用"以色列人"、"希伯来人"和"犹太人"时没有加以区分，但在整个文本中，他显然在很大程度上（但并不完全）是在宣扬失落十部落的起源理论。阿代尔遵循惯常的研究模式，通过长期的密切观察，比较他们的社会习俗、仪式、宗教信仰和语言，从而展现美洲原住民与十部落和其他犹太人的关系。阿代尔不是一个千禧年派，他只不过认为，美洲原住民和欧洲人一样是完整的人类，是亚当和夏娃的后代。在阿代尔所处的时代，关于人类的起源，存在着单源论与多源论的激烈辩论。人

---

❶ 在末冰河时期，海平面下降时，白令海峡位于海平面以上，是一个被冻原覆盖的陆桥。——译者注

类产生于单一的起源还是不同的起源？18 世纪的哲学家凯姆斯勋爵亨利·霍姆（Henry Home, Lord Kames）和他的表弟大卫·休谟主张人类有多种独立的起源，这就导致了某些人种有可能被认定为天生劣等或低等。其他人，包括阿代尔在内，则反对这一理论。基于个人经验，阿代尔对美洲原住民非常尊重。将美洲原住民与希伯来人和失落十部落联系起来，能够确保他们作为人类一员的正式地位。毋庸置疑，阿代尔的书招致了批评，同时也获得了赞美。约翰·亚当斯（John Adams）曾询问托马斯·杰斐逊（Thomas Jefferson）对阿代尔的书的看法，杰斐逊回答说：

* 阿代尔也有他怪异的一面……不过，在与他的宗教骑士精神无关的事情上，他的思想就像堂吉诃德一样可靠。他的书中包含了大量关于主题的实际指导，只是读者要时刻警惕他的理论中奇妙的偏误。

尽管如此，有不少人还是相信失落十部落或印第安人的犹太起源理论，在这些人看来，阿代尔的学术研究令人信服。千禧年派的伊莱亚斯·布迪诺特（Elias Boudinot）和持阿代尔观点的金斯伯勒子爵爱德华·金（Edward King, Viscount Kingsborough）都曾直接或间接地引用过阿代尔书中的内容。这标志着失落十部落和印第安人犹太起源理论最后一次复兴的开始，也是 19 世纪对失落十部落狂热迷恋的开端。

布迪诺特出生于新泽西州，是美国革命和早期共和国时代的著名政治家，也是一位千禧年派。与其他志同道合的人一样，布迪诺特将美国和法国的革命视为千禧年事件。而美洲原住民是失落十部落后裔这件事，正好符合这种世界观。大约在1772年，阿代尔准备去伦敦处理《美国印第安人的历史》的出版相关事宜，布迪诺特接待了来访的阿代尔。布迪诺特对阿代尔及其学术研究印象深刻。该书出版后，布迪诺特收藏了一本，并在撰写《西部之星》（*Star in the West*）时，全面参考了此书。布迪诺特批评了欧洲定居者对美洲原住民的恶行。美洲原住民是十部落的后人，这一点显然让布迪诺特对他们同情有加。他告诉读者，确定失落十部落的现状及其所在位置是一项重要的工作，尤其因为这项工作与"作为上帝之子的荣耀的弥赛亚第二次降临我们这个世界"有着直接联系。与托马斯·索罗古德不同，布迪诺特认为，除了失落十部落外，其他民族也有可能穿过白令海峡或通过远洋航行抵达美洲，这种可能性有助于解释为什么美洲原住民与他们的犹太血统根源相隔甚远，因为他们与异教外邦人混合在一起了。布迪诺特按照传统方法开展研究，他对他们的信仰、仪式、习俗和语言进行了比较。在他之后，还有不少类似的作家，如伊森·史密斯（Ethan Smith），他出版了《希伯来人的观点》（*View of the Hebrews*）一书。1823年，该书问世，没过多久，经过"改进和扩展"，该书的第二版于1825年上市。一些学者认为这本书是《摩尔门经》（*Book of Mormon*）的灵感和来源。这些书籍的出现并未能掩盖一个事实，正如理查德·H. 波普金（Richard H. Popkin）所指出的，印第安人的犹太起源理论开始进入衰退期，尽管后来在19世纪，该理论还引起过小范围的关注，那是因为据说在俄亥俄州的纽瓦克市和田纳西州的巴特克里克市发现了犹太人或希伯来人的工艺品。约瑟夫·沃尔夫（Joseph Wolff）是一位著名的传教士，致力于寻找失落十部落。1837 年，沃尔夫访问美国时，被问及他是否认为美洲原住民是失落十部落的后裔，他的回答是否定的。印第安人的犹太起源理论开始变得支离破碎，唯独例外的是《摩尔门经》中描述的所谓犹太移民故事，然而，这些描述中并不涉及失落十部落。

身为历史学家及哲学家，理查德·波普金提出了印第安人的犹太起源理论消亡的几个原因。欧洲人，特别是英国人，对美国是一个千禧国度的想法既不感兴趣，也毫无共鸣。语言学家威廉·琼斯爵士（Sir William Jones）声称失落十部落居住在阿富汗，这开启了在中亚对失落十部落长达一个世纪的大搜寻。琼斯的推测使得找寻失落十部落的人将注意力从美洲转移开。拿破仑入侵埃及后，欧洲人对中东地区的关注更进一步。对印第安人，杰斐逊采取的政策是将他们视为未开化的人，需要被欧美社会同化，而不是将其视为失落的以色列人，为了基督再临和千禧年，需要让他们皈依成为基督徒。"美国学派"人种论研究 ❶ 的种族科学家将美洲原住民和黑人一同描绘成低等生物，认为他们的种族起源是独立的，是多源中的一种。因此，美洲原住民失去了他们的尊贵身份，不再是堕落但仍为天选的失落十部落的后裔。波普金没有提到一个犹太印第安人理论衰落的原因，那就是与"筑

---

❶ 美国南北战争之前的一个思想流派，声称人类之间的差异是源于物种的不同而非同一物种的多样性。一些人认为该思想流派是科学种族主义的起源。——译者注

丘人"❶有关的北美失落白人种族的神话。据传，美洲原住民的野蛮祖先摧毁了文明的筑丘人。因此，对于当时正在向西扩疆的欧洲人而言，美洲原住民不值得怜悯，他们的出身也不适合作为失落十部落的后裔。幸运的是，对于19世纪中期的失落十部落的搜寻者来说，除了北美，还有很多未开发的地方可以让他们搜寻。

亚非荒野中的失落十部落大搜寻

19世纪40年代到20世纪30年代，对失落十部落的搜寻转移到了非洲和亚洲的沙漠、山区和丛林。搜寻失落十部落是一个古怪的、不乏危险的职业，适合那些财富有余而理智不足的人，或者能够从这些人手中得到资助的人。约瑟夫·沃尔夫是一位不屈不挠的传教士，也是失落十部落的搜寻者。虽然身为拉比的儿子，但年轻的沃尔夫皈依了罗马天主教。在罗马学习期间，沃尔夫与他的上级发生争执，于是他来到英国，成为英国圣公会教教徒，并在剑桥大学继续学习。1824年到1836年，他在埃及、中东大部分地区、中亚、印度和埃塞俄比亚从事传教工作，同时寻找失落十部落和与之相关的证据。在他的旅行叙述中，时不时会提到失落十部落，但他从未成功地找到其中任何一个部落。沃尔

---

❶ 筑丘人，或译筑墩人，是北美多个原住民族群的统称，他们会建造土墩来进行宗教仪式、葬礼或在其中居住。19世纪中叶，欧洲人在美国发现了数千个土墩，他们不相信这些土墩由美洲原住民筑成，因此声称这些土墩是由其他优越种族建造而成的。——译者注

夫是失落十部落搜寻者的典范，他冒着生命危险从事一项堂吉诃德式的事业。幸好，他的传教工作至少有了一些真正的成果。沃尔夫并不孤单，其他寻找失落十部落的人也在非洲和亚洲的偏远地区漫游，均一无所获。医学传教士戴维·利文斯通（David Livingstone）觉得，这些人的存在让人颇为不安。他抱怨说，在远征途中，狂热的旅伴们引经据典，对着埃塞俄比亚的河流打手势，鼓动人们去寻找失落的部落。1858—1863 年，在赞比西探险中，利文斯通发现，派来为他们绘制河流图的海军军官实际上是为了"来搜寻'失落十部落'"。两人的关系一直不融洽，利文斯通后来对此人的真实目的嗤之以鼻，不屑一顾地说："好像在世界上所有的东西中，我们的犹太人还不够多似的。"在非洲和亚洲开展的失落十部落大搜寻一直持续到 20 世纪 30 年代。埃德加·赖斯·巴勒斯（Edgar Rice Burroughs）在 1929 年和 1933 年间发行的《人猿泰山》系列小说中提到了这一点。奇怪的是，尽管泰山在非洲冒险的过程中遇到了各种失落的文明和民族，包括亚特兰蒂斯殖民者、古罗马人、十字军，但在巴勒斯的笔下，他从来没有找到过失落十部落的后裔。

失落十部落大搜寻一直持续不断，这促使艾伦·H. 戈比（Allen H. Godbey）写成了长篇巨著《失落部落的神话：重写希伯来历史的建议》（*The Lost Tribes a Myth: Suggestions toward Rewriting Hebrew History*，1930）。这本书多达 802 页，但实际上很少提及失落十部落。相反，它着重于驳斥十部落神话与传说的错误基础。戈比指出，以色列十部落的大部分人从未被驱逐。接着，他调查了被认定为十部落的亚非各民族的历史和文化。结果表明，这些人虽然信仰犹太教，但在生物学意义上并不是犹太人。戈比列出了许多细节，表明了犹太人并非也从来没有成为一个独特的种族，即使在古代也是如此。中东是一个人口不断变化、混合的地区，中东人奉行的宗教也在不断发展融合。虽然现代犹太教不劝诱人们改宗，但在波斯、希腊和罗马时期，犹太人进行了大量的劝诱改宗活动，许多民族都接受了犹太教。戈比在《失落部落的神话：重写希伯来历史的建议》的开头强烈主张，"所有对'失落的部落'充满幻想的探索，以及对它们狂热发现的背后，都是关于以色列人和后来犹太人起源与历史的构想，即以色列人是'照着麦基洗德（Melchizedek）的等次'的'特殊的民族'——也就是说，没有先祖，也没有先人遗留下的智慧和制度"，他对此补充道，"这样一个与世隔绝的'纯正的以色列人'的概念，难道不是从一开始就是虚构的吗？"戈比在他的书中竭尽全力和令人信服地表达的正是这些观点。

失落十部落的叛逆：英裔以色列主义与基督教认同运动 ❶

许多人还在非洲和亚洲的荒野中搜寻失落十部落，而其他人已经得出结论，认为作为上帝选民的那只知更鸟 ❷，其实就落在

---

❶ 基督教认同运动主张只有凯尔特人和日耳曼人，如盎格鲁－撒克逊人、北欧民族，或雅利安人和有同类血统的人，才是亚伯拉罕、以撒和雅各的后裔，也是古代以色列人的后代。——译者注

❷ 传说这种蓝背红胸的美丽小鸟与圣婴出世有关，因此又被称为"上帝之鸟"。——译者注

自家的后院。民族主义首先在英格兰发展起来，随后扩展至整个英国，与此同时，"英国人是特殊民族"的想法也在发展。1558年，主教约翰·艾尔默（John Aylmer）发表了著名论断："上帝是英国人。"英国新教徒很容易将他们与教廷偶像崇拜和天主教军事威胁的斗争与古代以色列人反对邻国的偶像崇拜和反抗侵略的斗争相提并论。17世纪中叶发生了一系列天启事件，1649年，约翰·萨德勒（John Sadler）的《王国的权利》（*Rights of the Kingdom*）和杰拉德·温斯坦利（Gerrard Winstanley）的《真正的利维拉人标准》（*The True Levellers Standard Advanced*）问世。这两本书都宣称，英国人与失落十部落的以色列人在精神层面上是对等的，即便两者在生物学意义上并不相同，但迟早也会有人明确认定，英国人与失落十部落的以色列人之间存在生物学联系。

英裔以色列主义或盎格鲁裔以色列主义认为，不列颠群岛的人民——至少其中的一部分——以及北美的一些白人是失落十部落的后裔，尤其是以法莲和玛拿西这两个部落的后裔。英裔以色列主义的起源不太明确。有这样一种观点，认为英国人和其他欧洲人是"隐藏的以色列人"，他们不知道自己在血统上是犹太人的后代，理查德·布拉泽斯（Richard Brothers）是第一个宣扬这一观点并为之著书立作的人。布拉泽斯最初作为海军候补少尉加入皇家海军，1783年晋升为中尉，但几个月后，美国独立战争结束，他的薪水减半。由于薪水太少、空闲时间太多，布拉泽斯的精神状态开始恶化。他开始相信上帝给予了他一个伟大的目标，并且开始做出预言。虽然他的大部分预言都没有实现，但其中一次预言实现了。他预言瑞典国王古斯塔夫三世和法国国王路易十六将暴死于他们的臣民手中。1793年年初，布拉泽斯的预言成真了。法国大革命不祥的进程造成了普遍的焦虑情绪，因此布拉泽斯的预言引起了广泛的关注。不久后，布拉泽斯开始认为自己是耶稣的兄弟姊妹其一的后代，因此称自己为"上帝之侄"。1794 年，他发布了他的预言，声称隐藏的犹太人生活在整个欧洲，而他是大卫王的后代。他还称自己是希伯来王子，将在1795 年 11 月成为地球的统治者。他和所有犹太人，包括公开的和隐藏的犹太人，都将在 1798 年前往耶路撒冷重建圣殿。他的预言中有一部分提到，英国国王乔治三世会自愿将王冠交给他。这一说法激怒了乔治三世，他已经因为国外的法国革命者和国内的共和主义者而感到内外交困，再无心容忍布拉泽斯的疯狂预言。1794 年到 1806 年，布拉泽斯因涉嫌叛国罪被关进精神病院。朋友们为他争取到了释放的机会，布拉泽斯靠他们的施舍生活，同时继续做出预言，直到 1824 年去世。尽管他的信仰和行为都很怪异，但布拉泽斯仍然吸引了一批追随者，其中甚至包括一名议会议员。他的理论是英裔以色列主义的原型，尽管并没有对未来的英裔以色列主义运动产生任何明显的影响，但它们确实证明了一点：人们始终渴望自己是被选中的。

从约翰·威尔逊（John Wilson）的著作中，我们可以找到英裔以色列主义的真正开端。威尔逊是一名爱尔兰纺织工，对激进政治学和伪历史学术很感兴趣。1840 年，威尔逊发表了《关于我们的以色列起源》（Lectures on our Israelitish Origins）。其中，他认为十部落已经迁移到欧洲，建立了盎格鲁 - 撒克逊和日耳曼民族的国家，其中，以法莲部落恰好定居于英国。这种巧合意味着 19 世纪英国崛起为全球最强大的帝国主义大国印证了《圣经》的预言。《创世记》第 48 章第 19 节中，族长雅各在对约瑟夫的儿子玛拿西和以法莲的祝福中称："他（玛拿西）也必成为一族，也必昌大，只是他的兄弟（以法莲）将来比他还大，他兄弟的后裔要成为多族。"自己属于伟大的天选之民，这一想法对任何人而言都是有吸引力的，英国上层阶级和中层阶级的一些成员自然也不例外。威尔逊的英裔以色列主义也与19世纪中叶占主导地位的盎格鲁－撒克逊主义和日耳曼主义的普遍假设十分吻合。

1871年，德国统一，这给英国在政治、军事和经济上的卓越地位带来了一个全新的劲敌。将德国人视为伙伴和盟友的条顿主义❶被反德情绪取代，这一改变对英国的以色列主义产生了影响。爱德华·海因（Edward Hine）自称是威尔逊的弟子，依据当时的情况对英裔以色列主义做出调整。他将十部落的定居点划定为不列颠群岛，而不是整个北欧。玛拿西的后裔则是例外，他们迁徙到了美国，这解释了该国为什么实力日益强大。同时，德国人被降级，成了四处流浪的军国主义亚述人的后代。在英国的民族主义偏见中，德国人带有军国主义倾向，因此亚述人非常适合成为他们的祖先。海因教导人们，当最后的日子到来时，以法莲落部、英伦三岛上的其他八个部落将与美国的玛拿西部落和分散的犹太人联合起来，组成完整的以色列，如《圣经》中预言的那样，重返巴勒斯坦。

英裔以色列主义最终必然会传播到美国和加拿大。1856年

---

❶ 条顿主义产生于19世纪下半叶的欧洲，后来在日耳曼人中广泛流传，其主张宣扬所有使用印欧语系日耳曼语族语言的人，包括英国人与德国人，都是富有智慧、血统高贵的条顿人，是能够"开化"其他民族的优势种族。——译者注

移民美国后，来自兰开夏郡的始初循道会巡回牧师约瑟夫·怀尔德（Joseph Wild）将英裔以色列主义带到美国。怀尔德一直在阅读威尔逊的著作。1876 年，他开始亲自宣讲英裔以色列主义，不久之后他也接触到了海因的思想。1879 年，怀尔德的《失落十部落》（*The Ten Lost Tribes*）出版，该书体现了海因主张的英裔以色列主义。然而，怀尔德并没有在美国组织英裔以色列运动。这一任务落在了查尔斯·阿比迪尔·刘易斯·托顿（Charles Adbiel Lewis Totten）身上。

托顿的父亲是美国内战中的联邦军将军，1873—1893 年，托顿是一名职业军人。为了从事《圣经》研究，他离开了军队。他对英裔以色列主义的兴趣始于 1883 年，并很快开始就这一主题进行写作。他的著作引起了海因的注意，1884—1888 年，海因来到北美，宣讲并传播英裔以色列主义。在此期间，他在康涅狄格州的纽黑文与托顿共处了一段时间。托顿与海因一起在美国和加拿大推广英裔以色列主义。后来英裔以色列主义及其分支"基督教认同"运动的支持者称托顿是耶鲁大学的教授，是支持这项运动的伟大知识分子之一。然而，他们的说法是虚假的。托顿从未担任过耶鲁大学的全职教师，他退伍前的最后一次任务是在 1888—1892 年担任该大学军事科学课程的兼职教员。

英国和北美的英裔以色列主义者并不是一个大团体，英裔以色列世界联合会最多只有过 5000 名会员。虽然他们人数不多，但他们一般都是富裕的社会精英。他们相信自己是上帝的选民，在第一次世界大战之前的几年里，他们的这一看法得到巩固，这让他们很高兴。大多数英裔以色列主义者热爱阅读，其中许多人还写出了关于英裔以色列主义的著作，其他英裔以色列人也热衷于购买这些书。但是有一个问题，这些书的很多内容都是重复的。实际上，他们都写了同样的书，如果你读了其中一本，就相当于读了所有的书，就像阅读豪尔赫·路易斯·博尔赫斯（Jorge Luis Borges）的作品❶一样。更严重的问题是，英裔以色列主义者书中的观点，都是基于错误的语言学、对资料的倾向性误读和一厢情愿的想法形成的。英裔以色列主义的作者们，都期待他们能得到生活在英国及北美的失落十部落后裔的帮助，以光复全以色列。对主流基督教徒和犹太人而言，这样的想法令人困惑和反感。阿道夫·诺伊鲍尔（Adolf Neubauer）是著名的书志学家，他为牛津大学博德利图书馆的大量希伯来语手稿编写了目录。有时会有英国的以色列人找到诺伊鲍尔，尝试从他那里寻求证据，来印证自己的理论。即将进入 1880 年时，一位名为 F. W. 菲利普斯（F. W. Phillips）的人拜访了诺伊鲍尔，他花了 30 多分钟向这位图书管理员讲述了他的理论，称威尔士语中"Cymri"一词（意为威尔士及其人民）源于以色列国王暗利（Omri）之名。菲利普斯问诺伊鲍尔对他的理论作何看法，诺伊鲍尔直率地回答："我相信，你比失落十部落更加失落。"

英裔以色列主义不是基督教教派。来自不同教派的基督徒认为成为英裔以色列主义者与自己教派的教义并无冲突。然而，大多数英裔以色列主义者往往是英国圣公会、苏格兰和美国的圣公会或循道会的成员。一些教派甚至在某种程度上正式接受了英

---

❶ 博尔赫斯的作品汇集了许多共同的主题，其文体的独特之处在于散文读起来像小说，小说具有诗歌特色，诗歌又往往使人觉得像散文。——译者注

裔以色列主义思想，如五旬节派、上帝会和世界上帝教会。英裔以色列主义是亲犹的，但这种亲犹太主义的立场是基于基督教的假设，认为在巴勒斯坦得以光复之时，犹太人会改宗。第一次世界大战期间，1917 年 12 月 9 日，英国将军埃德蒙·艾伦比（Edmund Allenby）占领了耶路撒冷，在英裔以色列主义者眼中，这验证了《圣经》的预言。以法莲的军队将耶路撒冷从异教徒手中解救了出来，全以色列即将得到复兴。但犹太人并没有改宗，因此，大不列颠和北美的英裔以色列人中的亲犹太主义逐渐消失。到 20 世纪 20 年代，在鲁本·H. 索耶（Reuben H. Sawyer）的影响下，北美的英裔以色列主义中出现了反犹太主义和右翼观点。索耶是一位基督教牧师，持反犹太主义观点，他同时也是俄勒冈州三 K 党的积极成员。他认为，阿什肯纳兹犹太人❶是意图不轨的假犹太人，并将这一观点引入了英裔以色列主义。

20 世纪 30 年代，在霍华德·兰德（Howard Rand）的领导下，英裔以色列主义完成了从亲犹太主义向反犹太主义的转变。讽刺的是，就算兰德真的是一个反犹太主义者，他也并不是狠毒的反犹太主义者。他认为现代犹太人不是犹大的后裔，而是以扫的后裔，并将这一观点引入英裔以色列主义思想中。此外，1933年，他成立了美国盎格鲁－撒克逊联合会，为在美国的英裔以色列主义者提供了国家性的组织。兰德是一个和平主义者，他主要对传统英裔以色列主义的研究、写作和宣传感兴趣，但他身边有些人居心不良。1930 年，兰德在底特律举行的英裔以色列会议

---

❶ 阿什肯纳兹在近代指德国，阿什肯纳兹犹太人指的是源于中世纪德国莱茵兰（今德国莱茵河中游）一带的犹太人后裔。——译者注

上遇到了威廉·J. 卡梅伦（William J. Cameron）。卡梅伦是狂热的反犹太主义者，1921—1927年，他曾编辑过《迪尔伯恩独立报》（Dearborn Independent），该报的所有者亨利·福特（Henry Ford）也是反犹太主义者。卡梅伦密切参与了《迪尔伯恩独立报》臭名昭著的"国际犹太人"系列的写作和出版。卡梅伦给兰德的盎格鲁－撒克逊联合会带来了重要财源以及新的右翼成员，同时还带来了激进的反犹太主义者。第二次世界大战结束前后，兰德对美国盎格鲁－撒克逊联合会失去了兴趣，失去兰德领导的联合会很快就垮台了。美国的英裔以色列主义残余势力如今组成了坚定的反犹太主义右翼组织，他们仍然坚持自己是十部落后裔，特别是以法莲和玛拿西部落的成员。这种右翼的英裔以色列主义后来演变成恶意的基督教认同运动。

　　1945年后，南加州的英裔以色列主义者开始受到杰拉尔德·L.K. 史密斯（Gerald L. K. Smith）的影响。他是来自路易斯安那州的休伊·朗（Huey Long）的前助手，也是第二次世界大战后美国的主要反犹太主义者。20世纪50年代和60年代，他将美国的英裔以色列主义的右翼分支转变为基督教认同派。在这方面，他的紧密同盟是卫斯理·斯威夫特（Wesley Swift）和威廉·波特·盖尔（William Potter Gale）。前者是循道会的牧师，1970年之前成为基督教认同派的首要牧师。后者则是道格拉斯·麦克阿瑟（Douglas MacArthur）将军的门徒，"基督教自卫联盟"与"地方民团"的创始人，同时也是暗杀马丁·路德·金的阴谋家。基督教认同派教导人们，拥有西欧和北欧血统的白人是上帝的选民，是失落十部落的后代，是亚当后裔种族的组成部分。而犹太人和有色人种是劣等人，往往天性邪恶。非洲黑人和亚洲人的祖先是创世第五天时与动物一同被创造出的前亚当后裔种族。他们与亚当和夏娃没有任何联系，因此智力低下，并且缺少灵魂。他们被戏称为"泥巴人"。犹太人则更糟，他们是撒旦的后代，居心叵测，宣称自己是上帝的选民，并试图摧毁所有伟大、善良和虔诚的事物。基督教认同派的追随者认为，世界末日的决战将是一场种族战争，正义的一方是获得认同的基督徒、白人和上帝及其天使，另一方则是撒旦、堕落的天使、撒旦的犹太人和泥巴人。为了应对这场即将到来的战争，基督徒身份认同组织囤积武器，组建准军事团体，采取生存主义的生活方式。20世纪80年代至90年代，基督教认同组织相当活跃，他们抢劫银行，开展刺杀活动。这种反社会犯罪和恐怖主义促使美国联邦调查局对其展开调查，并渗透到激进的基督教认同组织中。到了这个时候，该运动得到的支持有所下降，逐渐淡出公众视野，但并没有消失，基督教认同的信念仍然存在。英裔以色列主义和基督教认同的例子，向我们展示了失落十部落的神话和传说如何催生出一开始古怪但良善的信徒团体，它们之后又演变成从事恐怖主义的颠覆性组织，这些组织的成员坚信自己是以法莲、玛拿西和其他失落部落的后裔。

基督教认同组织是对失落十部落的神话最离奇的挪用，也是基督教两千年历史中，对基督教本身最令人厌恶的歪曲之一。但他们并不是唯一宣称自己是失落十部落的人，缅甸的克伦族也被认定为十部落的成员。南非的伦巴族也是如此，他们声称自己与犹太人，甚至与十部落有关。尽管耶路撒冷的拉比们不同意他们的说法，但DNA测试为伦巴族的说法提供了支持。在卢旺达的图西人、新西兰的毛利人和日本皇室等中，也都有类似的说法。

人们声称自己与十部落有血统关联的情况已经持续了两千多年，而且没有消失的迹象。为什么呢？因为人们始终渴望自己是被选中的。

失落十部落的神话告诉我们，神话可以成为各种人的强大动力。神话可以是良性的，也可以是恶性的，这取决于人们如何利用它们。几个世纪以来，失落十部落的传说给犹太人带来了希望，他们在基督徒的千禧年愿景中发挥了各种作用。对于反犹太主义者来说，十部落是祸害，总是在某处潜伏，谋划着要破坏基督教社会。接下来的章节里，我们将看到其他神话、边缘历史、伪科学和阴谋论如何以同样的方式发挥作用，混淆一个社会的视听，并以危险的方式使其脱离现实。

第四章

圣殿骑士、秘密结社
与阴谋论

————————— * —————————

关于圣殿骑士的书籍数量众多。唯一的问题是，它们中有90%（纠正一下，应该是99%）都是纯粹的幻想。没有任何主题比圣殿骑士团更能激发各国写手的创作欲望。

翁贝托·埃科（Umberto Eco）

由此可见，相信广为流传的阴谋并不总是被视为精神失常的标志，即便有时这些阴谋对公众来说是无法察觉的。

内斯塔·韦伯斯特（Nesta Webster）

1314 年 3 月 18 日是阴谋论和秘密结社的历史上具有开创性意义的日子。被囚禁的圣殿骑士团大团长雅克·德·莫莱（Jacques de Molay）那天早晨醒来时，内心一定充满期待。1314年之前的几年对圣殿骑士团来说是场灾难。1307 年 10 月，法国国王腓力四世逮捕了国内的圣殿骑士，包括德·莫莱和其他领导人。他们被指控散播异端邪说、从事各种离经叛道的活动，从此就一直被关在监狱里。令人震惊的是，1310 年 5 月，54 名圣殿骑士被判为再陷邪道的异端分子，被烧死在巴黎附近的火刑柱上。1312 年，教廷解散了圣殿骑士团。尽管发生了一连串的不幸，德·莫莱和其他人仍有理由心怀希望。1308 年，教会委员会在希侬举行了一次秘密会议，教宗的代表们赦免了德·莫莱和其他圣殿骑士团领导人。在狱中煎熬了六年之后，德·莫莱等人期待着当天开会的教会委员会能够释放他们。然而，这次秘密赦免却被置之不理。依据他们先前被迫认罪的供词，这四位圣殿骑士团的领导人被判处终身监禁。德·莫莱和诺曼底沙奈圣殿骑士团团长杰弗里·德·查尼（Geoffrey de Charney）感到非常愤怒，他们强烈抗议，称自己是无辜的。他们抗议的消息传到腓力四世那里，他宣布他们是再陷邪道的异端分子，下令立即惩罚他们。两人被带到塞纳河上的贾维奥岛，被活活烧死。一位史传作者称，这两名圣殿骑士平静、勇敢地迎接死亡，至死坚称自己是清白的。他们死得很体面，围观者无不钦佩。

德·莫莱被处决后，圣殿骑士诅咒的概念开始发展。巧的是，五周后，4月20日，教宗克莱门特五世死于痼疾。11月，国王腓力四世打猎时从马背上摔下，就此丧命。有人断言，圣殿骑士的诅咒还没有结束。四个半世纪后，1793年，法国大革命中，路易十六被送上断头台，罗马天主教会在法国的权力也被削弱。有一种说法是，行刑前，德·莫莱诅咒了法国卡佩王朝❶的君主和教会。事实上，目前没有任何资料显示他曾发出过这样的诅咒。然而，据法国保守派人士查尔斯·路易斯·卡戴特·德·伽西科特（Charles Louis Cadet de Gassicourt）写作的《雅克·德·莫莱之墓》，路易十六被斩首时，围观的人群中有人宣布："雅克·德·莫莱，你已经报仇了。"伽西科特认为法国大革命是圣殿骑士团及其后继者毁灭世界阴谋的成果，目的在于

---

❶ 卡佩王朝（987—1328年），因建立者雨果·卡佩（987—996年在位）而得名，是法兰西王国的第一个强大的封建王朝。——译者注

推翻神圣的君主制和教会。从那时起，秘密结社和关于在全球谋划摧毁宗教和公民政府的阴谋论就成为流行文化的固定组成部分。事实上，它们似乎还在愈演愈烈。

秘密结社和阴谋论的性质和背景

神秘学、秘密结社和阴谋论是迷人的话题。它们中的一些方面是真实的，另一些方面则是虚构的。小说家们经常使用神秘学、秘密结社和阴谋作为惊悚小说、神秘小说和间谍小说的情节基础，电影和电视连续剧也会涉及类似的内容。无数的非虚构书籍、纪录片、杂志文章和新闻报道都在讨论和描述神秘活动、秘密结社和阴谋论。许多一流的学术研究或实事求是的报告与大量耸人听闻的叙述和纯粹的幻想混杂在一起。纵观边缘历史和伪科学理论，我们会发现，它们的基础通常是神秘学、秘密结社和阴谋论。

此处，有必要界定"神秘学"、"秘密团体"和"阴谋论"这些术语的含义。"神秘学"常被用于指只有少数人真正了解的超自然的秘密知识。因此，书店通常设有神秘学专区，尽管这类公开陈列可能会削弱神秘学定义中的秘密色彩。严格来说，"神秘学"意味着隐藏的、秘密的、隐蔽的或掩盖的东西。它来自拉丁语的词根"occulere"（意为"隐藏"）和"occultus"（意为"被掩盖"）。有人指出，"被隐藏的"或"隐蔽的"神秘学不一定意味着有人故意隐藏知识，从而使其成为秘密。神秘学也可以指还未被发现或揭示的知识，从这个角度看，自然界的秘密可以被视为神秘学的范畴。因此，研究自然界各个方面并有所发现的学者既可以认为自己从事的是神秘活动，也可以认为自己在进行科学实践。另一个词语"奥秘"（arcane）才是故意隐藏或制造秘密的意思，人们很少使用这个词，它源自拉丁文"arcanus"（意为"封闭的"或"关闭的"）。如今人们常常交替使用"神秘"和"奥秘"。此外，现代语境中，"神秘"与超自然神力或魔力有关联，超自然现象是无法用自然或科学的规律来解释的行动或事件，而魔力则是运用超自然的力量来利用或影响物理世界的能力。当然，关于魔力的知识应该源自秘密或隐藏的知识——即神秘学。这样的知识一般是由少数人垄断的。

据说，拥有超自然知识和力量的少数人通常是一些秘密结社的成员。然而，大多数秘密结社的成员不会声称他们拥有或相信超自然力量。事实上，大多数秘密结社并不是秘密存在的。共济会是秘密结社，但它们的存在世人皆知。大多数秘密结社真正的秘密就是新成员入会步骤中所涉及的知识、传说和仪式。同样的结论也适用于古代的神秘宗教或异教，无论是对厄琉息斯秘仪❶、西布莉❷、塞

---

❶ 古希腊时期位于厄琉息斯的一个秘密教派的年度入会仪式，这个教派崇拜得墨忒耳和珀耳塞福涅。厄琉息斯秘仪被认为是古代所有的秘密崇拜中最为重要的。——译者注

❷ 又译库柏勒，是弗里吉亚的自然女神。——译者注

拉皮斯❶或密特拉教❷的狂热信仰，还是对伊西斯❸的崇拜，"秘密"是那些组成各种异教宗派入会仪式的东西。以上这些都是古代晚期最为著名和流行的神秘宗教。虽然入教仪式应该是保密的，但消息还是不胫而走。阿普莱厄斯（Apuleius）的小说《金驴记》（*The Golden Ass*）著于 2 世纪中期，对伊西斯崇拜进行了精彩的描写，其中详细描述了伊西斯崇拜的入教仪式。伊西斯女神在入会仪式开始时告诉小说中的主人公卢修斯，"然而埃塞俄比亚的两大族人，即一族人被旭日的光芒照耀之际，另一族人正处于落日的余晖中，还有那些从古老的学问中获得力量的埃及人，尊崇我却采用独一无二的礼仪，同时按照我的真实名字称呼我：伊西斯天后"❹。随后进行了充满异国风情的仪式，出现的祭祀用品上镌刻着"优美的埃及图案"❺。显然，长期以来与埃及有关的神秘和魔力很大程度上使伊西斯崇拜对大众极具吸引力。除了秘密仪式的细节，阿普莱厄斯的小说还展现了伊西斯崇拜在罗

---

❶ 塞拉皮斯是由前 3 世纪的埃及国王托勒密一世创造出来的神，以整合希腊统治者与埃及宗教。其崇拜者曾遍及希腊、罗马。——译者注

❷ 密特拉教是一个古代的秘密宗教，在前 1 世纪到 5 世纪较为强盛。它主要是崇拜密特拉神，源自波斯和印度的神密特拉和其他琐罗亚斯德的神。——译者注

❸ 伊西斯是古埃及神话中的生命、魔法、婚姻和生育女神，赫里奥波里斯九柱神之一。——译者注

❹ 《金驴记》，（古罗马）阿普列乌斯著，刘黎亭译，上海：上海译文出版社，1988。——译者注

❺ 同注释 4。

马帝国社会中有多么盛行。在其全盛时期，伊西斯崇拜主导了古代世界的宗教生活，直到后来基督教崛起并获得胜利，伊西斯崇拜与其他神秘宗教才跌落神坛。密特拉教的教徒只有男性，而且大多是士兵，其入教仪式尤其令人毛骨悚然。仪式上需要宰杀一头公牛，使其鲜血洒在入教者身上。这种秘密仪式的诱惑性甚至已经悄悄渗透到早期基督教的洗礼仪式中。

与基督教一样，神秘宗教既能吸引信徒，也能招致迫害。在整个罗马帝国时期，西贝勒、塞拉皮斯、密特拉和伊西斯的崇拜都很受欢迎，流传甚广。正如前文已经提到的，伊西斯崇拜尤其流行，导致从罗马共和国后期开始，该教屡遭禁止。第一任罗马皇帝奥古斯都和讽刺诗人尤维纳利斯❶都对伊西斯崇拜的性质抱有严重怀疑态度。1世纪末2世纪初，罗马帝国社会氛围较为宽容，怀疑态度也逐渐消失。甚至有不少罗马皇帝，如奥托、塞普蒂米乌斯·塞维鲁和卡拉卡拉，也崇拜伊西斯或塞拉皮斯。神秘宗教以其秘密仪式、神奇力量和精神启蒙的能力吸引着追随者，这正是现代玫瑰十字会和共济会的一些古怪分支如今仍在孜孜以求的东西。尽管神秘结社确实有秘密，但它们并不神秘。正如学者西奥多·齐奥尔科夫斯基（Theodore Ziolkowski）所言："享受秘密，被纳入特殊群体，接触政府、金融、体育、宗教等与个人有关的任何主题的特权信息，这是人类的基本冲动。"

如今，秘密结社形成了一些共同特性和特质。这些团体能够给予成员归属感，因为它们基于秘传的信仰和目标，而这些信

---

❶ 尤维纳利斯，古罗马诗人，作品常讽刺罗马社会的腐化和人类的愚蠢。——译者注

仰和目标则是与周围的社会分隔开的。换言之，成为秘密结社的一员使人们变得特别。结社成员团结一心，且对团体领导人绝对服从，这些领导人往往是不为人知的人物。结社内部讲究平等意识，并通过统一的面具、装扮或制服等方式，强化这种平等意识。只有经过挑选的人才能加入该团体，并且必须经历入会仪式。入会仪式是逐步传授高级真理的过程的一部分，不断了解更高级的真理的过程也就是结社成员等级提升的过程。学者注意到，大多数秘密结社都有宗教渊源。一般而言，入会仪式的目的是通过神秘的或神奇的过程或仪式，将普通人净化成灵体，或至少是更接近灵体的人。秘密结社的成员能够得到普通人无法获得的好处，这种好处也使他们变得特别。并非每个秘密结社都具备以上所有特征，每个结社所表现出来的不同特征的强度也不同。将共济会、金色黎明会❶、纳粹党和三K党稍作比较，就不难发现秘密结社的多样化程度相当之高。

阴谋常常与秘密结社联系在一起，这也是意料之中，因为阴谋的本质即是秘密活动。什么是阴谋？在法律的意义上，阴谋是两个或更多人之间通过非法行动实施犯罪的协议。在秘密结社的世界里，阴谋通常是针对领导者、政府或机构等权威的政治行动或密谋。只要人类开始形成小团体，阴谋迟早会出现。有些阴谋是真实的，有些只是人们想象的。齐奥尔科夫斯基曾说，"阴谋现象自古有之。三个人以上的团体，只要有其中一个人确信另外

---

❶ 19世纪后半叶在英国出现的全世界最大的魔法结社，是创造出现代西洋魔法雏形的魔法组织。该社以赫密斯学为根基，崇尚卡巴拉思想。——译者注

两个人在密谋反对他，阴谋就出现了。"

阴谋的历史悠久而血腥。3000多年前，公元前1155年，拉美西斯三世死于后宫阴谋，尽管该阴谋未能改变王权的继承。《列王纪》和《历代志》中的大量记载显示，当时北方以色列王国滋长了许多针对其国王的阴谋。在古罗马人中，阴谋层出不穷，喀提林事件❶和恺撒大帝遇刺事件❷都是很好的例子。16世纪至17世纪，英国的都铎王朝和斯图亚特王朝面临着无数意图推翻其统治的阴谋。亨利七世统治的前半程，"约克公爵"的阴谋❸大行其道。后来，伊丽莎白一世几次受到阴谋的威胁，威胁者称要让苏格兰女王玛丽取代她的女王地位。查理一世被击败并处决后，奥利弗·克伦威尔建立的英格兰共和国不得不与各种保皇派的阴谋做斗争。不同于之前的大多数阴谋，这些保皇派的阴谋确实涉及秘密结社，但与大多数秘密结社不同的是，这些保皇派兴起的秘密结社的唯一目的是恢复斯图亚特王朝、复兴劳德主教领导下的英国国教。神秘学所起的作用很小。刺杀希特勒的许

---

❶ 罗马共和国末期官员喀提林和一些没落罗马贵族以及之前苏拉手下的士兵密谋叛变事件。——译者注

❷ 罗马民众不满恺撒独揽军政大权，60名元老院议员在卡西乌斯的组织下，密谋暗杀恺撒。前44年3月15日，恺撒走进元老院时，阴谋者们把他包围起来，掏出藏在宽袍里的许多把匕首，一齐将他刺杀。——译者注

❸ 15世纪，亨利七世继承王位后，珀金·沃贝克谎称自己是被囚禁于伦敦塔的"约克公爵"，是真正的王位继承人，一时间引发轩然大波。1497年，沃贝克被捕，写下认罪书承认自己冒名顶替了约克公爵。——译者注

多阴谋虽然是秘密的，但并不涉及秘密结社。这些阴谋都有一个共同点：它们是真实的历史事件，而不是想象出来的。

"阴谋"和"阴谋论"二者不可互换。阴谋论的基础是异想天开以及对信念的渴望，有时还伴随着欺诈的意图。阴谋论宣称存在着阴谋，这些阴谋常常涉及秘密结社，但实际上，几乎不存在真正的阴谋。17世纪英国的"天主教阴谋"❶就是早期阴谋论的典型例子。这种性质的阴谋论在历史上是比较新奇的现象。与阴谋论相关的阴谋往往波及全球，据传"天主教阴谋"的目的是毁灭新教。阴谋论往往聚焦于大型公共事件，如约翰·肯尼迪总统暗杀事件和"9·11"事件。阴谋论并不专注于根据确凿证据提供显而易见的解释，而是偏向于追求轰动效应，比如宣称林登·约翰逊是肯尼迪遇刺事件的幕后黑手，或以色列人是"9·11"事件的幕后黑手。随着时间的推移，大众文化中的阴谋论会变得更加疯狂。电视连续剧《X档案》（1993—2002）中，阴险的"老烟鬼"射杀了肯尼迪，以维护政府与外星侵略者的秘密交易。另一部科幻剧《幽浮档案》（*Dark Skies*）将暗杀肯尼迪的事件归咎于名为"蜂巢"的外星变身入侵者。2009年的电影《守望者》（*Watchmen*）中，杰弗里·迪恩·摩根（Jeffrey Dean Morgan）所饰演的"笑匠"射杀了肯尼迪。没有人（希望如此，但可能只是徒劳）会相信这些都是事实。"9·11"阴谋论者将袭击归咎于阴暗的政府阴谋家，或归咎于试图制造麻烦的以色列特

---

❶ 该阴谋论宣称天主教徒企图火烧伦敦，刺杀查理二世，迎接法军登陆，并拥立已皈依天主教的詹姆斯为国王，最终使英格兰重新回到罗马的统治之下，进而掀起了一场排外主义运动。——译者注

工。本·拉登和"基地"组织是公认的肇事者,阴谋论者并不会选择接受这样显而易见的事实。

其他阴谋论关注的是那些似乎会突然爆发的秘密阴谋。法国大革命就是一个很好的例子。法国社会和政治秩序迂腐堕落,受压迫和愤怒的人民与部分精英发动起义,最终王室被迫投降。旧政权的辩护者们不愿面对并接受真正的历史背景和条件,而是编造了一个阴谋论,为失败的法国精英开脱。他们声称,法国大革命是共济会大规模密谋的结果,旨在推翻支撑了欧洲文明几个世纪的教会和国家的伙伴关系。此后,出现了多种阴谋论,将社会的动荡归咎于共济会、犹太人以及最近以秘密结社形式出现的外星人,称他们正在密谋巨大、广泛和隐秘的阴谋。本章剩余部分将讨论这种全球阴谋论的现象是如何演变的。

秘密结社与神秘学

神秘的秘密结社出现于宗教改革后的欧洲,文艺复兴和宗教改革使之成为可能。文艺复兴时期,古典知识复苏兴起,学者接触到了《赫姆提卡文集》(*Corpus hermeticum*)等神秘学著作。印刷技术的发明使这些知识得以更广泛、更迅速地传播。同时,宗教改革削弱了罗马天主教会的知识控制。接触到这些古老的神秘知识后,一些学者为之着迷。请记住,现代早期的人们并不会条件反射般地将神秘学著作等同于迷信和胡言乱语。神秘学世界观和新兴的科学世界观之间的界限是非常模糊的,很难区分化学和炼金术,或者天文学和占星术。人们对神秘学的研究非常重视,不会认为它是不光彩的。人文学者马尔西利奥·费奇诺（Marsilio Ficino）原先正着手翻译柏拉图的作品，他的赞助人来自美第奇家族❶。1460 年，《赫姆提卡文集》的手稿抵达佛罗伦萨，费奇诺的赞助人敦促费奇诺抽身出来，转为翻译《赫姆提卡文集》。

　　文艺复兴时期的学者和受过教育的普通人如此认真地对待神秘主义和新柏拉图主义，这不难理解，因为他们所持有的世界观并不是以唯物主义和实证主义为核心的科学世界观。相反，他们确实相信超自然和灵体的存在，认为人的一生就是追求现世启蒙和来世救赎的过程。此外，他们还相信存在着失落的古代智慧，如果能够复苏这些智慧，它们将引导人类走向启蒙和精神救赎。要记住，直到 17 世纪末"古今之辩"之后，大量的学者才相信现代社会的知识终于超越了古希腊和古罗马的知识。长期以来，人们一直认为那些无法破译的埃及象形文字保存了各种奇妙但已失传的知识。与此同时，人们对其他古代手稿进行了复原、转录、翻译、编辑和出版。15 世纪到 17 世纪，欧洲学者们越来越成为一个共同体。自然而然地，学者们和其他具有探究精神的人会在皇家学会这样的组织中团结起来，协调他们的努力。甚至在这之前，就已经有人聚集在秘密结社中。他们的希望与目的是利用他们的知识实现社会改革，使世界变得更美好。这些秘密结社中，成立时间最早、经久不衰且影响力最大的两个当属玫瑰十字会和共济会。

---

❶ 佛罗伦萨 15 世纪至 18 世纪中期在欧洲拥有强大势力的名门望族。——译者注

玫瑰十字会

玫瑰十字会和共济会都有自己的分支团体，其中一些分支声称他们的结社可以追溯到人类历史的开端。然而，有可靠的历史研究表明，这两个秘密结社都起源于 17 世纪初。玫瑰十字会有一套明确的日期记录。可以肯定的是，所谓的玫瑰十字会宣言，即《兄弟会传说》和《兄弟会自白》分别于 1614 年和 1615 年出版。早在 1610 年，这些宣言就以手稿形式流传，随后才成为印刷品。 1616 年，《克里斯蒂安·罗森克鲁兹的化学婚礼》（*The Chemical Wedding of Christian Rosenkreutz*，以下简称《化学婚礼》）出版，其作者后证实为路德教派牧师约翰·安德烈（Johann Andreae）。这些作品概述了玫瑰十字会的信仰和哲学，讲述了 15 世纪德国修道士克里斯蒂安·罗森克鲁兹（Christian Rosenkreutz）的生活。根据他自己的描述，罗森克鲁兹前往圣地朝圣，此后在也门生活了三年，研习阿拉伯人的智慧。离开也门后，罗森克鲁兹行至摩洛哥的非斯，又花了两年时间研究魔法和犹太教卡巴拉主义著作。途中，他来到埃及并短暂停留（玫瑰十字会宣言中几乎没有提及这段经历）。罗森克鲁兹来到德国后，当局对他新发现的深奥知识不予理会。罗森克鲁兹没有因此气馁，他回到修道院，创立了玫瑰十字会。尽管存在着这些说法，但主流学者认为罗森克鲁兹不是真实的历史人物，而是寓言故事中的虚构人物。

令人疑惑的是，玫瑰十字会的《兄弟会传说》、《兄弟会自白》和《化学婚礼》都是匿名出版。它们似乎证明了玫瑰十字会秘密结社的存在，据说该结社处于神秘科学的最前沿。玫瑰十会的意识形态似乎也有效制衡了反宗教改革时期天主教复苏所带来的威胁。然而，没有任何玫瑰十字会成员从结社幽暗的秘密中现身，公开招募新成员或向捍卫者表示感谢。为什么？因为玫瑰十字会根本不存在。

玫瑰十字会宣言极有可能是文学虚构作品，甚至是学生的恶作剧。西奥多·齐奥尔科夫斯基称玫瑰十字会宣言的出版属于媒体事件，与丹·布朗的《达·芬奇密码》（2003 年）出版后造成的谣言满天飞相比也不逊色。有迹象表明，1605 年后不久，安德烈已经暗中完成了《化学婚礼》的写作。他在晚年还写了一本自传，直到 1799 年学者们才发现这本自传的手稿。在自传中，安德烈讨论了玫瑰十字会的宣言。他称自己写《化学婚礼》时才 17 岁，是图宾根大学的学生。由此可见，这本书的创作时间可能在 1602—1604 年。许多学者还认为，安德烈很可能是和其他人一起创作了《兄弟会传说》。因此，玫瑰十字会宣言出版时，安德烈应当是二十多岁，最多三十岁。宣言的手稿传阅于安德烈在图宾根的朋友之间，此时他应该正值二十岁出头。一种猜想是，手稿的传阅者都是路德教徒，志在重燃新教热潮，应对天主教反宗教改革与日俱增的威胁。他们相信菲奥雷的约阿希姆的千禧年预言，认为黄金时代即将开启。玫瑰十字会宣言的目的是激励其他普通人探寻古代智慧和约阿希姆的预言，从而开启黄金时代。它呼吁人们成为玫瑰十字会的一员。

另一种看法则认为，玫瑰十字会宣言起初只是学生的恶作剧，但后来一发不可收拾。这就好比《达·芬奇密码》的情节基于神话和传说，但许多人却因而认定这本小说完全是有历史依据的。有证据表明，安德烈是《化学婚礼》的作者，也可能是《兄弟会传说》的作者。安德烈一生都公开否认这一说法，却私下在他的自传中承认了。他的做法有其原因，身为路德教的牧师，安德烈有着杰出的血统，他的祖父是雅各布·安德烈（Jacob Andreae），认信路德宗发展中的关键人物。玫瑰十字会宣言倡导有别于传统的甚至是异端的教义，在路德教正统地位不断加强的社会背景下，一旦安德烈与这些教义扯上关联，后果不堪设想。此外，安德烈明确表示《化学婚礼》是一场恶作剧，或者一种讽刺。安德烈的父亲痴迷于用炼金术士将贱金属转化为黄金，安德烈和母亲及家人都深受其害。《兄弟会传说》中有一些段落对所谓的炼金术提出了非常尖锐的批评。玫瑰十字会宣言出版时，安德烈一点也不高兴。因为这些宣言一直以手稿形式流传了好几年，有人自作主张将其出版。这个人或这些人是真的相信宣言中的教义，想让黄金时代更快到来；还是仅仅想让更多人因此上当受骗，我们不得而知。不管出于何种动机，玫瑰十字会宣言出版后引起了轩然大波。正统宗教谴责这些宣言，而企图掌握古代密宗智慧、渴望黄金时代来临的学者们则拥护它们。人们相信玫瑰十字会存在，并徒劳地试图联系宣言背后的人物。这一努力失败后，他们成立了临时非正式的玫瑰十字会团体。此后，不断有新的玫瑰十字会团体成立。

17 世纪是否存在真正的玫瑰十字会结社？历史学家们各执一词。即使玫瑰十字会真的存在，其成员名单也是模糊不清，存在时间也很短。面对三十年战争（1618—1648 年）前后的紧张局势以及 17 世纪的普遍危机，受过教育的人渴望为宗教和思想动荡以及社会弊病找到解决方案。玫瑰十字会宣言所信奉的模糊理想给人们带来了希望。因此，它们吸引了众多有识之士，他们都希望成为玫瑰十字会的成员。一位研究秘密结社的学者指出，"玫瑰十字会出于对生存的渴望而创造了自身。"宣言使人们兴奋激动，玫瑰十字会结社自发地出现在整个欧洲，但人们对它的早期的热情很快就消退了。1612 年，德国医生、炼金术士迈克尔·梅尔（Michael Maier）写信给英国国王詹姆斯一世，似乎认定国王已领导着英国玫瑰十字会，而当时，宣言还只是以手稿的形式存在。此后，梅尔撰写了两篇为玫瑰十字会辩护的文章《圣坛符号》（*Symbola Aureae mensae*，1617）和《金色的泰美斯神》（*Themis aurea*，1618）。他还主张玫瑰十字会应重视炼金术，这一传统一直延续到现在。

1611—1616 年，梅尔居住在英国，与已知的 17 世纪英国唯一的玫瑰十字会有密切联系。可以确切地说，弗朗西斯·培根爵士一定读过《兄弟会传说》和《兄弟会自白》，并将其用于自己的写作中。身为医生及神秘主义者，罗伯特·弗拉德（Robert Fludd）则对玫瑰十字会表现出更大的兴趣。他似乎也是共济会成员，还可能是最初将玫瑰十字会和共济会联系起来的人。17 世纪 50 年代，神秘主义者托马斯·沃恩（Thomas Vaughan）组织了玫瑰十字会结社，他对炼金术表现出强烈兴趣。还有许多其他英国人可能是玫瑰十字会成员，包括占星家威廉·李利（William Lilly）、炼金术士 / 化学家肯尼姆·迪格比爵士（Sir Kenelm Digby），以及皇家学会创始成员、博学家伊莱亚斯·阿什莫尔（Elias Ashmole）。剑桥大学的学者伊齐基尔·福克斯克罗夫特（Ezekiel Foxcroft）将《化学婚礼》翻译成了英文，但在他去世很长时间后，直到 1690 年，该译本才得以刊印。17 世纪末和 18 世纪上半叶，原始启蒙运动和启蒙运动开始主导欧洲思想，有关玫瑰十字会的狂热才逐渐消退。不过，玫瑰十字会主义从未消亡，它留存下来，成为 19 世纪中期神秘主义复兴的一部分。

共济会

有许多说法称共济会发源于古代，事实上它是早期启蒙运动的产物。共济会的历史渊源含糊不清，但据说与中世纪石匠行业协会有所关联，因此其仪式和标志中使用了石匠的装束和工具。这些早期的工匠是所谓的"实践型石匠"。16 世纪末至 17 世纪初，创立现代共济会的苏格兰知识分子开始加入实践型石匠的会所。随着时间的推移，他们开始主导这些会所，当他们建立自己的会所时，便以现有的石匠行会为模式。这些知识分子就是所谓的"绅士型石匠"或"认证型石匠"，1757 年，"思辨型石匠"一词才被采用。[1]英国也经历了同样的过程，但时间较晚，记录相对更为凌乱。可以肯定的是，1641 年，罗伯特·莫雷爵士（Sir Robert Moray）加入了位于爱丁堡的思辨共济会会所，这是首次登记在案的共济会入会记录。不过，莫雷爵士的入会仪式于英国举行，因为当时他在苏格兰军队中服役。由此可以看出，思辨共济会会所已经在苏格兰存在了一段时间了。1646 年 10 月，伊莱亚斯·阿什莫尔与他的岳父于沃灵顿（今柴郡）加入了一个思辨共济会会所。另有记录显示，17 世纪晚期，思辨共济会会所散

---

[1] "实践型石匠"就是使用石材工作的古老建筑工人，他们依赖工具、规则、科学与物理去工作，而"思辨型石匠"把这些工匠工具、规则用隐喻呈现出来，以道德、智力发展为原则，树立人格。——译者注

布在英国各个乡村。1717 年，位于伦敦的四个共济会会所在"鹅和烤架"大楼联合起来，组成了联合总会。从那时起，共济会从英国传到了法国，再传到了德国。1737 年，第一批在英国入会的会员在德国汉堡成立了共济会德国会所。

是什么吸引了富裕的知识分子加入共济会？共济会和玫瑰十字会都是在王权专制势力日益壮大、罗马天主教会在整个欧洲重新崛起的时期发展起来的。共济会旨在促进个人自由和人类平等，反对少数人的特权，反对国家及教会权力不受约束。共济会神秘莫测的特点使其会员免受专制主义国家的审查。共济会还提倡简化和非教条式的宗教方式，倡导以宽容和自由思考作为会社的首要原则。作为共济会的一分子，会员们在内部进行社交，获得归属感。加入神秘共济会的共同经历推动了平等文化。在这一方面，共济会的功能与俱乐部类似。共济会会员对他们眼中的迷信行为持批评态度，在他们看来，民间魔法、关于仙子和巨魔的传说、相信运气都是迷信。而基督教信仰的许多方面，尤其是罗马天主教会极为重视的部分同样也是迷信。因此，天主教会对共济会怀有敌意。鉴于他们厌恶迷信，从官方层面看，共济会没有什么玄妙之处。主流的共济会的任务不是复原失落的古代智慧，也不是追溯古埃及的神圣先祖。共济会的成员都是知识分子和自由思想家，其中部分人涉足魔法、炼金术和卡巴拉学说。

关于共济会的起源有各种版本的神话，其中占主导地位的版本认为共济会的起源可以追溯到公元前 1000 年左右，所罗门国王建造耶路撒冷圣殿之时，而共济会的创始人则是石匠大师希拉姆·阿比夫（Hiram Abiff）。这个神话深深地嵌入在共济会的基本等级仪式中。除此之外还有其他的起源神话。其中一种说法认为是圣殿骑士团创造了共济会。圣殿骑士团由十字军宗教团体组成，总部设在位于耶路撒冷的所罗门圣殿，因此被称为圣殿骑士。另一个起源神话声称，共济会是从中世纪的玫瑰十字会发展而来的（玫瑰十字会并不存在，但这一不利的事实也很难说服真正的信徒）。还有人认为，共济会起源于厄琉息斯秘仪和狄俄尼索斯秘仪等希腊的神秘崇拜。最古老的起源神话将共济会的起源追溯到了埃及金字塔时代。埃及人是第一批建筑大师，他们将自己的建筑技能和其他神秘的知识传授给摩西和希伯来人。其中一个版本的埃及起源神话颠倒了这一过程，认为是约瑟夫和他的希伯来兄弟们将建筑技能传授给了埃及人。至少以 17 世纪、18 世纪和 19 世纪的古代历史知识为标准来看，这个神话为共济会赋予了最为神圣的血统。探索自己团体的古老起源是人类的天性，一些共济会会员也不例外。但很遗憾，历史记录并不能为他们撑腰。

圣殿骑士主义

就与阴谋论的关联而言，最重要的共济会起源神话是与圣殿骑士相关的版本，通常被称为圣殿骑士主义。它断言，1307 年，许多圣殿骑士逃脱了大规模追捕。据称，逃难的圣殿骑士前往苏格兰寻求庇护，并在苏格兰进行重组，形成了共济会，而其他人则带着大量圣殿骑士宝藏向西逃往北美。他们在北美定居，将宝藏藏了起来，据说其中最有名的藏宝地便是橡树岛。苏格兰的圣殿骑士不仅在避难，还在策划报复法国君主和罗马天主教会。他们的后代即共济会，将共济会传播到英国和欧洲大陆，目的是摧毁邪恶的教会和国家，这些教会和国家曾残酷压制圣殿骑士并杀害其领导人。

与人们想象的不同，共济会中圣殿主义的起源实际上没有那么阴暗。骑士精神和侠义精神对许多人一直有强烈的吸引力。早期的共济会会员、学者伊莱亚斯·阿什莫尔是骑士精神的忠实崇拜者，他尤其崇拜圣殿骑士。1736 年，雅各比派流亡骑士安德鲁·迈克尔·拉姆塞（Andrew Michael Ramsay）在法国共济会发表了著名演说，此后，共济会对骑士仪式和饰品的偏好愈加明显。虽然他没有提到圣殿骑士的名字，但他的演讲强烈主张圣殿骑士有助于传播共济会的信仰。他还宣扬共济会的伟大秘密在于他们拥有神秘知识，可以更新人类社会道德。此外，圣殿骑士为共济会的祖先阿比夫、所罗门圣殿的建造者以及 18 世纪的共济会之间提供了一个看似合理的联系。作为耶路撒冷圣殿的守护者，十字军圣殿骑士将希拉姆共济会的秘密带回到欧洲。现代共济会历史学家对此类涉及圣殿骑士的起源理论予以否定，但这并不意味着圣殿骑士主义已经绝迹。

18 世纪的德国受圣殿骑士主义的影响最大。德国人喜欢共济会的概念，欣赏男士们相互聚集、举行秘密仪式和交心的交往方式。但他们也向往等级制度和保守主义盛行的社会，所以英国共济会的平等主义和理性主义对富裕高贵的德国人并没有吸引力。因此，德国共济会更加倾向于社会精英主义，同时也更加迷恋圣殿骑士的起源、魔法和神秘主义的神话。圣殿骑士的入会仪式特别强调希望对那些对圣殿骑士犯下错误的人进行报复。复仇的主题甚至被嵌入圣殿骑士德国会所设立的各种等级中。

卡尔·戈特尔夫·冯·洪德（Karl Gotthelf von Hund）是影

响力极大的德国共济会会员。他出身于德国小贵族，1741 年加入共济会，但后来称自己 1743 年在巴黎接受了圣殿骑士团的入会仪式。他断言被流放的王子、"小僭王"查尔斯·爱德华·斯图亚特（Charles Edward Stuart）是圣殿骑士团的大团长。洪德坚称，"无名上级"任命他重振德国圣殿骑士团。1751 年期间，他设立了"严规礼仪派"，在德国共济会中推广圣殿骑士精神。几年后，德国神学家约翰·奥古斯特·冯·施塔克（Johann August von Starck）开始推广教会版本的共济会，名为"圣殿神职人员会"。1768 年，施塔克将"圣殿神职人员会"并入了洪德的运动，于 1772 年正式确定了这一安排。不同于洪德，施塔克对神秘主义和平等主义更感兴趣。对洪德来说，真正的问题在于，让他着手组织严规礼仪派的"无名上级"从未给过他进一步的指示。他招募的许多共济会会员都是出于期待"无名上级"再次现身并指导他们才加入的。这没能发生，他们感到很失望。1776 年，洪德去世后，他们的幻灭感越来越强，1782 年，严规礼仪派解散。其前会员倾向于加入更保守的金玫瑰十字会，这是玫瑰十字会和共济会的混合体。而 1780 年后，施塔克开始转向保守主义，1816 年去世前，他坚定认为是光明会的阴谋策动了法国大革命。不过，圣殿骑士团的共济会并没有随着洪德和施塔克的去世而消失。相反，它传播到英国和北美，但不再带有复仇色彩。这样的圣殿派共济会团体如今仍然存在。然而，在法国大革命和拿破仑时代，共济会意图报复法国君主制和教会，这引起了人们对共济会涉嫌颠覆行为的怀疑，带来了极其严重的后果。

共济会与法国大革命

让人们起疑心的不仅仅是共济会与圣殿骑士团的奇异关联。共济会倡导平等、宗教宽容、理性主义和合理的怀疑精神。这些思想犯了 18 世纪专制君主和罗马天主教会的大忌，当然，告解式的新教教会氛围也并不见得有多自由。正如有人怀疑 18 世纪 90 年代推崇自由思想的英国斯威登堡派参与了法国大革命，一些人也开始怀疑同样推崇自由思想的共济会也具有煽动性意图。仅仅是秘密仪式和入会仪式的存在就会引起社会许多阶层的疑虑和不信任。普通人好奇秘密结社在做什么，而他们往往先入为主地认为秘密结社做的不是什么好事。共济会之间的派别纷争以及他们相互竞争的仪式和等级，也让许多外人感到疑虑和惶恐。虽然这些情况使共济会在部分人眼中变得很不光彩，但其他人却根本不觉得它有什么不妥。对于 18 世纪的许多富人来说，共济会的理想相当有吸引力。然而，到了法国大革命时期，共济会会员数量减少，激情减退，会员出席率下降。法国大革命开始后，由于人们移居国外避险，许多会所的会员人数大幅减少。恐怖统治时期，雅各宾派统治者将共济会视为巨大的威胁，如同革命前法国反动贵族和神职人员一般危险。

自法国大革命爆发后，各种团体都谴责是共济会发动了革命。人们认为，革命阴谋的真正煽动者和领导者是被称为"光明会"的秘密集团，这是共济会的一个分支。此后，共济会和光明会一直被视为导致社会动荡和巨大阴谋的罪魁祸首。光明会的创始人是亚当·维索兹（Adam Weishaupt），他是名孤儿，由约翰·亚当·伊克斯塔男爵（Baron Johann Adam Ickstatt）抚养成人。伊克斯塔属于巴伐利亚执政委员会，是因戈尔施塔特大学的校长。他坚信世俗主义，支持启蒙运动，并将这些价值观传给了他的养子。1772 年，维索兹成为因戈尔施塔特大学的教师，教授法律与哲学。他发现因戈尔施塔特大学的学术研究陷入了保守主义和蒙昧主义的泥潭，于是，1774 年，他加入了共济会。然而，共济会内部禁止讨论政治宗教问题，这让维索兹大失所望。1776 年，维索兹同另外四人组建了巴伐利亚古代光辉知识会，即光明会。维索兹对新成员加入以及晋升制定了复杂而严格的程序，确保只有光明会的领导层才知晓该组织的真正目的。起初，光明会成员的增长速度缓慢。截至 1779 年，该组织在巴伐利亚 5 个会所中仅有54 名成员。此时，另一位知名光明会成员泽维尔·兹瓦克（Xavier Zwack）建议光明会渗透并掌控共济会会所，从而实现光明会的目的。他的策略大获成功，1784 年，光明会的成员超过 650 名，散布于德国、瑞士、奥地利、匈牙利和意大利等地的共济会会所中，大多占据领导地位。该组织还吸纳了许多著名人物，代表人物有约翰·沃尔夫冈·冯·歌德（Johann Wolfgang von Goethe）、约翰·戈特弗里德·冯·赫尔德（Johann Gottfried von Herder）（这两人很快发现该组织过于激进），以及戏剧家弗里德里希·席勒（Friedrich Schiller）和萨克森－哥达公爵路德维希二世。

维索兹对耶稣会的保守主义嗤之以鼻，但他采纳了耶稣会的做法。光明会内部严格保密，只有领导者知道光明会的目标到底有多激进，普通成员则被蒙在鼓里。维索兹认为传统的共济会软弱无力，其方针不带任何政治色彩，实际上间接支持了专制统治和贵族特权继续存在。保守的当局渐渐了解到，光明会意图改造世界，促进自由、民主、平等、宽容，推崇开明的理性主义宗教的秘密目标，这给光明会带来了麻烦。1782年，在威廉姆斯巴德大会上，光明会试图接管失败的共济会严规礼仪派，但遭到保守派让·巴蒂斯特·威勒莫兹（Jean Baptiste Willermoz）的阻挠，威勒莫兹确保了共济会一贯的慈善和非政治性的兄弟会特征。反对光明会的声音逐渐高涨，1784年6月，巴伐利亚选帝侯❶卡尔·西奥多（Karl Theodor）颁布诏书，下令禁止秘密结社，后于1785年3月再度颁布法令，明令查封共济会和光明会。维索兹事先得到警告，逃离了巴伐利亚，但其他光明会成员被逮捕。1786年，巴伐利亚当局搜查了泽维尔·兹瓦克的住所，没收了他家中的光明会文件，后来这些文件被公之于众，证实了光明会的可疑阴谋和罪行。虽然维索兹并未设想过暴力革命，但他的确提出了内部颠覆的策略，也预想过君主制、贵族特权以及制度化教会的终结。保守派精英们已经意识到了光明会带来的危险，他们对光明会的镇压则标志着全欧洲反启蒙运动的开始。18世纪80年代，共济会的地位本就岌岌可危，光明会的出现更使之雪上加霜，给共济会扣上了破坏天主教会和国家传统秩序组织的帽子。许多人开始相信，确实有一个巨大的阴谋，想要先动摇欧洲旧政权，然后将其彻底毁灭。法国大革命爆发后的许多事件似乎证实了保守派心中的这一观念。

法国大革命是历史上最重要的事件之一，与美国独立战争一样，它有着深远的影响。它震惊了整个欧洲，但同时也振奋人心。许多人乐于接受建设以自由、博爱和平等为基础的公民社会的想法，但大多数社会和政治精英并不欢迎这些迫在眉睫的变

---

❶ 选帝侯指那些拥有选举"罗马人的皇帝"权利的诸侯，即德意志诸侯中有权选举神圣罗马皇帝的诸侯。——编者注

化。君主制和教会受到了威胁，因此，随着大革命的发展，传统社会秩序的维护者们的抵触情绪愈加强烈。与此同时，法国大革命很快转化为暴力事件，恐怖统治时期开始了。1792 年 9 月，约 1 400 名囚犯在巴黎被屠杀，其中大部分人并未参与政治运动。此后不久，革命政府对路易十六进行了审判，并于 1793 年 1 月 21 日将其处决。几个月后，10 月 16 日，路易十六的妻子玛丽·安托瓦内特也被处决。这两次处决惊天动地，明确表达了革命政府对君权神授的根本否定。同时，革命政府成立了公共安全委员会，恐怖统治不断加剧。直到人们发动了热月政变❶，恐怖统治才落下帷幕。恐怖统治期间，约有 30 万人被逮捕，17 000 人被处决，另有 10 000 人死于狱中。1793 年 11 月至 1794 年 2 月，大量囚犯被迫溺死在法国南特的卢瓦尔河中，令人毛骨悚然。溺亡的受害者人数达 4 000 至 9 000 人，其中包括神父、修女和法国西部保皇派旺代叛乱的拥护者。同时期，法国革命军队成功地击退了奥地利和普鲁士军队的入侵后，发动攻势征服了法国周边的土地，建立起法兰西第一共和国。保守派和保皇派心急如焚，他们自问事情如何发展至这般境地，而他们普遍认为，共济会便是罪魁祸首。

首先要明确一点，共济会确实对法国大革命的爆发有所影响。共济会推崇宽容、平等、民主和自由等价值观。许多共济会会员认为，将这些价值观推广到整个社会是正确合理的事情。大多数共济会会员都是遵纪守法、受人尊敬的公民，他们支持维护

---

❶ 热月政变法国大革命中推翻雅各宾派罗伯斯庇尔政权的政变。因发生在共和二年热月 9 日（1794 年 7 月 27 日）而得名。——译者注

现状，当然也能够接受适度的改革。然而，许多精英，特别是教会领袖，对他们深表怀疑。法国大革命给欧洲特权阶层带来的创伤和引起的恐慌，更是让人们开始疯狂臆测法国大革命的起因。

英裔爱尔兰政治家、文人埃德蒙·伯克（Edmund Burke）是第一个指责启蒙运动的哲学家们引发了法国大革命的人。1790年，他创作的《反思法国大革命》(Reflections on the Revolution in France)出版后，迅速成为英国乃至欧洲大陆的畅销书。该书对德国的启蒙运动反对者产生了巨大的影响。虽然伯克的观点中没有提及共济会或光明会，但后来他成了天主教神父奥古斯丁·巴鲁埃尔（Augustin Barruel）的支持者，后者提出的全球阴谋论中便涉及共济会和光明会。1797年5月1日，伯克在写给巴鲁埃尔的信中写道："您的《雅各宾主义史》(History of Jacobinism)第一卷给我的启发和喜悦是难以言喻的。"伯克之后，涌现了大量对法国大革命起因的复杂猜测。

法国蒙彼利埃的神父埃斯特夫·巴斯西（Estève Bassie）是第一个在印刷出版物上抨击共济会煽动法国大革命的人。1790年，他的《揭露共济会的精神与它所包含的危险》在罗马出版。书中，巴斯西认为共济会和启蒙运动哲学家们一样支持自由和平等，这创造了有利于革命、反君主主义和反教会主义的舆论氛围。考虑到罗马天主教会长期以来对共济会抱有敌意，巴斯西会提出这样的观点也在情理之中。此后不久，1791年，神父雅克-弗朗索瓦·勒弗朗克（Jacques-François Lefranc）的《为好奇者揭开面纱：通过共济会揭露革命的秘密》出版了，书中进一步强调了共济会与法国大革命的联系。勒弗朗克指控共济会深度参与了阴谋活动，最终导致法国大革命爆发。当时，勒弗朗克还多次和奥古斯丁·巴鲁埃尔合作著书，巴鲁埃尔后来成为法国大革命阴谋论的元老级人物。法国革命政府并不认同勒弗朗克的观点，将他囚禁在巴黎，1792 年，勒弗朗克在"九月大屠杀"中被杀害。同年，保皇派报刊开始赞同巴斯西和勒弗朗克的观点。恐怖统治时期的野蛮行径只会让关于共济会阴谋的文章更加疯狂放肆。

1797 年，查尔斯·路易斯·卡戴特·德·伽西科特出版了《雅克·德·莫莱之墓》，该书进一步拓展了阴谋论，将与圣殿骑士团的关联涵盖其中。伽西科特的一生很有意思。公开资料显示，他是药剂师路易斯·克劳德·卡戴特·德·伽西科特（Louis Claude Cadet de Gassicourt）和其妻玛丽·布瓦瑟莱（Marie Boisselet）的儿子。但实际上，他是路易十五和布瓦瑟莱的私生子。虽然养父希望他学习药剂学，但年轻的伽西科特选择成为律师，他还广泛阅读启蒙运动相关著作。1789 年，法国大革命爆发，伽西科特起初支持革命，但后来，雅各宾派的暴行使他不再抱有幻想。1795 年 10 月 5 日，保皇派发动葡月政变，革命政府指控伽西科特参与其中，并将他判处死刑。为躲避追捕，伽西科特销声匿迹三年，期间著成《雅克·德·莫莱之墓》。雅各宾派倒台后，伽西科特的死刑判决被取消。他最终开始学习制药，并在拿破仑时期和复辟的波旁王朝统治时期取得了事业上的成功。

伽西科特的书篇幅不长，对法国大革命背后的阴谋进行了概述。这场阴谋的始作俑者是圣殿骑士团入会者和共济会，可以追溯到圣殿骑士团被镇压和他们最后一位大团长雅克·德·莫莱被处决时期。监禁期间，德·莫莱指示圣殿骑士在那不勒斯、巴黎、爱丁堡和斯德哥尔摩建立四个共济会会所，暗中发展圣殿骑士团。这些会所均致力于消灭波旁王朝，摧毁教宗制度。为实现这一目标，圣殿骑士团与耶稣会结盟，而耶稣会则是 1610 年亨利四世遇刺的幕后黑手。一位神秘的冒险家圣日尔曼伯爵与卡格里·奥斯特罗伯爵同为圣殿骑士共济会的发起人和代理人。米拉波伯爵、奥尔良公爵菲利普、马克西米连·罗伯斯庇尔和乔治·丹东等数位法国大革命领导人同时也是圣殿骑士共济会的成员。伽西科特指出，当时圣殿骑士共济会只有 108 名会员。其他绝大多数共济会会员不知道圣殿骑士共济会意图终结君主制、摧毁教会的密谋。《雅克·德·莫莱之墓》一书旨在揭示恐怖统治的真正原因，避免社会重蹈覆辙。这就是最初关于圣殿骑士共济会的密谋导致法国大革命的阴谋论之发端。这一阴谋论一开始就错综复杂，后来又不断传播并扩展。

伽西科特的书出版后不久，奥古斯丁·巴鲁埃尔的巨著《雅各宾主义历史回忆录》（*Memoirs Illustrating the History of Jacobinism*，1797~1798，以下简称《回忆录》）问世，这是阴谋论历史上的经典书目。1756 年，年仅 15 岁的巴鲁埃尔便加入了耶稣会。1762 年，他在法国图卢兹的一所耶稣会文法学校任教，1764 年，在法国解散耶稣会后，他便流亡海外。1773 年，教宗彻底镇压了耶稣会，巴鲁埃尔回到法国，在教会工作，同时出版了各种关于教会事务的书籍。巴鲁埃尔拥护反启蒙运动和法国神职人员发起的保守运动，在法国大革命开始前撰写并帮助保守派出版了一些抨击启蒙运动和启蒙哲学家的作品。

法国大革命真正爆发后，革命政府采取了一系列反教会政策，包括强迫神职人员进行民事宣誓，1790 年颁布《教士公民组织法》（ *Civil Constitution of the Clergy* ）❶等，巴鲁埃尔对这些政策持反对态度。在此期间，他与勒弗朗克神父共事。1792 年，他涉嫌颠覆国家政权罪，为逃避追捕流亡海外。定居英国后，巴鲁埃尔着手研究并撰写了《回忆录》，阐明诸如法国大革命以及雅各宾派可怕的恐怖统治这类惊天动地的大事是如何发生的。

1797 年，《回忆录》的前两卷出版；1798 年，第三卷和第四卷相继问世。巴鲁埃尔断言，有人策划了巨大的阴谋，试图摧毁教会和国家。这一阴谋由来已久，从伏尔泰等哲学家攻击基督教，试图贬损其地位时便已经开始了。《回忆录》第一卷的内容主要揭露这一巨大阴谋。教会是君主制政府的主要拥护者，君主制必定伴随着贵族阶级的产生，许多哲学家对此嗤之以鼻。哲学家们倡导众人自由平等，实际就是要打倒国王和贵族。巴鲁埃尔认为，共济会是这些哲学家的盟友，他们共同抨击反教会和反君主制。共济会的各个会所举行秘密仪式，宣扬自由平等的理想。《回忆录》第二卷介绍了阴谋论中的共济会。除了启蒙哲学家以及共济会，这个巨大的阴谋背后还有一个组成部分：巴伐利亚光明会的秘密领导。巴伐利亚光明会已经转入地下，从早前对他们的镇压行动中秘密幸存下来。光明会充当着领袖以及"无名上级"的角色，协调和指导其他人进行阴谋活动。光明会遵循启蒙运动哲学家们的信条，图谋摧毁所有的宗教和政府。巴鲁埃尔认

---

❶ 《教士公民组织法》颁布于 1790 年 7 月 12 日，是一次重组法国天主教会的尝试。根据这项法令，主教和教士由教区居民选举产生，新当选教士必须宣誓效忠法律与国家，拒绝宣誓效忠者不得担任圣职。——译者注

为，如果知情，绝大多数共济会成员都不会支持这样的目标，然而，由于光明会领导人秘密开展行动，因此大部分共济会成员对这个阴谋真正的邪恶目的一无所知。《回忆录》的第三卷和第四卷介绍了光明会的起源和组织，并描述了他们开展邪恶工作的细节。

《回忆录》一经问世，就在保守派和阴谋论者圈子里大受欢迎。尽管该书过于冗长乏味，但仍能让读者为之着迷。法国大革命的成功既让人疑惑不解，也令人忧心忡忡，而《回忆录》的一大吸引力正在于它为法国大革命提供了全面的解释。当然，只要你不愿意费心去思考究竟是什么原因使得伏尔泰、狄德罗甚至亚当·魏梭这样理性的文明人试图去摧毁文明，那么《回忆录》确实算得上是全面的解释。

在《回忆录》前两卷与后两卷出版期间，另一部经典的阴谋论作品问世，那就是约翰·罗伯逊（John Robison）的《共济会、光明会和读书会通过秘密会议针对欧洲所有宗教和政府的阴谋的证据》（*Proofs of a Conspiracy against All the Religions and Governments of Europe, carried on in the Secret Meetings of Free Masons, Illuminati, and Reading Societies*，以下简称《阴谋的证据》）。罗伯逊是受人尊敬的化学家、物理学家，他的职业经历相当丰富，曾参加海军，出任外交使团，还在苏格兰格拉斯哥和爱丁堡任职教授，晚年时，罗伯逊对阴谋论产生了兴趣。《阴谋的证据》提出的结论与《回忆录》基本相同，文献引用较少，而形式更为简明。罗伯逊在书中结尾得出结论：哲学家、共济会和光明会的可恶行径和阴谋会带来可怕的后果。首先，宗教和道德会遭受冲击。其次，他们的阴谋意图破坏财产，打破经济不平等，消灭社会精英。罗伯逊认为光明会是骗子，也是伪君子，在这些邪恶计划中将妇女引入歧途，使女人和男人平起平坐，成为伙伴。他还指出，这个秘密组织的策略便是一开始先进行无关痛痒的批评，逐步进展为恶意的煽动。他认为，《人权宣言》的所谓理想已经退化为恐怖统治，因为这些理想是无法持续的。与巴鲁埃尔一样，罗伯逊断言，光明会已经渗透到了学校和共济会会所，他们招募被蒙在鼓里的新成员，诱导这些组织实行叛乱。罗伯逊对支持法国大革命的自由主义政治理论家约瑟夫·普里斯特利（Joseph Priestley）和托马斯·潘恩提出了批评。罗伯逊非常乐观地表示，英国社会和共济会沉着冷静，不会被光明会扭曲的危险理想所迷惑。1797 年，《阴谋的证明》第二版发行，罗伯逊在书中增添了一篇后记，对巴鲁埃尔的《回忆录》予以赞赏。巴鲁埃尔则没有"礼尚往来"，他批评了罗伯逊书中的浅薄观点和错误。

巴鲁埃尔和罗伯逊的书问世之后，立刻受到了相当多的关注，吸引了许多读者。两本书都迅速售出了数千册。德文郡的天主教徒休·克利福德勋爵（Lord Hugh Clifford of Devonshire）的小儿子罗伯特·克利福德爵士（Sir Robert Clifford）很快将《回忆录》从法语翻译成英语。小克利福德在法国待了很长时间，甚至可能在 1792 年巴鲁埃尔逃往英国前就与他相识。《回忆录》篇幅很长，小克利福德的译本在法文版出版后不久便问世，因此可以推断他在《回忆录》法文版出版之前就已经开始着手翻译。之后的几年里，德语、意大利语、西班牙语、葡萄牙语和荷兰语等各种欧洲语言的《回忆录》译本陆续出版。小克利福德的英译本也很快在美国出版。1798 年，巴鲁埃尔对《回忆录》进行了删节，其他作家对其进行了摘录和评论。罗伯逊的《阴谋的证据》也取得了类似的成功，被翻译成法语、荷兰语和德语等多个版本。对于之后的各种阴谋论者，无论他们支持共济会阴谋论、犹太人阴谋论、光明会阴谋论还是新世界秩序阴谋论，这两本书都成了他们的基础文本。

巴鲁埃尔的《回忆录》对所谓的哲学家、共济会和光明会三重阴谋进行了详尽的研究。相比之下，罗伯逊的《阴谋的证据》并没有提供同样的细节，而是花了相当多的笔墨为英国共济会开脱，声明英国共济会并没有以任何方式煽动法国大革命或者策划全球阴谋，进而企图推动平等自由。许多读者，特别是英国读者，对巴鲁埃尔的三重阴谋论或罗伯逊的阴谋论不以为然。当时，人们观察到，共济会成员也和其他人一样，处于恐怖统治的阴影之中。巴鲁埃尔的书引经据典，但书中关于邪恶的秘密影响的说法需要读者"信仰的飞跃"❶，也忽略了法国旧政权明显的弊病。对于那些愿意相信巴鲁埃尔的人而言，巴鲁埃尔对雅各宾主义和法国大革命背后的阴谋的描述，将一切与 3 世纪摩尼教的创始人、波斯先知摩尼的影响联系在一起。历史学家彼得·帕特尔（Peter Partner）指出，"在巴鲁埃尔的笔下……一切都相互关联；所有的思想都通过神奇的方式从某个群体、某一历史时期蔓延至

---

❶ 信仰的飞跃，常常被认为是 19 世纪丹麦哲学家、神学家、存在主义者克尔凯郭尔所用的神学术语，尽管克尔凯郭尔原本的表述其实是"leap to faith"。克尔凯郭尔认为，上帝与人迥然不同，在上帝和人之间有一条鸿沟，只有信仰才能使人跨过这条鸿沟。如今，"信仰的飞跃"多用来表示指在没有或不顾现有经验证据的情况下相信某事的行为。——译者注

另一个群体。"巴鲁埃尔的主张未能经受住后来历史学家们的评判。而他的真正而恒久的贡献是将阴谋和阴谋论的概念纳入了政治话语和流行文化。

巴鲁埃尔的遗产

阴谋论作家内斯塔·韦伯斯特和巫娜·蒲博 – 轩尼诗（Una Pope-Hennessy，原姓伯奇）都出版了关于阴谋论的书籍，证实了巴鲁埃尔的光明会阴谋依旧留存于世。1911 年，伯奇出版了《秘密结社：光明会、共济会与法国大革命》（*Secret Societies: Illuminati, Freemasons and the French Revolution*，以下简称《秘密结社》）。此时，她的作家生涯刚起步，主要写传记类作品。《秘密结社》一书有四篇文章，内容相对独立，主要与法国大革命和拿破仑时代有关，其中只有第一篇文章涉及光明会的阴谋。伯奇相信光明会的阴谋确实存在，但她的观点和巴鲁埃尔完全不同，她认为光明会的目标是在启蒙运动的理想基础上将法国建设成公正自由的社会。韦伯斯特同巴鲁埃尔一样，认为光明会阴谋试图摧毁政府和宗教。1910 年，韦伯斯特开始相信自己前世是一名女贵族，经历过法国大革命及大屠杀，因此，她决定着手研究和写作与之相关的内容。1919 年，她出版了《法国大革命：民主研究》（*The French Revolution: A Study in Democracy*），书中宣扬了巴鲁埃尔的论点，即哲学家、共济会和光明会的三重阴谋引发了法国大革命，并从那时起一直试图推动全球阴谋和革命。了解《锡安长老会纪要》后，她转向反犹太主义，《世界革命：反对文明的阴谋》（*World Revolution: The Plot against Civilization*，1921）一书将犹太人纳入秘密阴谋者名单。这些阴谋论在《秘密结社和颠覆运动》（*Secret Societies and Subversive Movement*, 1924）中得到了进一步阐述。受到反犹太主义和反共产主义的影响，韦伯斯特加入了英国法西斯运动，至少在 1939 年《苏德互不侵犯条约》签订之前，她一直是希特勒的崇拜者。如今，伯奇和韦伯斯特的书不难买到，阴谋论者和反犹太主义者依然会引用她们的观点。

拿破仑战败后，阴谋论出现在欧洲许多地方。法国大革命打破了欧洲君主制、贵族制和教会统治的旧秩序。以奥地利政治家克莱门斯·冯·梅特涅（Klemens von Metternich）为首的欧洲保守派精英们努力扭转法国大革命的影响，阻止革命进一步发展，但只在部分地区取得了暂时性成果。事实证明，民主自由主义和民族主义是不可能被压制的。1815—1848 年爆发了一系列革命，这段时间内，秘密结社和革命阴谋层出不穷。意大利境内出现了许多秘密结社和革命密谋，其中以烧炭党❶和革命家菲利普·米歇尔·邦纳罗蒂（Filippo Michele Buonarroti）❷为代表，其他欧洲国家的革命活动也在激增。其中，共济会成员在各种阴谋诡计中发挥了作用。

许多保守派精英相信，"无名上级"一手谋划了巴鲁埃尔笔下的共济会或光明会的宏大阴谋，引发了法国大革命，而他们新的革命企图和秘密结社阴谋则是这些宏大阴谋的延续。实际上，

---

❶ 19 世纪前期活跃在意大利各国的秘密民族主义政党，追求成立一个统一、自由的意大利，在意大利统一的过程中发挥了至关重要的作用。——译者注

❷ 菲利普·米歇尔·邦纳罗蒂，意大利革命家，18 世纪末至 19 世纪初法国革命运动的卓越活动家，空想共产主义者。——译者注

秘密结社的出现是可预见的，它们并非被蒙在鼓里、任光明会或类似团体的"无名上级"利用的棋子，而是保守派政府反动压迫政策的产物。欧洲社会性质及政治局势的变化导致1848年后，除了巴尔干地区和俄罗斯之外，革命秘密结社开始衰落，几近消失。由此开始，自由主义和民族主义的支持者开始公开活动。然而，保守派精英们仍然坚信，光明会或其他卑劣的组织操控着全球阴谋。19世纪70年代，英国政治家、时任首相本杰明·迪斯雷利（Benjamin Disraeli）仍为秘密结社而烦忧。世界上存在秘密组织和全球阴谋，这种阴谋论想法不仅留存了下来，而且还在演变和扩大。作为全球阴谋的隐秘主谋或无名上级，共济光明会迎来了他们的同伴：犹太人。

反犹太主义、秘密结社与阴谋论

希腊化时代（公元前323—公元前30年）以来，犹太人一直遭受着偏见与敌视。基督教和伊斯兰教兴起后，作为两者起源的犹太教反而衰落，处于被支配地位。先是发生了中世纪和现代早期的十字军大屠杀，随后英国、法国、西班牙和葡萄牙等国将犹太人驱逐出境，后来又出现了红色犹太人的传说和血统诽谤。犹太人还受到各种限制，如被剥夺土地所有权、必须生活在单独划分的犹太人聚集区。随着启蒙运动以及全球市场经济的发展，犹太人的生存环境开始得到改善。

我们必须牢记，直到1875年前，犹太人还只是一种宗教身份。然而，从19世纪70年代开始，犹太人越来越成为一种种族身份。基督教洗礼仪式带来了巨大的变化，进行洗礼仪式后，皈依者不再信仰犹太教，而是融入了基督教社会。然而，如果犹太是一个种族，那么犹太人就永远不可能成为基督教社会的一部分，他们将永远是犹太人。威廉·马尔（Wilhelm Marr）对这种生物学而非宗教层面的反犹太主义产生了主要影响。他是德国新闻工作者，著有《从非宗教立场看犹太人对德国的胜利》（*The Victory of Jewdom over Germandom Viewed from a Nonconfessional Standpoint*，1873），该书使用新术语"反犹太主义"成功地宣传了犹太是一个种族的观点。

在马尔提出反犹太主义之前，将欧洲的不幸归咎于犹太人的阴谋诡计的传统由来已久。所谓的犹太人暴行包括在水井中投毒，绑架基督教儿童并借仪式之名将他们谋杀，传播瘟疫，以及充当蒙古人和其他外国入侵者的间谍和破坏者，这些行为都是为了摧毁基督教文明。由于保守派认为共济光明会的目的也是摧毁基督教和人类文明，人们很容易就将犹太人与共济光明会的全球阴谋联系起来。因此，犹太人谋划世界阴谋的神话很自然地渗入了欧洲大众文化中的共济会和光明会阴谋论。历史学家诺曼·科恩（Norman Cohn）指出："中世纪时，犹太人被视为撒旦的代言人、魔鬼的崇拜者、人形恶魔。现代反犹太主义运动的成就之一是能够在 19 世纪末使这种古老的迷信再度复苏。"

《锡安长老会纪要》

《锡安长老会纪要》是最为臭名昭著、影响最大的反犹太主义文献。《锡安长老会纪要》认定犹太人是全球阴谋的主脑。这本小册子初版于 1903 年，但直到 20 世纪 20 年代初才广为人

知。它完全是捏造的，而且抄袭了其他谬论以及几本小说。早在
法国大革命时期，就有许多小册子和书籍宣称犹太人策划了全
球阴谋。19世纪60年代末，欧洲反犹太主义开始真正升温，关
于犹太人全球阴谋的理论大量涌现。雅各布·布拉夫曼（Jacob
Brafman）原是犹太裔俄罗斯人，后皈依基督教。他写了许多
书，包括《地方和世界犹太兄弟会》（*Local and Universal Jewish
Brotherhoods*）和《卡哈尔之书》（*The Book of the Kahal*），对地
方和国际犹太组织进行批判，称它们欺压普通犹太人，策划阴谋
推动犹太人统治全球。布拉夫曼年轻时，他所在的卡哈尔❶尝试
诱逼他参加沙俄军队，布拉夫曼迫不得已只好出逃，并因此对犹
太领导层怀恨在心，因此披露了所谓的关于犹太人阴谋的内部信
息，这些信息助长了反犹太主义的阴谋论。1869年，布拉夫曼
的同龄人、法国反犹太主义者罗杰·古格诺·德·穆索（Roger
Gougenot des Mousseaux）的《犹太人、犹太教与基督教民族的犹
太化》出版了，该书指控犹太人与共济会结盟，利用启蒙运动的
理想推动法国大革命，进而试图统治世界。除此之外，陆军上
校奥斯曼·贝伊（Major Osman Bey），又名弗雷德里克·米林根
（Frederick Millingen）撰写的《犹太人征服世界》（*Conquest of the
World by the Jews*）以及希波利塔斯·卢托斯坦斯基（Hippolytas
Lutostansky）撰写的《塔木德和犹太人》（*The Talmud and the Jews*）
也推动了犹太人统治世界的阴谋论的发展和传播。卢托斯坦斯基

---

❶ 中世纪的犹太社区组织，负责宗教、法律及公共事务，主要职能是
维护社区的宗教机构和公共设施，还监督学校，为贫困儿童提供教
育。——译者注

是波兰的罗马天主教牧师，因行为不端受到惩戒，后改信东正教。赫尔曼·格德舍尔（Hermann Goedsche）对犹太世界阴谋论产生了极大的影响。他以"约翰·雷特克利夫爵士"（Sir John Retcliffe）为笔名创作了小说《比亚里茨》（*Biarritz*），其中描写了犹太领导人在布拉格墓地聚会的经典场景。聚会上，首席拉比发表演讲，概述了他们的邪恶计划，之后领导人们共同密谋如何实现犹太人对世界的统治。《锡安长老会纪要》的创作者挪用了这一场景，并将其作为历史事实呈现。尽管这看起来很糟糕，但格德舍尔本人在创作反犹太故事情节时也抄袭了莫里斯·乔利（Maurice Joly）的《马基雅维利和孟德斯鸠在地狱里的对话》[*Dialogue in Hell between Machiavelli and Montesquieu*，以下简称《地狱里的对话》]、大仲马（Alexandre Dumas père）的小说《风雨术士：巴尔萨莫男爵》（*Joseph Balsamo*）以及尤金·苏（Eugène Sue）的七部系列小说《人民的秘密》。因此，《锡安长老会纪要》实际上是剽窃了一部小说对犹太人的诽谤之词，而这部小说其实又是基于另外几部小说的剽窃之作。

　　《锡安长老会纪要》的起源模糊不清，且错综复杂。然而，研究人员和学者们达成了一个共识：《锡安长老会纪要》完全是捏造的。从 1920 年的卢锡安·沃尔夫（Lucien Wolf）到当今的迈克尔·哈格迈斯特（Michael Hagemeister），不同的学者多次确凿地揭露了《锡安长老会纪要》所言不实。诺曼·科恩等权威学者认为，1893—1899 年，《锡安长老会纪要》最初出现于巴黎。当时正是沙皇统治时期沙俄秘密警察组织奥克瑞纳❶在巴黎

---

❶　沙皇统治期间俄国公共安全与秩序保卫部，通称"保卫部"，在现代通常被称为奥克瑞纳。——译者注

部署特工，负责监视流亡的沙俄革命者。在皮奥特·拉乔夫斯基（Piotr Rachofsky）的领导下，这些特工还参与了大量政治宣传活动，鼓吹反革命，反对敌对外国势力，反对谢尔盖·维特（Sergei Witte）等沙皇大臣进行现代化改革，抵制犹太人等弱势少数群体。在政治宣传活动中，特工们的工作还包括搜寻诸如乔利的《地狱里的对话》以及格德舍尔的《比亚里茨》此类出版物。早期的研究表明，《锡安长老会纪要》就是在这些年里写成的。19 世纪 90 年代，俄罗斯帝国犹太人遭受的迫害加剧，面临着大屠杀的厄运。1905 年，俄罗斯帝国宗教作家谢尔盖·尼尔斯（Sergei Niles）出版了一本有关敌基督即将降临的书，《锡安长老会纪要》就是该书的一部分。

不同于科恩，切萨雷·德·米歇利斯（Cesare De Michelis）和迈克尔·哈格迈斯特的更近期的学术研究则认为《锡安长老会纪要》写于 1902—1903 年。他们没有明确《锡安长老会纪要》的作者，但认为该文件诞生于 1905 年革命前夕动荡不安的俄罗斯帝国社会背景之下。无论怎样，《锡安长老会纪要》出版史的事实表明，它曾是俄国反犹太主义和极右翼圈子里并不重要的一本出版物，引起的关注非常有限。沙皇政府既没有接受《锡安长老会纪要》，也没有对它采取压制和限制措施。然而，俄国革命的爆发使情况有所改变。

俄国革命之前，《锡安长老会纪要》只在俄国流传，它仅仅是众多鼓吹反犹太书籍中的一种。俄国革命的到来使《锡安长老会纪要》有了合理的用途。书中描绘的秘密犹太集团也是俄国革命背后的无名上级。反革命势力白俄❶试图通过宣传使世界相信布尔什维克是犹太人。俄国内战期间，白俄军队向农民分发《锡安长老会纪要》，想要利用反犹太情绪对抗布尔什维克红军。而当白俄军队在内战中被击败，逃往西方时，他们也带去了《锡安长老会纪要》。

1919年年初，白俄流亡者在巴黎和会上向美国政府官员，包括陆军和海军的情报部门成员分发了《锡安长老会纪要》的副本。1918年11月初，沙皇官员皮奥特·沙贝尔斯基－博克（Piotr Shabelsky-Bork）和费奥多尔·维尼博格（Fyodor Vineberg）跟随撤离乌克兰的德国占领军逃往德国。显然，这两位沙皇官员手里有谢尔盖·尼尔斯的《渺小中的伟大》（*The Great in the Small*）❷一书，书中就包括了《锡安长老会纪要》的内容。他们引起了德国反犹太出版商路德维希·穆勒·冯·豪森（Ludwig Müller von Hausen）对《锡安长老会纪要》的注意。豪森命人将其翻译成德文，出版日期为1919年，1920年1月上市。这是《锡安长老会纪要》首次以俄语之外的语言出版，到1933年已经出现了33个版本。1920年期间，很快出现了其他几个语种的译本，包括英

---

❶ 不同于当今的白俄罗斯共和国，此处白俄指的是在俄国革命和苏俄国内革命战争爆发后离开俄国的俄裔居民，通常他们对当时俄国苏维埃政权持反对态度。——译者注

❷ 该书全名为：《渺小中的伟大，即将到来的反基督政治可能性：一个东正教信徒的笔记》（*The Great within the Small and Antichrist, an Imminent Political Possibility. Notes of an Orthodox Believer*）。——译者注

语（英国 1 版，美国 2 版）、法语和波兰语。1921 年，阿拉伯语
和意大利语译本相继问世。英译本由英国艾尔－斯波蒂斯伍德出
版社出版，书名为《犹太人之祸》（*The Jewish Peril*）。随后，保
守派报刊《晨报》（*Morning Post*）发表了一系列文章，对该书
加以赞同。这些文章狂热地认为，急需揭露阴谋背后的"可怕教
徒"——犹太人。与此同时，1920 年 5 月到 10 月，亨利·福特
在他的报纸《迪尔伯恩独立报》上发表了一系列反犹太文章，大
大增加了民众对《锡安长老会纪要》的注意。后来，这些文章结
集成《国际犹太势力：世界的首要问题》（*The International Jew:
The World's Foremost Problem*，以下简称《国际犹太势力》）一书
并出版。资金充足的宣传活动使得 50 万册《国际犹太势力》涌
入美国。该书很快被翻译成德语、俄语和西班牙语。福特的支
持和他的声望增加了《锡安长老会纪要》的可信度，并使其成为
全球瞩目的焦点。然而，激烈的负面反应也随之而来，铺天盖地
的谴责声音迫使福特撇清与反犹太主义出版物和《锡安长老会纪
要》的关系，他声称自己对《锡安长老会纪要》和《国际犹太势
力》的性质一无所知，是他的助手们欺骗了他。尽管福特出尔反
尔，但为时已晚，《锡安长老会纪要》和犹太世界阴谋的神话成
了各种阴谋论的核心主题和固定内容。

　　对《锡安长老会纪要》的批评很快出现了。1921 年 8 月 16
日至 18 日，英国伦敦《泰晤士报》（*The Times*）的记者彼得·格
雷夫斯（Peter Graves）发表了三篇文章。这些文章首次揭露了
《锡安长老会纪要》公然剽窃莫里斯·乔利的《地狱中的对话》。
随后，卢锡安·沃尔夫分别在《曼彻斯特卫报》（*Manchester
Guardian*）、《旁观者》（*The Spectator*）和《每日电讯报》（*Daily

Telegraph）上发表了三篇文章，驳斥了犹太全球阴谋论，并批评了《晨报》。这些文章很快被收集起来，并扩展成一本小书，题为《世界事务中犹太人威胁的神话》（*The Myth of the Jewish Menace in World Affairs*）。该书指出了《锡安长老会纪要》和《晨报》一系列反犹太主义文章中存在的不合逻辑之处。沃尔夫认为《锡安长老会纪要》是日耳曼民族反犹太主义和反英情绪的表现。他还指出《比亚里茨》也存在剽窃行为。沃尔夫还特别指出了一个谬论，即依据古怪的英裔以色列主义理论，英国人是失落的以法莲和曼尼沙部落的后裔，因此英国人也是犹太民族，与犹太人的全球阴谋有关联，这一点引起了英国读者的注意。内斯塔·韦伯斯特是位穷凶极恶、不屈不挠的阴谋论者，这些批评对她的反犹太主义和阴谋信念毫无影响。她的《秘密结社与颠覆运动》（*Secret Societies and Subversive Movements*）为《锡安长老会纪要》进行了辩护，但是对其真实性不置可否，看起来毫无诚意。

在美国，犹太记者、外交官赫尔曼·伯恩斯坦（Herman Bernstein）出版了《谎言的历史："锡安智者纪要"》（*The History of a Lie: "The Protocols of the Wise Men of Zion"*，1921）一书，其中的内容与沃尔夫的作品大致相同，但更加详细。伯恩斯坦后来向福特支持出版的《国际犹太势力》提起诉讼，这场官司打了好几年。这些努力削弱了《锡安长老会纪要》对反犹太主义的推动作用，福特被迫撇清自己与《国际犹太势力》的关系就说明了这一点。

欧洲大陆为打击《锡安长老会纪要》也做出了类似的努力，但最终失败了。第一次世界大战后社会混乱，迫切需要将问题归咎于替罪羊，且中欧和东欧的反犹太主义由来已久，单纯的理性论证根本无法克服这一切。诺曼·科恩还指出了纳粹民族意识形态的中产阶级拥护者应该承担的作用和责任。这些拥护者宣称，德国人是古代超级种族雅利安人最后的遗民，因此他们本身就很特别。这种信念与《锡安长老会纪要》中对犹太全球阴谋的描述不谋而合，这两者的结合极其有害。因此，波兰移民、犹太人本杰明·W.西格尔（Binjamin W. Segel）和其他德国犹太人发现，1918 年之后，打击揭穿像《锡安长老会纪要》这样的反犹太主义谎言的任务已经不可能成功。西格尔的《世界战争、世界革命、世界阴谋、世界最高政府》（*Welt Krieg, Welt-Revolution, Welt-Verschworung, Welt-Oberrerierung*）彻底驳斥了《锡安长老会纪要》，但依然于事无补。与此同时，希特勒和纳粹将《锡安长老会纪要》奉为他们意识形态的基础文本。

德国与俄国的距离相对较近，因此沙皇和白俄的流亡者前往德国避难。这些难民中有许多是波罗的海的德国人，阿尔弗雷德·罗森堡（Alfred Rosenberg）就是其中一员，他后来加入了纳粹德国神秘组织"图勒会"❶，成了图勒主义者及纳粹先驱。他使希特勒和他的新兴党派注意到了《锡安长老会纪要》。1923 年，罗森堡在《锡安长老会纪要与犹太世界政策》（*The Protocols of the Elders of Zion and Jewish World Policy*）中将《锡安长老会纪要》纳入纳粹运动的最新背景。20 世纪 20 年代至 1933 年，西奥多·弗里奇（Theodore Fritsch）拥有的汉默出版社等右翼出版

---

❶ 有关图勒会，本书第五章还将有详细说明。——译者注

公司源源不断地出版《锡安长老会纪要》《国际犹太势力》，以及其他支持或呼应《锡安长老会纪要》的作品。《锡安长老会纪要》甚至激起了某些人对魏玛共和国官员的暗杀行动，其中最引人瞩目的行动则是对德国第一位犹太外交部部长瓦尔特·拉特瑙（Walther Rathenau）的暗杀。

犹太全球阴谋的想法引起了希特勒和纳粹的共鸣，它为德国的所有祸事提供了简单的解释。《锡安长老会纪要》为纳粹残酷镇压所有与其意见相左的德国人、实施侵略战争计划以及在大屠杀中灭绝犹太人的意图提供了理由。希特勒在《我的奋斗》（Mein Kampf）中谈到了《锡安长老会纪要》。他批判犹太人是一个邪恶种族，没有宗教信仰，并赞扬了《锡安长老会纪要》：

* 这个民族（犹太人）的全部存在都建立在持续的谎言之上，这一点在被犹太人无限憎恨的《锡安长老会纪要》中得到了绝好的证明。那些话都是假的，《法兰克福报》（Frankfurter Zeitung）每周都会这般呻吟和尖叫❶。而这无疑就是此地无银三百两，反而证明了那些话都是真的。许多犹太人无意识的行为在这里被有意识地暴露出来。而这才是最重要的……。因为一旦这本书成为一个民族的共同财产，就可谓打破了犹太人的威胁。

---

❶ 纳粹在掌权时期严格控制了德国的报纸媒体，《法兰克福报》是一份国际知名度很高的报纸，在精英社会阶层中享有盛誉，也是纳粹掌权期间德国唯一保持了一定程度独立性的报纸。——译者注

　　纳粹不遗余力地向世界介绍《锡安长老会纪要》，从而传播反犹太主义的"福音"和犹太全球阴谋论。该书在纳粹宣传中的重要地位并不会与《我的奋斗》和罗森堡的《二十世纪的神话》（*Myth of the Twentieth Century*）等其他纳粹意识形态经典的宣传相矛盾。此外，希特勒利用《锡安长老会纪要》中的犹太世界阴谋，声称任何反对他和德意志第三帝国的团体或国家都是锡安长老会的工具。汉娜·阿伦特（Hannah Arendt）已经指出，希特勒和纳粹实际上试图复制《锡安长老会纪要》中描述的统治世界的战略和战术。1939 年，随着第二次世界大战日益临近，《锡安长老会纪要》取得的认可和成功达到了前所未有的高度。

　　第二次世界大战欧洲战场以德意志第三帝国被彻底粉碎以及希特勒的死亡而告终。这样的失败并没有终结《锡安长老会纪要》的发展。对任何推崇阴谋论的人来说，它实在是太有用了。锡安长老作为无名上级，轻而易举地就可以取代犹太人或是与犹太人一样，变成不受欢迎的团体。锡安长老会可以是光明会、三边委员会❶、外星人渗透者或任何据说想要统治世界的团体。像巴鲁埃尔和其他人的作品一样，《锡安长老会纪要》使许多人习惯于相信一些阴暗团体统治世界的阴谋论，无论它们多么荒谬。1921 年，致力于揭穿骗局的赫尔曼·伯恩斯坦做出观察和预测：

---

❶　由北美、西欧和日本三地区 14 个国家的学者以及政经要人联合组成的国际性民间政策研究组织，成立于 1973 年。——译者注

*　而现在，懦弱的匿名作家正在对《锡安长老会纪要》进行润
　　色，在旧的谎言中加入新的谎言，对犹太人横加指责，甚
　　至在最黑暗的俄罗斯帝国，尼鲁－卢托斯坦斯基－布特米
　　（Nilus-Lutostansky-Butmi）都不敢做出这样的指责。也许
　　有一天，这些新的传说和荒谬恶毒的神话可能会演变成修订
　　版的全新犹太人秘密《锡安长老会纪要》。

伯恩斯坦的判断是正确的。

新世界秩序

对全世界许多人而言，国家主权是重大问题。任何一个国家
都有权以自己认定恰当的方式进行运作，因此，对一个国家的自
治自由哪怕是采取再轻微的干预，无论干涉的行动或政策有多么
应受谴责，多么不合理或微不足道，都难免会引起人们对全球政
府或"新世界秩序"的恐惧。从历史上看，对世界政府的抵抗是
较为新兴的现象。在过去，罗马帝国就是世界政府。许多人不愿
意成为罗马的臣民，从罗马各行省时常发生叛乱就可以看出这一
点。不过，罗马帝国衰落之后，古代晚期和中世纪的人们依旧对
帝国时代充满怀念和憧憬。中世纪人们的理想是恢复普世教会和
统一帝国，这一目标使一些人产生了建立神圣罗马帝国的动机。
复兴统一帝国被赞颂为神圣的事业，尽管许多国王和教皇尽其所
能从中作梗。然而，统一帝国的理想持续到 17 世纪，此时专制
主义国家的崛起成为新的常态。18 世纪，这种新的政治制度占
据主导地位，直到法国大革命将其扫地出门。

法国大革命和拿破仑时代促进了民族主义的兴起，它始于法国，后来在西班牙、德国、意大利和其他国家发展起来。中世纪和近代早期的国王们就一向非常注重维护主权。随着民族主义的兴起，主权则成了国家所有公民的骄傲和慰藉的来源。随着工业革命的开展，经济愈发繁荣，科学知识不断进步，国家间的竞争也更为激烈。早在 1914 年之前，一些领导人和思想家就提议，应该建立超国家组织，以缓解国际紧张局势，促进合作，提高工作效率。第一次世界大战后，建立国际联盟似乎势在必行。国际联盟失败，第二次世界大战局势升级，联合国应运而生，目的是促进国际和平与合作。虽然这些发展被许多人视为进步的标志，能够确保世界更美好、更安全，但有一些人认为它们背后是企图结束人类自由的阴谋。

全球阴谋论已经存在了很长时间。法国大革命使人们对共济会和光明会心存恐惧，认为这些组织会摧毁基督教和君主制，在废墟之上建立世界政府。到 19 世纪中期，阴谋家则变成了犹太人。1917 年后，阴谋家的队伍也包括了布尔什维克。具有讽刺意味的是，纳粹称他们的出现是为了打击所谓的犹太人和布尔什维克的全球统治带来的威胁，但纳粹自己也试图在德意志第三帝国中建立世界政府。第二次世界大战中同盟国胜利，联合国成立后，国际合作的黄金时代并没有到来，反而出现了西方资本主义阵营和东方社会主义阵营之间长达 45 年的冷战。

西方资本主义阵营认为，西方国家面临着来自苏联及其盟国的军事压力。东方与西方的冷战促成了一种本质上摩尼教式的善恶世界观，这种思维方式引导人们对政治和社会问题做出二元化和简单化的解释。因此，美国成了阴谋论和偏执幻想的温室，这些理论通常盛行于社会的黑暗角落，有时甚至会进入国民生活的主流之中。"新世界秩序"阴谋就此出现，它提供了模糊扭曲且令人恐惧的宏大叙述，讲述了无名上级的全球统治阴谋。

第二次世界大战之前，相比希特勒和德意志第三帝国，欧洲和美国的右翼团体将共产主义和苏联视为更大的威胁。纳粹发动侵略，第二次世界大战爆发后，这种看法随之改变。而德国战败，纳粹主义被摧毁后，欧洲和美国右翼团体的关注点很快回到了他们认为的斯大林领导的苏联以及正在扩张的共产主义所带来的威胁上。另一边，斯大林和苏联则将铁杆反共分子视为威胁。在相互猜疑和恐惧之下，东西方冲突在所难免，因而进一步激起了阴谋论者的恐慌，导致阴谋论泛滥。

研究表明，右翼政治信仰和阴谋论思维之间有共通之处。左翼人士也有他们的阴谋论，但数量要少得多，而且他们的主张不那么极端。自 1945 年以来，阴谋论在美国相当盛行，且种类繁多，因此，要了解它们，最简单的方法就是通过几个代表性例子展现各种阴谋论变化发展的过程。推广右翼反共阴谋论的主要团体之一是约翰·伯奇协会。

1958 年，约翰·伯奇协会在印第安纳州的印第安纳波利斯成立，由罗伯特·韦尔奇（Robert Welch）领导。韦尔奇出生于美国北卡罗来纳州，是个神童，12 岁就从高中毕业，17 岁时毕业于北卡罗来纳大学。除此之外，他还进入了美国海军学院以及哈佛大学的法学院，但他在这两所学校里并没有完成学位。离开哈佛大学后，韦尔奇称自己对学术生活感到厌烦，转而制造和销售糖果。他同兄弟合伙经营，精于市场营销的才能使他大获成功。韦尔奇兄弟的公司开发了"甜心老爸"和"薄荷糖组合"以及其他大受欢迎的糖果和甜食产品。1956 年韦尔奇退休时，他已经积累了一笔财富。多年来，他参与美国共和党政治活动和反共产主义运动的积极性愈发高涨。

退休后不久，韦尔奇对共产主义统治的所谓威胁非常关注，他决定成立约翰·伯奇协会。该组织以美国传教士、军人约翰·伯奇为名。1945 年 8 月 25 日，日本投降后十天，这位军人在中国被枪杀。一些人，特别是伯奇的母亲艾瑟尔（Ethel），认为她的儿子是烈士，后来称他是冷战中的第一个美国牺牲者。从表面上看，伯奇是韦尔奇的反共组织的完美偶像。此后，对约翰·伯奇协会的怀疑越来越多，许多熟悉伯奇的人质疑伯奇是否乐意让这个组织借用自己的名字。战争英雄詹姆斯（吉米）·杜立特［James（Jimmy）Doolittle］就是质疑者之一，1942 年 4 月，他带队轰炸了东京。杜立特和他的轰炸机队人员被迫在被日本占领的中国领土上空跳伞，伯奇救了他们，并把他们从敌人防线带到了安全地带。两人成了朋友，杜利特后来表示："他（伯奇）不可能知道约翰·伯奇协会……会以他的名字命名。我觉得他肯定不会同意。"

约翰·伯奇协会的初期参与者包括工业家弗雷德·科赫（Fred Koch），他的儿子大卫和查尔斯后来资助了传统基金会❶和茶党。大卫和查尔斯加入了该协会，但后来退出，创办了自己的保守派企业。约翰·伯奇协会不仅仅反对共产主义，它反对任何进步，包括公民权利、妇女权利、联邦储备系统、社会福利、移

---

❶ 美国新右派的主要政策研究机构，代表美国西南部财团和保守势力的利益，曾积极支持并影响过里根政府。——译者注

民，以及任何看似有利于促进世界联合、联合国和全球化的事情。共产主义似乎渗透进了美国机构，包括家长教师协会、美国政府的所有部门，以及包含总统在内的最高层，共产主义无处不在。1956 年，韦尔奇撰写了《政治家》（*The Politician*）一书，直到 1963 年它才出版，该书指控德怀特·艾森豪威尔总统是苏联特工，他的背后还有一个巨大的共产主义阴谋。《政治家》招致主流共和党人和保守派对韦尔奇和约翰·伯奇协会的抵制，认为他们是不理性的激进分子。韦尔奇最大的批评者之一是他以前的朋友小威廉·法兰克·巴克利（William Frank Buckley Jr），他是老牌保守派，也是杂志《国家评论》（*National Review*）的编辑。渐渐地，约翰·伯奇协会成为了可疑且荒谬的反共产主义组织，偏执和阴谋是其标志性的形象之一。这正中韦尔奇下怀，他在约翰·伯奇协会一手遮天，直到 1985 年他去世。

韦尔奇去世后不久，苏联解体。当时人们可能认为，随着冷战结束，约翰·伯奇协会也将逐渐消失。事实并非如此，对韦尔奇来说，约翰·伯奇协会所针对的不只是关于共产主义扩张主义的威胁。共产主义只是秘密全球性阴谋论的一种表现形式，这种阴谋论可以追溯到古希腊时期，不过它直到巴伐利亚光明会出现才完全成形。换句话说，阴谋论者认为全球阴谋仍然是危险的威胁，背后的主谋可能是共产党，也可能不是。约翰·伯奇协会将焦点转移到越来越含糊的阴谋论上，这个例子说明了即兴阴谋论会如何变化和发展。得益于宗派氛围的影响，任何阴谋论都能找到大量的资源来重塑自己。

21 世纪的前十年，约翰·伯奇协会重新崛起。协会的意识形态成为共和党中保守派茶党的主要思想基础。保守派媒体评论员格林·贝克（Glenn Beck）成为伯奇意识形态作品和思想的狂热推动者，并将其引入新兴茶党。这是阴谋主义政治走向主流的一个典型例子。

米尔顿·威廉·库珀（Milton William Cooper）代表了第二次世界大战后的另一种阴谋主义。他出生于加利福尼亚州长滩的军人家庭，但关于库珀早期生活的记载很简略，只提到了由于父亲的军事任务，库珀一家经常搬迁。1962年，库珀19岁，他加入了美国空军，服役期间经历了古巴导弹危机和肯尼迪刺杀事件。从空军光荣退役后，1966年，库珀加入了美国海军，他主动请求执行战斗任务，于1968年春节攻势的最后几天抵达越南。服役期满后，他在海军司令伯纳德·克莱瑞（Admiral Bernard Clarey）手下从事海军情报工作。他的职位涉及重要机密，后来库珀声称自己在工作中接触到了各种机密文件，看到了肮脏的秘密和邪恶活动，其中就包括肯尼迪刺杀事件。库珀称，正是在这个时候，他对世界政府或"新世界秩序"的存在有所顿悟。

1975年西贡战役后不久，库珀离开了海军。他和一位海军朋友尝试开办潜水学校，结果不太理想。同时，兵役给他留下了各种精神问题和身体疾病。他有过多任妻子，联邦调查局的记录甚至未写明他到底结过多少次婚。20世纪80年代中期，他在一所营利性职业院校找到了工作，生活逐渐步入正轨，但后来加州总检察长以欺诈学生为由强制关闭了该学校。在此期间，库珀利用业余时间研究"新世界秩序"类的阴谋。1988年，他开始提出自己的阴谋论，1991年，他在《看见一匹灰马》一书中阐释了自己的阴谋论。起初他在早期的网上聊天留言板上发表自己的观点，1989年他开始广播自己的观点，并在一众阴谋论者中获得了狂热的崇拜。1991 年，库珀记录并汇编了足够的材料，于是出版了《看见一匹灰马》。30 年后，这本书仍然是亚马逊网站的 UFO 畅销书，有时甚至超过埃利希·冯·丹尼肯❶的作品，成为该类别中最畅销的书籍。事实上，与 UFO 相关的内容只占了库珀书中内容的一小部分，但它依旧广受欢迎，这使库珀的成就更加出众。

《看见一匹灰马》是一本奇怪的书。它的封面是死神骑着一匹灰马的场景，与书名中提到的《启示录》中的典故相吻合。该书在亚利桑那州出版，库珀也居住在亚利桑那州，因此封面采用了美国西南部的艺术风格予以呼应。除此以外，该书的内容就像一个数据库。1991 年的原版包含 17 个章节、7 个附录。附录主要是各种文件的复制品，没有任何库珀创作的内容。大多数章节都穿插着文件传真、照片、图表和地图，许多章节也只是简单地重印文件，比如第三章重印了一篇 19 世纪中期的本土主义反天主教宣传文件，而第十五章由《锡安长老会纪要》组成（2019年版已将其删除）。章节的标题包括"再见美国，你好新世界秩序""羊群准备好被剪羊毛了吗"和"秘密政府"，清楚地表达了库珀的担忧。还有一些章节讨论了美国军方与撒旦教会的关系、UFO 和 51 区、外星人植入物以及美国政府与艾滋病和毒品交易的关系。该书最后列出了美国对外关系委员会和三边委员会的成员及其相互重叠的关联，这两个组织一直都被认为是"世界新秩序"的代言人。《看见一匹灰马》的内容涵盖共济会、光明

❶ 描述世界未解之谜的知名作家，最负盛名的外星人研究者之一。——译者注

会、罗斯柴尔德家族、美国对外关系委员会和外星人渗透者，是阴谋论的大杂烩。

迈克尔·巴昆是一位研究极端主义异教和阴谋论的学者，他指出，UFO 信仰已经成为世界新秩序阴谋的一部分。从 20 世纪 40 年代末和 50 年代初的 UFO 热开始，指责政府密谋控制外星人相关知识的说法比比皆是。此外，还有外星人进行动物和人体实验的传说。据称，美国政府与外星人签订条约，结成了秘密联盟，因此美国政府默许外星访客进行可怕的实验。当时，人们非常容易被说服，相信外星人是世界新秩序阴谋背后真正的无名上级。库珀认为，像《第三类接触》（Close Encounters of the Third Kind，1977）和《E. T. 外星人》（E.T. the Extra-Terrestrial，1982）等主流电影是基于 20 世纪 50 年代初人类和外星人的真实接触而创作的。1991 年，在与法国宇航员雅克·瓦莱（Jacques Vallée）的谈话中，库珀断言："有四种类型的外星人……有两种灰色外星人，其中一个种族鼻子很大，不太常见。还有斯堪的纳维亚外星人，高大的金发雅利安人，以及橙色外星人。"人们并不清楚他是如何知道这些信息的。对于整个 UFO 界来说，库珀脑洞大开的阴谋论令人尴尬，它威胁到整个 UFO 运动的可信度。至于库珀本人，他甚至从来没有明确表示外星人的"新世界秩序"阴谋的成功对人类究竟是福是祸。

1995 年后，库珀突然大幅修改了他的阴谋论。他认为外星人不再是"新世界秩序"背后的阴谋家和无名上级，甚至并不真实存在；"新世界秩序"真正的幕后推手是光明会，他们编造了 UFO 的存在，传播虚假信息，这样一来，万一他们的计划被曝光，光明会便可以置身事外。与此同时，库珀已经把 UFO 运动转移到了 90 年代蓬勃发展的民兵运动❶中。巴昆指出，库珀等阴谋论者的即兴理论在发展过程中不经意地编造出了不可战胜的敌人形象，比如拥有超级技术的外星人，于是他们进行了巨大的修改。为了让人们心怀希望，相信自己能够成功抵御敌人，库珀将"新世界秩序"阴谋家的身份变为难免会有弱点的普通人。

无论库珀对 UFO 和外星人的"新世界秩序"阴谋有什么看法，同许多阴谋论者一样，他的想法是无法证伪的。任何明确驳斥库珀和其他阴谋论者理论的证据，阴谋论者都可以通过声称它是由政府捏造的或者替"新世界秩序"打掩护的行为而否定它。库珀阴谋论的铁杆粉丝可能是少数，但他们并非没有影响。俄克拉荷马城爆炸案的凶手蒂莫西·麦克维经常收听库珀的广播，其他反政府活动家也是如此。1994 年夏天，阿尔弗雷德·穆拉联邦大楼爆炸发生前不久，麦克维曾拜访库珀。人们对他们之间的谈话知之甚少。库珀声称自己不认识麦克维，他们的谈话不存在什么问题。当然，他必须这样说，因为联邦调查局在爆炸案发生后不久就开始向他提出一些尖锐的问题。库珀和他的同伙几乎立即开始争辩，称麦克维是政府的替罪羊，爆炸案是一次假旗行动，目的在于诋毁反政府运动和民兵运动。他们的反应并非巧合，并且也颇能说明问题。

进一步了解民兵运动和反政府运动后，库珀依旧更新自己的

---

❶ 美国 20 世纪 90 年代兴起的由民兵组织组成的一场反政府右翼运动，认为民兵组织受到美国宪法保护不受联邦或州法律管辖控制，宣称其职责是反对专制政府，并把联邦政府视为主要敌人。——译者注

电台广播，发布出版物，包括报纸《真相》(*Veritas*)，还参与了民兵的准军事活动。这些活动需要资金支持，其中一些项目成本高昂，但都以失败告终。库珀遇到了经济困难，开始投机取巧，1998 年 6 月 18 日，他收到了联邦起诉书，指控他存在银行诈骗和逃税行为。库珀坚守他长期以来的反政府原则，拒绝接受这些指控，认为它们没有法律依据且违反宪法。他还强调将采取武装措施抵抗任何试图逮捕他或给他判刑的行为。有了红宝石山脊事件❶和韦科惨案等事件的前车之鉴，联邦执法官员不愿贸然行动，引发潜在不良影响，因此他们选择与库珀周旋，耐心等待时机。然而，库珀的疑心给他自己带来了麻烦。2001 年 7 月 11 日，斯科特·雷诺兹·汉布林（Scott Reynolds Hamblin）博士开车带着家人前往库珀住所附近的山上，观赏远处的闪电风暴。一家人在山上短暂停留后便启程回家，这时汉布林注意到有辆小卡车在跟踪他。到达住所后，汉布林与小卡车的司机发生了冲突，该司机警告汉布林远离他的山区，并将手枪对准汉布林的脸。这位司机就是库珀，长期以来他不断将人们从他家附近的山上赶走，但是这座山并不属于他。汉布林是一位受人尊敬的当地居民，他向

---

❶ 1991 年，白人至上主义者兰迪·韦弗（Randy Weaver）逃避了联邦法庭的传唤，韦弗未能按照命令出庭时，联邦当局签发了逮捕他的逮捕令。当时韦弗住在爱达荷州红宝石山脊的家中。由于担心与韦弗及其家人形成长期的且有可能武装冲突的对峙局面，法警局选择不与韦弗发生冲突，将初始活动限于在对韦佛家庭的监视上。但在一次监视行动中，一个三人法警小组遭遇了企图逃亡的韦弗、凯文·哈里斯、韦弗的儿子萨米和韦弗的家犬"Striker"的袭击。随后双方爆发交火，均有人员伤亡。——译者注

警长提出了申诉。起初，警长听取了联邦调查局的建议，没有追究此事。汉布林愤愤不平，想要讨回公道。最后，2001 年 8 月 29 日，亚利桑那州发布了针对库珀的逮捕令，指控库珀涉嫌严重伤害和过失伤害的重罪，原计划于 9 月 11 日逮捕库珀，但考虑到库珀有可能收到相关情报，逮捕计划推迟，而"9·11"事件则更是阻碍了逮捕计划。库珀当天一直在进行他的广播电台节目，当局不愿意在他广播时逮捕他。警方试图找寻其他机会逮捕库珀，并且避免引人注目。但事与愿违，2001 年 11 月 5 日晚，阿帕奇县警察局安排了十七名警官，试图将库珀引出他的房屋，然而计划出了问题，随后发生了交火。被击中的库珀开枪击中了一名副警长的头部，另一名副警长击中了库珀。被击中的副警长奇迹般地保住了性命，但终身瘫痪。库珀则没有活下来。

库珀的死亡并不意味着阴谋论的结束，特别是那些涉及"新世界秩序"的阴谋论。库珀并非孤身一人，阴谋论的恶魔世界里人员众多。从古至今有许多阴谋论的拥护者，他们通常倾向于宣传不可证伪的即兴阴谋论，这些阴谋论看似经久不衰，不可辩驳。

当今最臭名昭著、最具影响力的阴谋论者可能是亚历克斯·琼斯。他出生于得克萨斯州达拉斯，后来随家人搬到了奥斯汀。他在奥斯汀的高中学习时喜欢踢足球，1993 年高中毕业。在当地社区大学待了很短一段时间之后，琼斯开始制作电视公共频道上的直播连线节目，1996 年转向访谈节目。自由主义者罗恩·保罗（Ron Paul）多次出现在他的节目中，琼斯的话题也转向阴谋论和反政府话题，如指责联邦政府是俄克拉荷马城爆炸案和韦科大卫教派谋杀案的幕后黑手。1999 年，琼斯是当地报纸投票评选的奥斯汀最佳脱口秀主持人奖的共同获奖者之一。同年，KJFK–FM 电台解雇了琼斯，因为他拒绝将节目内容扩展到阴谋论之外的其他主题。琼斯没有气馁，他开始在家里通过互联网进行广播，到了 2001 年，他的节目被一百家电台联合播出。到 2010 年，他的节目每周吸引 200 万听众，他的网站"信息战"每月有 1000 万次访问。琼斯的许多行为令人震惊。他在节目中称小布什总统是"9·11"事件的幕后主使，而在 2007 年，他对前八卦脱口秀主持人、现福克斯新闻常驻评论员杰拉尔多·里维拉（Geraldo Rivera）进行了言语攻击。2013 年，琼斯与皮尔斯·摩根（Piers Morgan）就枪支管制展开激烈辩论，并密谋剥夺特朗普的反对者、得克萨斯州议员特德·克鲁兹（Ted Cruz）的参议院席位。

"信息战"和琼斯的广播节目成了摇钱树。2014 年，琼斯在法庭上作证时提到，"信息战"网站每年的收入达 2000 万美元。2017 年，据德国杂志《明镜周刊》（Der Spiegel）报道，琼斯三分之二的收入来自"信息战"网站上所销售的产品。"信息战"中的"商城"一栏不同于约翰·伯奇协会等结社的网站。后者的网站重点是教育读者掌握正确的意识形态，让他们形成政治组织，实现具体目标。这些网站向读者出售介绍其意识形态或支持其意识形态的书籍、小册子和录像带。其中有些商品由内部制作，有些则是类似团体的类似作品，或者约翰·罗比森《阴谋的证明》这类阴谋主义经典作品。"信息战"网站与其配套网站"监狱星球"有所不同。两者都明显以亚历克斯·琼斯为中心，网站访问者很轻易就能在网站上看到琼斯的照片，它无处不在。"信息战"网站的主页列出了各种视频和新闻报道，声称这些才是真正的新闻，而不是主流媒体上出现的那套说辞。这两个网站都有"商店"一栏，只要点击按钮，访问者就会进入"信息战"网站的商店。首先映入眼帘的是"畅销品"，其中大部分是为"信息战"网站生产的保健品，特色产品包括"超能2"（Ultra2，一种增强能量的维生素 B-12）、"脑力素"（Brain Force Plus，声称可以提神醒脑，让你充满活力）、"DNA强力药"（DNA Force Plus，焕发身体活力，抵御环境毒素）和"超级男性活力"（Super Male Vitality，帮助男人重振雄风），琼斯也没有忽视女性听众，向她们出售"超级女性活力"（Super Female Vitality）。显然，琼斯的追随者非常关心自己的能量、精神状态以及性方面的表现，似乎同"新世界秩序"的无名上级做斗争会使人在许多方面精疲力竭。此外，"信息战"的消费者还担心环境中存在毒素，这相当讽刺，因为他们对于环境和污染问题一向矢口否认、不屑一顾。商城中还有另一栏，名为"预备物资"，销售露营和烹饪设备，显然是为了帮助人们度过即将到来的世界末日，还销售家庭安全物品，以抵御 MS-13❶ 等犯罪团伙以及美国烟酒枪炮及爆炸物管理局等暴力政府机构的闯入。"媒体"专栏出售书籍和视频，其中包括光明会阴谋论材料、反政府产品或出版物，以及 UFO 相关材料，如远古外星人和其他伪历史或伪科学性质的产品。最后，还有"装备"（Gear）一栏，主要出售服饰。网站出售的各式 T 恤衫上，有的印着"建墙"，有的在得克萨斯州州旗

---

❶ MS-13 是一个由中美洲小国前游击队员发起的帮会组织，"MS"是西班牙文缩写，全名为"Mara Salvatrucha"，可大致译为"野蛮萨尔瓦多人"，13有多种解释，其中一种解释是指该组织最早的老巢，即洛杉矶市第 13 街。——译者注

上印着"加州人禁止入内",还有的印着"亚历克斯·琼斯没干过错事"(琼斯本人的前妻可能不会愿意穿)。除此之外还有一些能够吸引反移民和持枪政策的支持者的商品,以及一些对特朗普表达膜拜的产品。与格林·贝克和拉什·林堡(Rush Limbaugh)一样,琼斯也找到了让阴谋论变现的方法,并且赚得盆满钵满。

琼斯是即兴阴谋论思维的典型例子。他的广播节目和"信息战"网站宣传的阴谋论种类繁多,令人眼花缭乱。儿童接种疫苗会导致自闭症;桑迪·胡克小学和斯通曼·道格拉斯高中等学校发生的大规模枪击事件是假旗行动;俄克拉荷马城爆炸案和世贸中心爆炸案也是假旗行动;政府可以控制天气,甚至可以创造并指挥龙卷风和飓风……这些只是他口中阴谋的几个例子。所有这些邪恶活动和阴谋的根源都是"新世界秩序",但是"新世界秩序"的组成和安排都是模糊的,转瞬即逝。唯一可以确定的是,"新世界秩序"不怀好意,而且不断地策划阴谋。每一个社会悲剧都被琼斯扭曲以满足阴谋论的发展所需。仔细浏览"信息战"网站,你就会发现"新世界秩序"的巨大阴谋五花八门、遍布全球、无穷无尽。而这一切都完全无法被证伪,至少对于真正的笃信者是这样。但是,任何有同理心的人都应该想象一下,如果他们的孩子在桑迪·胡克小学或斯通曼·道格拉斯高中的枪击事件中被杀害,而琼斯称他们是这场假旗行动中的"演员",他们会有什么感受。

像琼斯这样的阴谋论者还有很多,托马斯·康达最近出版的《阴谋的阴谋:妄想如何统治美国》(*Conspiracies of Conspiracies: How Delusions Have Overrun America*,2019)对这些阴谋论者进行了调查和分类。问题是:这种非理性的阴谋主义是不是一时潮流？它最终是否会自生自灭、走向衰落？人们希望是这样。但非常遗憾，正如巴昆所观察到的，UFO 理论与"新世界秩序"阴谋论逐渐重叠，产生了协同效应，使这些群体在公众中的影响力大大增加。互联网、社交媒体、《远古外星人》等电视节目和脱口秀更是火上浇油，宗派氛围正在不断成形。康达的结论非常悲观：

* 目前，阴谋论思维盛行，且与右翼和专制政治的联系日益加强，网络社交环境有利于阴谋论传播，这些因素都在美国政治中结合起来，所造成的局面在许多人看来相当糟糕。但同时，没有人愿意限制言论自由，也没有人愿意交由权威机构来指定哪些想法是合理的，哪些则是阴谋论的胡言乱语。有的人认为这种情况会自行解决，或者认为政治信仰的转变会消除这种情况，这些想法可能会让人们好受些。但证据表明情况并非如此。

我们很难不认同康达的评价。

第五章

通往灭亡之路：德国人、
纳粹及超自然文化

*

显然，如果理性地相信纳粹的承诺是成为纳粹分子的先决条件，那么就没有人会是纳粹了。

彼得·德鲁克（Peter Drucker），1939

每个德国人都有一只脚踏入亚特兰蒂斯，他在彼处寻找一个更好的祖国。

赫尔曼·劳施宁（Hermann Rauschning），1940

1936 年，党卫队的帝国长官海因里希·希姆莱（Heinrich Himmler）组织了一项年度纪念活动。仪式在奎德林堡修道院举行，庆祝萨克森王朝亨利一世的出生纪念日。亨利一世出生于 876 年。后来，同 7 月 2 日，希姆莱又组织了亨利一世逝世（936 年）一千周年的纪念活动。此后，每年都会举办亨利一世逝世周年纪念，一直持续到 1944 年，希姆莱错过了该年的活动。这一仪式通常相当庄严，而帝国长官没有出席的这一次，据说现场不少人喝多了酒。可是，这也许得归咎于当时德国不断恶化的军事形势。

在不同的历史时期，亨利一世都曾被充满爱国热情的德国人视为民族英雄，这本身不足为奇。人们认为，亨利一世振兴了德国的神圣罗马帝国，也为自己的儿子奥托一世大帝的成就奠定了

183

基础。几乎所有研究中世纪德国的现代历史学家都会认同这一评价。但是，希姆莱纪念亨利一世，则是出于另外一些更加奇异的理由。

亨利一世领导下的德国在中世纪大部分时间里称霸欧洲，但希姆莱对亨利一世的兴趣远不限于此。作为一名反基督教、反天主教的狂热分子，希姆莱将亨利一世塑造成一个与教会保持距离、渴望回到德国的前基督教及其古老的北欧诸神时代的、反基督教的德国人。希姆莱的目标之一是复兴德国的异教，他也将此归因于亨利一世。为了宣传亨利一世在这方面的历史意义，希姆莱设立了海因里希国王纪念研究院，专门研究这位中世纪的国王。甚至有学者指出，希姆莱可能将自己认定为亨利一世的转世再生，尽管其他学者对这种说法表示怀疑。

希姆莱是一个最重要的例子，可以看出纳粹主义在某种层面上对边缘知识或伪历史、伪科学或边界科学，以及林林总总的神秘信仰和实践非常着迷，并不吝支持。希姆莱并不是唯一持有这种信仰的人。对许多德国人来说，这些信仰是一种迷恋，甚至是一种执念，比纳粹主义和第三帝国的崛起还要悠久。如果希姆莱和其他德国人的古怪信仰能止于对亨利一世的痴迷，那么，第三帝国的历史可能就不会那么血腥了。

种族民族主义的背景

关于边缘知识或边界知识、超自然和神秘主义在纳粹德国的作用，从20世纪20年代初纳粹党出现至今，学界一直众说纷纭。一些学者认为，纳粹主义和神秘主义之间的关联并不重要；而另一些学者则声称，边缘、超自然或神秘信仰尽管不是第三帝国的意识形态、政策和行动背后最主要的推手，但也发挥了重要的作用。造成分歧的一个原因是，有些学者只关注神秘主义的作用，而在很大程度上忽视了伪科学、伪历史及相关信仰对1945年前德国的影响和作用。另一个更为棘手的问题是，这些边缘或边界知识的形式缺乏明确的界定。历史学家埃里克·库兰德（Eric Kurlander）所说的德国社会和文化的超自然想象中，伪历史、伪科学、超自然信仰和神秘主义信仰相互重叠，相互交融。后来，关于希特勒、纳粹和那个时代怪异的边缘知识，涌现了大量夸夸其谈的书籍、纪录片和观点。这一切都让有关边缘知识、超自然和神秘主义作用的学术论争变得更为复杂。这些哗众取宠的作者声称，纳粹领导人相信超自然及神秘的力量是真实存在的，也相信纳粹能够利用这些力量，推动第三帝国统治世界的进程。甚至有些作家本人也相信超自然及神秘力量与现象的存在。

进入20世纪20年代，德国可以称得上在文化、科学和严谨的学术研究方面拥有杰出的遗产，这些遗产历史悠久，可以追溯到16世纪。日耳曼人是一个受过良好教育的民族，许多德国的大学都是世界级的先进研究机构。1901—1932年，德国人获得了11个诺贝尔物理学奖和14个诺贝尔化学奖。相比之下，法国科学家在同一时期分别获得诺贝尔物理学和化学奖各5次，而英国科学家获得诺贝尔物理学奖4次、化学奖5次。美国的科学家们排名更为靠后，只获得了3次诺贝尔物理学奖和2次化学奖。德国在历史、社会学、圣经批评学及其他学科的学术研究让人肃然起敬。德国人在智识方面令人钦佩与铭记的成就，正是这些学术研究而非德国超自然主义及神秘主义的意外流行。

我们可以轻松地认为，纳粹和他们对超自然和神秘学的执着只是一种反常现象。但这并不是事实。纳粹并不是唯一对边界科学、超自然研究和神秘学着迷的德国人。德国社会中有很多人都深陷于这些耸人听闻而又煽动人心的信仰。这种吸引力并不是近来才有的。它比德国文化的伟大学术成就出现得更早。中世纪晚期，关于野蛮好战的红色犹太人有许多异常恶毒的传说，而德国就处于这些传说的中心地带。这些红色犹太人潜伏在阴暗的东方，一直企图伺机在欧洲犹太人的协助下袭击并摧毁基督教世界。直至17世纪开始的几十年，德国已经出现了玫瑰十字会，这一团体后来成为一个不断发展的秘密结社。此后，在18世纪，德国发展出一种精英的、贵族的、保守的、充满神秘色彩的共济会形式，其主要的代表为金玫瑰十字会。它与最初苏格兰共济会的坚定理性与平等主义之间，已经几乎没有什么相似之处了。

与此同时，启蒙运动的理性主义、唯物主义，以及后来的科学、工业化及19世纪大众文化的出现，将逐渐解开人类存在的谜团。这一过程就是伟大的社会学家马克斯·韦伯所说的"世界的祛魅"❶。尽管这些变化通常被描述为人类文明的进步，然而许多人对此依然感到困惑、不安以及疏离。他们于是抵制"祛魅"，转而寻求奇迹、神秘、信仰和超自然的力量。

19世纪期间，现代理性主义和物质主义给人们带来的不适

---

❶ "世界的祛魅"是马克斯·韦伯首先使用的一个短语，他以此表示关于自然的神奇和万物有灵的信仰的消亡。在韦伯看来，"世界的祛魅"是更普遍的理性化进程的一部分，也是西方现代性的决定性特征。——译者注

和疏离感进一步增强。城市化和工业化切断了人们与传统社区和自然的联系，世俗化削弱了宗教信仰所提供的确信。同时，经济日益繁荣，大众文化随之兴起，为人们提供了各种手段和机会，得以将"魅力"重新注入生活。廉价的报纸、杂志与书籍，让如饥似渴的读者有机会接触到关于历史、科学、健康、占星术、神秘主义和灵异主义的边缘思想。有了可支配的收入，人们就可以聘请专业的占星师、占卜师以及了解奇异疗法与饮食的人士为自己提供服务。闲暇时间的增加，也使人们有机会与志同道合者结成社团，参加课程，讨论各种边缘话题。时代的发展让新的、更广泛的受众得以接触到关于亚特兰蒂斯、饮食盲从❶、奇异宗派、魔术、阴谋论与占星术的超自然、神秘主义和边缘思想。这样一来，在 19 世纪和 20 世纪初，新兴大众传媒相关分支所发挥的功能，就与互联网自 20 世纪 90 年代以来发挥的作用是一样的。它培养并造就人们的信仰，让人们去相信那些奇特的阴谋、不明飞行物、外星人入侵，还有各种古怪的饮食和保健方法。这种情形并非只出现在德国。对"世界的祛魅"的反应普遍存在于所有西方工业化社会中。每个国家的文化都有自己特定的边缘知识和信仰。然而，它们大体上是相似的，因为它们都源自对现代性及其工业化、城市化、理性主义、科学和世俗主义的普遍反应。这一切都与西方世界所谓的神秘复兴相伴而行。神秘复兴始于启蒙运

---

❶ 饮食盲从，指某些与食物有关的健康资讯，尤其是关于节食减肥的信息，在未受科学证实之下，借由似是而非的伪科学论点在社会中快速传播，有时夹杂着种种宗教论点，导致大量民众盲目跟从的现象。——译者注

动,在 19 世纪和 20 世纪不断发展壮大。事实上,神秘主义从未真正消亡。

这并不是说,在对现代性的反应中,德国对边缘知识与信仰的亚文化的热衷程度不及其他国家。这也并不预设德国会出现纳粹主义的崛起和第三帝国的恐怖统治。与其他西方工业国家不同,德国在成为一个统一的民族国家之前,就已经是一个先进的工业社会。1871 年,德意志帝国建立,德国瞬间成为世界大国,经济发展充满活力。这一事件让德国人深感自豪,但它也使人们对未来的德国产生了更高的期望。在一定程度上,这些期望并没有得到满足。因此,在 1914 年之前的几年中,人们滋生出隐约的不满与失望。这种感觉使得人们转而寻求神秘、惊奇以及对从未真正存在过的荣耀往事的怀念。第一次世界大战中,德国战败,随之而来的一段时期内德国充斥着政治动荡与经济困难。这一切增加了纳粹主义抬头的可能性,并大大加剧了现有的反犹太主义。这也增加了逃避主义的诱惑力。人们逃避现实,转而进入超自然、神秘主义、伪科学和神话般的历史之域。同样,德国也不是唯一出现这种情形的国家。南欧和东欧都屈从于法西斯主义对政府的接管,东欧的反犹太主义情绪也不断高涨。

19 世纪,德国人的经历与许多其他欧洲人相仿。崇尚中世纪、崇高、神秘和超自然的浪漫主义思潮在德国影响深远。德国有中世纪的历史、关于奥丁与索尔的北欧神话,还有齐格弗里德与尼伯龙根的传说,这些都让德国浪漫主义学者有大量可以使用的素材。像其他欧洲人一样,德国人继续进行反犹太主义的活动,但他们并不是唯一对犹太人带有偏见的民族。其他西方国家也有各自的反犹太主义分子,他们往往比德国的反犹太主义分子更恶毒。然而，德国是最初使用"反犹太主义"一词的地方。威廉·马尔在他写的《从非宗教立场看犹太人对德国的胜利》（*The Victory of Jewdom over Germandom Viewed from a Non-confessional Standpoint*，1873）小册子里，最先使用了"反犹太主义"这一术语。他的作品引发了从宗教反犹太主义到种族反犹太主义的不良转变。犹太人不再是一个信奉有缺陷的宗教的民族，能够改变信仰而得到救赎。相反，犹太人是一个邪恶的种族，与其他人类不同，从古到今一直威胁着基督教社会，因而是不可救药的。就这样，犹太人可以被视为害虫或需要根除的疾病。当马尔于19世纪70年代写下这一切的时候，绝大多数德国人既没有这种令人厌恶的信仰，也不认可这样的想法。然而，进入20世纪，德国和其他欧洲国家经历了反犹太主义的复兴。当时，出现了《锡安长老会纪要》以及其他一些恶毒的反犹太宣传作品。这些作品进一步将对犹太人的理解从宗教意义转变为生物意义上的种族，并指责犹太人阴谋要掌管全世界。

19世纪末，社会达尔文主义和种族卫生观念的热潮席卷了西方国家，德国也卷入了这一热潮。社会达尔文主义认为，自然界中物竞天择、适者生存的斗争也适用于人类的种族、国家与社会阶层。最富有、最强大的种族、国家或社会阶层显然是最适合生存的，因此最值得昌盛。恩斯特·海克尔（Ernst Haeckel）是一位著名的德国动物学家，他支持达尔文的进化论，并积极推广进化论在德国的普及。他还宣扬社会达尔文主义，支持其关于种族优劣以及人类为生存而斗争的观点。海克尔的思想在德国非常受欢迎，对希特勒和纳粹的思想造成了影响。德国是一个富裕而强大的国家，1871年统一后尤为如此。德国人显然属于人类中最适合的类别。英国人、法国人、美国人、俄国人也有同样良好的自我感觉，他们都希望保持自己的地位，种族卫生的观念就应运而生了。种族卫生的观念试图阻止不适合的人、残疾人以及畸形人对一个成功而合适的社会造成拖累。种族卫生的目标之一，是通过强制绝育，防止残疾人或不正常的人生育后代，其支持者认为这是一种残酷而必要的手段。德国人还发觉，雅利安主义是一种极具吸引力的信仰。雅利安人是一个所谓的古老而优越的白人种族，许多德国人认为自己是雅利安人的后裔。种族卫生和雅利安主义后来成为纳粹意识形态的核心信条，最终导致残暴的不人道政策，对被认定有缺陷的人和残疾人实施安乐死，以及对犹太人、吉卜赛人和其他不受欢迎的群体进行种族灭绝。事实上，纳粹主义与雅利安主义之间的关联如此紧密，以至于大众的历史记忆都忽略了这样一个事实，即许多西方精英也主张雅利安主义以及从中衍生而来的社会达尔文主义。

启蒙运动期间，许多欧洲学者反驳了犹太教与基督教关于人类和文明起源的观点。一些学者认为印度北部才是文明的真正发源地。大约在同一时期，英属印度殖民地的官员威廉·琼斯爵士提出，存在一种史前语言，它是梵语、希腊语、拉丁语和其他欧洲语言的祖先。德国浪漫主义学者弗里德里希·施莱格尔（Friedrich Schlegel）积极采纳了琼斯的语言学观念，但施莱格尔则更进一步，将种族和语言关联起来。在《印度人的语言和智慧》（*Language and Wisdom of the Indians*）一书中，施莱格尔提出了这样的推论：使用梵语根语言的人在喜马拉雅山地区建立了一种和平而灿烂的文化，此后他们开始一路好战的迁徙，最终征服了印度次大陆，并踏上向西的征程，最终在北欧定居下来。

1818 年，施莱格尔也让"雅利安人"一词流行起来。这个词在梵语中意为"高贵"，指的是古老的根语言以及讲这种语言的人。施莱格尔提出的金发碧眼雅利安人种的概念在法国、英国、美国和德国得到了认可。西奥多·罗斯福是雅利安主义的狂热支持者。在德国，雅利安主义吸引了民族主义和泛日耳曼主义的注意，因为它认定日耳曼人是一个优越的种族。不出意料，后来纳粹全心全意地将雅利安主义纳入了他们的意识形态。

19 世纪是一个民族主义崛起的时代，尤其是拿破仑战争期间及战后不久出现的浪漫民族主义。浪漫民族主义试图将民族国家的合法性建立在文化、语言、传统、民族和种族的联系之上。现有的民族国家，如法国和俄国，试图加强自身的民族认同感。没有属于自己的民族国家的人们，也希望建立一个民族国家。泛日耳曼主义就是在这种民族主义的驱动下滋生起来的。它希望把所有讲德语的民族团结起来，建立一个伟大的民族国家，这样就能将生活在如今德国和奥地利以及可能还包括荷兰和斯堪的纳维亚的人们都联合在一起。事实上，意大利和德国都是 19 世纪建立起来的两个新的民族国家。这两个国家都是通过暴力建立起来的。历经一系列的叛乱和独立战争后，意大利最终于 1871 年统一，定都罗马。普鲁士在铁血宰相奥托·冯·俾斯麦的领导下，取得了 1866 年普奥战争以及 1870—1871 年普法战争的胜利，并由此带来了德国的统一。然而，这一新生的统一国家并不包括奥地利的日耳曼人，这些人仍然隶属于多民族的奥匈帝国。这一结果令德国，特别是奥地利的泛日耳曼人感到失望，而后来的纳粹分子还会重提此事。

"种族民族主义运动"（又称大众运动，völkisch movement）

是浪漫民族主义的另一种表现形式，也是对泛日耳曼主义的补充。völkisch 一词来自德语 volk（意为"大众"），是英语 folk（意为"人们"）的词根。英语中没有与其对等的语词，不过族群民族主义或种族民族主义大致表达了它的意涵，即一种基于民族或种族身份的民族主义。它也是一种对理性主义、科学唯物主义以及"世界的祛魅"的反叛，而"世界的祛魅"恰是 19 世纪和 20 世纪初主流的现代主义的特点。从拿破仑战争结束到第三帝国，种族民族主义运动是德国社会中一个流传甚广、影响深远的现象。其关注议题繁多，表现形式多样，以至于这一运动并无定型。民间传说、地方史、史前史、回归土地运动、神秘主义、推动民族共同体、复兴异教传统习俗，以及反犹太主义的倾向，都是种族民族主义运动的组成部分。因此，雅利安主义的思想在其中找到了合适的归宿也就不足为奇了。

这一切活动让执着于种族民族主义这一观念的德国人认为自己与众不同，比其他民族更特别。有些作者撰写报刊文章或专著，讨论浪漫的历史或民间传说，他们将种族民族主义的思想传播开来。小说中出现了种族民族主义的主题和背景。有出版商大力支持这类作品，因为他们自己相信这些作品，而且这些作品广受欢迎，销量很好。也许是基于人与土地之间的神秘联系，有些团体提倡回归土地的农业主义，提出了热爱自然的主张，这些团体也对种族民族主义给予了支持。其中有一个特别有影响力的组织是被称为"候鸟"的德国青年运动团体。"候鸟"运动团体热衷于乡村徒步旅行，也倾向于推进雅利安主义和种族民族主义意识形态。德国不少中小学教师与大学教授都是种族民族主义思想的信徒。所有这些团体都认为，日耳曼民族主义是独特的，面对大行其道的非日耳曼世界，特别是其中颇具威胁性的非雅利安人的世界，需要重振日耳曼民族主义。正是在这种背景下，第一次世界大战前，各种雅利安主义或雅利安秘学的团体开始形成。

雅利安秘学及其渊源

"Ariosophy"一词的意思是"雅利安人的智慧"。虽然有关雅利安秘学的思想在19世纪90年代就已经出现了，但是"Ariosophy"这个术语是奥地利神秘主义者约尔格·兰兹·冯·里本费尔斯（JörgLanz Lanz von Liebenfels）在1915年明确下来的。第一次世界大战于1914年开战，此前25年，泛日耳曼主义、雅利安主义、反犹太主义、神学和种族民族主义等思潮不断发酵，从中滋生了雅利安秘学运动。许多后来的纳粹领导人都被雅利安秘学深深吸引，也在自己的意识形态中吸收了雅利安秘学的思想。要弄明白雅利安秘学，必须要了解圭多·冯·李斯特（Guido von List）与里本费尔斯这两个人的职业和思想。李斯特与里本费尔斯都是奥地利人，身处泛日耳曼主义、种族民族主义、反犹太主义和神秘主义盛行的环境中，这同样也是年轻的希特勒在维也纳的时候所面对的环境。李斯特与里本费尔斯都为自己杜撰了贵族血统。他们一直努力想要成为德国历史以及与奇幻相关的遗产的一部分。

李斯特出生于维也纳。他的父母是中产阶级，父亲经营的皮革制品生意颇为红火。从经济上来说，李斯特在安全的环境中成长，备受宠爱，相对无忧无虑。然而，像生活在奥匈帝国的许多其他德国人一样，他对日益高涨的斯拉夫民族主义感到焦虑，从而转向了泛日耳曼主义。除此之外，他也参与如徒步旅行、登山这类当时流行的休闲活动，并从事具有种族民族主义意味的民俗研究。

1877 年，李斯特的父亲去世，李斯特得以离开家族企业，从事文学创作，成为一名记者、散文家和小说家，创作与种族民族主义主题相关的作品。很快，他的作品为他在奥地利和德国的泛日耳曼主义及种族民族主义运动的圈子里赢得了盛名。19 世纪 90 年代中期之后，他的作品开始表现出反犹太主义的情绪。1888 年，李斯特出版了第一部小说《卡诺通姆》（*Carnuntum*），这部小说以公元 4 世纪古典时代晚期的德国为背景。紧接着，李斯特在 1894 年和 1895 年又出版了两部小说，描写了德国的英雄历史。后来李斯特转而创作以种族民族主义为主题的剧本，这使他在泛日耳曼圈子里名声大噪。

李斯特对德国右翼超自然信仰的最大贡献，在于他是第一个将种族民族主义意识形态与神秘主义和神学相结合的畅销书作家。在此过程中，李斯特宣扬了一种古老的德国宗教，他称之为沃坦教。沃坦也被称为奥丁或沃顿，是斯堪的纳维亚 / 条顿万神殿的主神。这些神构成了条顿神话和民间传说的一个重要部分。李斯特以《诗体埃达》（*Poetic Edda*）与《散文埃达》（*Prose Edda*）为根据，宣扬沃坦教是一种能够提供并保存关于自然奥义之秘密知识的宗教。后来，李斯特还补充了更多神秘的细节。19 世纪 90 年代，他声称基督教之前的日耳曼人社会中有一个沃坦教祭司，他拥有特殊而强大的知识。自此之后，神秘主义思想在李斯特的著作中益发显著。到 1908 年，沃坦教及其诺斯底式

的知识 ❶ 俨然已成为李斯特世界观的核心。李斯特的另一个主张是，古代日耳曼人曾被阿莱曼人统治，他们的祖先是一个神一般的太阳王。古代日耳曼社会的社会政治等级制度又称阿莱曼兄弟联盟，其组织等级基于一个人拥有多少古代的智慧或灵知。在这方面拥有最高智慧的人，就是统治日耳曼人的祭司国王。根据李斯特的说法，古代日耳曼人的社会是一个和谐的、奉行灵知智慧的精英政治体系。

在李斯特的笔下，沃坦教的伊甸园遭遇了一条蛇。早期的基督教传教士来到这里，劝说包括社会精英与国王在内的人们皈依基督教。一旦大权在握，基督教会开始将沃坦教妖魔化。这一做法得到了查理曼大帝 ❷ 等盟友的帮助，查理曼大帝迫害剩余的沃坦教徒，强迫他们改变信仰。失利之后，阿莱曼兄弟联盟转入地下运作。圣殿骑士团、一些文艺复兴时期的人文主义者、犹太卡巴拉学者和玫瑰十字会成员，都是阿莱曼兄弟联盟的秘密组成成员。生活在 15 世纪至 16 世纪的、伟大的希伯来人约翰·鲁奇林（Johann Reuchlin），就是一位隐秘的阿莱曼学者。李斯特声称自己是鲁奇林转世再生。难怪希姆莱会被雅利安秘学吸引——轮回转世比查证族谱要更有说服力。李斯特并没有证据可以证明古代沃坦社会的存在。他的很多想法是在他访问圣地的时候，例如在对

---

❶ 诺斯底式的知识，原文为 gnostic knowledge。"诺斯底"原本在希腊语中意为"知识"，其主旨就是透过"灵知"（Gnosis，或译"真知"）来获得知识。——译者注

❷ 查理曼大帝，又称"查理大帝"，是欧洲中世纪早期法兰克王国的国王（768—814 年）。——译者注

盖瑟尔贝格山堡的访问中，以幻觉或梦境的形式触发的。除此之外，据说他对符文的研究与非正统的阐释，也向他揭示了迄今为止未曾有人想象过的真理。李斯特声称，在古代遗迹中以及阿莱曼兄弟联盟地下组织的建筑设计与图案中，他处处都能看见沃坦教。正如有些人自称看到过关于古代外星人、中世纪中国航海家或散落在地球上的亚特兰蒂斯遗迹的证据，李斯特的论证方式和这些人差不多，是站不住脚的。李斯特希望恢复阿莱曼兄弟联盟的体制，并据此实现日耳曼民族的伟大复兴。

从 1902 年开始，李斯特有关古代德国史和沃坦教的著作中出现了神秘主义的概念。具体来说，自 1903 年开始，出现了神智学。这一发展并不出人意料，因为自 1884 年德国神智学学会成立失败之后，海伦娜·布拉瓦茨基夫人（Madame Helena Blavatsky）的神智学就在现代德国神秘主义的复兴中发挥了重要作用。神智学为 19 世纪科学的实证主义提供了解药，也成为调和科学与人文宗教信仰冲突的途径。李斯特试图通过方法颇不可靠的民俗学、考古学和符文的研究，将沃坦教和种族民族主义思想融合成一种连贯的意识形态。神智学的精英们拥有强大的秘密智慧，这与李斯特的阿莱曼祭司国王的概念相得益彰。李斯特还采纳了布拉瓦茨基夫人的人类七大根源种族的进化方案。根据布拉瓦茨基夫人的解释，神智学的智慧历史悠久，一直可追溯到不为人知的年代，但这些智慧对大多数人而言是秘而不宣的。这与李斯特对沃坦教的描述相吻合，即沃坦教是一个非常古老的、被迫转入地下的知识体系。同时，李斯特只采纳了一定的神智学教义，而拒绝接受其循环的世界观。李斯特是一个具有线性历史观的千禧年主义者。对他来说，在未来的日子里，沃坦教的智慧和力量必将得到光复，善良、伟大和明智的日耳曼民族必将取得最终胜利。神智学吸引了德国社会的许多阶层，左派和右派、自由派和保守派均有其拥趸。像李斯特一样，每个追随神智学的学徒都从中获取了符合自己目的的思想。

李斯特自认为是现代的预言家，他的预言将通过建立一个强大的泛日耳曼帝国来实现。这个帝国将由雅利安日耳曼人的精英统治，这些精英阶层会享受充满奢华与特权的生活；低等的非雅利安人其实就是奴隶，他们为精英阶层劳作。严格的种族隔离将成为规则，这样就能够保证雅利安人的纯洁性。父权制也将是雅利安社会的标准，男性户主是最高级别的公民。历史学家尼古拉斯·古德里克 – 克拉克曾指出，这种关于完美社会的设想与纳粹在 20 世纪 30 年代中期通过的种族法极为相似。李斯特所说的种族纯正的雅利安精英，与后来希姆莱的计划也是一致的。希姆莱想要将他的党卫队打造成种族纯正的精英，让他们繁衍后代，成为统领世界的种族。第一次世界大战于 1914 年爆发，李斯特将其视为实现其泛日耳曼帝国的催化剂。虽然李斯特对战争的结果深感失望，但在 1919 年去世时，他仍然坚持认为，通过神秘与世俗的手段，伟大的泛日耳曼帝国的胜利指日可待。

另一位重要的雅利安秘学思想家是约尔格·兰兹·冯·里本费尔斯。他比李斯特小一辈，同样出生在维也纳一个罗马天主教中产阶级家庭。与李斯特一样，他也在自己的名字中加入了贵族式的"冯"，但他的贵族身份同样不怎么能站得住脚。1915 年，里本费尔斯创造了"雅利安秘学"一词，用以表示自己、李斯特，以及其他志同道合的人所倡导的思想。1893 年，年轻的里本费尔斯成为熙笃会 **❶** 的见习生。1894 年，在参观圣殿骑士的坟墓时，他声称自己感受到了某种关于雅利安人和劣等种族的神启。几年后，由于一些涉及"肉体之爱"的问题，他不得不离开了熙笃会。而这一切，都没有阻碍里本费尔斯将神秘主义作为自己的志业。

与李斯特不一样，里本费尔斯关于人类历史的想法，并没有特别强烈的种族民族主义或日耳曼民族色彩。相反，他提倡一种史前史的愿景，在这一愿景中，生活在亚特兰蒂斯和利莫里亚等失落大陆上的雅利安超人，拥有心灵感应和全知全能的能力，类似于布拉瓦茨基夫人说的那种原初种族的能力。中世纪的军事宗教组织继承了这些力量。里本费尔斯力图通过重塑雅利安战士与圣人，在当代重新创造这些力量。这些想法被披上了基督教的外衣，人类的堕落被认为发生在夏娃与恶魔交配之时，他们的后代就是劣等黑暗种族的起源。对里本费尔斯来说，保持雅利安人的种族纯洁性关系到人类社会中文明和良善的存亡。他在 1893 年的《神动物学》（*Theozoology*）一书中表达了这种世界观。

1893 年，里本费尔斯第一次见到了李斯特，当时他刚开始在熙笃会工作。李斯特在写作中吸收了里本费尔斯的一些观点，如圣殿骑士团的神秘性、雅利安人的原始家园是北极的阿尔克托加大陆。里本费尔斯和李斯特有相似的世界观，他们都相信千禧年主义和世界末日，认为通过一场伟大的战争，雅利安人会取得对劣等种族的胜利。这一胜利将在地球上建立一个种族纯洁的天

---

❶ 熙笃会是罗马天主教修道士修会，又译西多会。——译者注

第五章
通往灭亡之路：德国人、纳粹及超自然文化

堂。里本费尔斯认为，强制的种族隔离最终将使雅利安人的种族自我净化，从而找回其失去的超能力。对他来说，为自己这些怪异的想法营造一种科学的、具有合法性的氛围至关重要。这一愿望让他与以科学为导向的一元联盟联系在一起。

里本费尔斯一直对圣殿骑士团颇为迷恋，他因此构建了一个无据可查的家谱，为自己打造了一个圣殿骑士团的祖先（因为圣殿骑士团成员发誓要保持贞洁，所以这个祖先显然没有净身，也不守贞洁，就和里本费尔斯本人一样）。1907 年，里本费尔斯成立了（或者，从他的角度看，重建了）新圣殿骑士团，并将其总部设在奥地利韦尔芬斯泰因城堡。这一组织根据雅利安人的血统设定了成员的各种层次，还有非常繁复的仪式和精心设计的礼器。1918 年，德国战败，随后的混乱一直持续到 1923 年。此时，对于泛日耳曼民族主义者来说，新圣殿骑士团获得了新的意义。泛日耳曼民族主义者认为，共产主义和民主共和主义的势力正在摧毁自己的国家，因此他们奋力反抗。里本费尔斯的意识形态也变得更为反犹太化，因为他把犹太人和共济会视为布尔什维克的盟友。雅利安秘学与里本费尔斯的新圣殿骑士团将科学、宗教、神秘学以及偏见结合在一起，形成了一种灵知的意识形态。它充分体现出第一次世界大战前后奥地利人和德国人的不满与焦虑。希特勒和纳粹从来就不允许有能与之抗衡的对手，他们在 1933 年一上台就镇压了新圣殿骑士团。

我们需要记住，圭多·冯·李斯特学会成立于 1908 年，其性质是一种粉丝俱乐部，旨在研究李斯特的著作。新圣殿骑士团的正式成员人数不多。有更加广泛的公众认为，李斯特与里本费尔斯有关种族民族主义和雅利安秘学的思想是合理的、有吸引力的。他们的思想通过种族民族主义作家的文章和书籍在德国传播开来，许多符文爱好者也将李斯特的思想用于自己对符文的解读。1912 年，包括西奥多·弗里奇（Theodor Fritsch）在内的李斯特学会成员成立了"帝国之锤联盟"，旨在协调联合各种反犹太主义组织，并将它们纳入自己的麾下。同时，弗里奇和他的同伴还成立了"日耳曼骑士团"，这是一个由帝国之锤联盟中较为重要的领导人组成的秘密结社。尽管帝国之锤联盟想尽办法，也将很大一部分资源用于招募，但其成员在 1913 年仍然只有几百人。第二次世界大战之前，德国社会整体上对神秘的极端主义并无太大兴趣。

尽管日耳曼骑士团是一个秘密结社，但在招募成员方面，它比帝国之锤联盟要成功得多。它呼吁复兴雅利安主义，并建立一个由纯种德国人组成的泛日耳曼 – 阿莱曼帝国（或阿莱曼之国）。对强调种族民族主义的人而言，这一主张有绝对的吸引力，此外，建立一个反犹太主义的秘密结社本身也是个非常吸引人的想法。许多反犹太主义的德国人以及其他国家的反犹太主义分子认为，犹太人参与了一个巨大的、秘密的阴谋，企图掌控德国社会乃至整个世界。因此，他们认为，建立自己的秘密结社是抵制这一巨大阴谋的最好办法。此外，一些德国共济会会员目睹了犹太人及外国势力对共济会原则的践踏，深感失望。对他们来说，日耳曼骑士团为他们提供了一个秘密的选择。第一次世界大战的发生阻碍了日耳曼骑士团的扩张，随着不少成员加入军队，其人数也逐渐减少。战争结束以后，它重新试图招募新成员。1919—1923 年期间德国陷入混乱，日耳曼骑士团也煽动了多起针对犹太人和魏玛共和国支持者的谋杀与暗杀活动。

1916年年底，日耳曼骑士团的活动吸引了某人的注意与追随。这个人就是鲁道夫·冯·塞波腾道夫（Rudolf von Sebottendorf），原名亚当·阿弗雷德·鲁道夫·格劳尔（Adam Alfred Rudolf Glauer）。日后，塞波腾道夫会是一个举足轻重的人物，尽管他遭到打压，但依然对纳粹党的起源、纳粹党与神秘主义的关系、边缘历史和雅利安秘学这一伪科学的关联等问题产生了重要影响。塞波腾道夫出生在普鲁士西里西亚，是一名铁路工程师的儿子。他年轻时四处游历，当过商船水手，在埃及和土耳其做过工程师，在德勒斯登由于伪造文书惹上了官司，于是他返回了土耳其，于1911年成为奥斯曼帝国的公民。海因里希·冯·塞波腾道夫（Heinrich von Sebottendorf）男爵在土耳其收留了他，因此他开始使用塞波腾道夫这个名字。后来，他又加入了德国国籍，有人对此表示疑虑，但塞波腾道夫家族积极支持他的这一决定。塞波腾道夫加入土耳其军队作战，在第一次巴尔干战争（1912—1913年）中受伤。1913年，他使用土耳其护照回到了德国。因为他有土耳其公民身份，身上还有战伤，在第一次世界大战期间就没有加入德国军队。在返回德国之前，塞波腾道夫对秘密结社和神秘主义表现出强烈的兴趣。1901年，他加入了一个土耳其共济会团体。成为一名伊斯兰教徒以后，他还成了贝克塔什教派的苏菲派❶教徒。1912年，他开始尝试数秘冥想，但后来发生的事情表明，塞波腾道夫绝非一个简单的、喜欢奇思妙想而又放荡不羁的神秘主义者。

---

❶ 苏菲派是一个神秘主义派别，强调利用一些独特的仪式引导灵性修行者直接与神接触。——译者注

1916 年年底，塞波腾道夫加入日耳曼骑士团后不久，日耳曼骑士团的神秘沃尔特派领导人赫尔曼·波尔（Hermann Pohl）让他负责重建该秘密结社在巴伐利亚的分会。在那里，塞波腾道夫展现了出色的招募与组织才能。到 1917 年圣诞节，重整旗鼓的巴伐利亚分会开始高效运作。有了巴伐利亚分会的成功，塞波腾道夫后来于 1918 年 7 月在四季酒店设立了该秘密结社的总部。日耳曼骑士团占用了酒店五个大俱乐部房间，可以容纳三百名与会者。酒店主人是日耳曼骑士团的支持者，他们同意塞波腾道夫、其他日耳曼骑士团成员以及后来的图勒会成员使用酒店员工通道进入会场。这样就可以掩人耳目，不暴露他们的行踪。为了进一步掩盖其可疑的右翼和反犹太活动，避免引起社会主义反对派和魏玛共和国官员的注意，日耳曼骑士团开始自称为图勒会。它对外宣称自己是一个温和的民间文学研究会，研究冰岛史诗《埃达》与北欧神话。图勒（Thule）这个名字来自 Ultima Thule，意为"最遥远的图勒"，即古希腊航海家皮西亚斯对冰岛的称呼。它被认为是古代德国阿莱曼人为逃避基督徒的迫害而前往的避难所。这一与北极地区的关联，也与雅利安主义对源自神智学的亚特兰蒂斯及其他失落大陆的兴趣不谋而合。在图勒会看来，雅利安秘学关注的是失落的大陆希柏里尔（意为极北之地），也就是传说中雅利安人的故乡。塞波腾道夫积极倡导李斯特、里本费尔斯等人的雅利安主义意识形态。正如历史学家大卫·鲁尔森（David Luhrssen）所言："雅利安秘学是图勒会的秘密隐语。"

从 1918 年秋到 1919 年春，德国布尔什维克试图推翻魏玛共和国建立苏维埃共和国，这让整个国家陷入了动荡与暴乱。实际上，他们确实在慕尼黑短暂地建立了一个苏维埃政府。然而，塞波腾道夫在那里恰当地利用图勒会，成功地发起了反革命行动。
"恰当"一词意义丰富，塞波腾道夫恰是在恰当的时间、恰当的
地点，出现的那个恰当的人。1918 年 7 月，他买下了一家报纸
《慕尼黑观察家报》。这份报纸表面上是一份温和的体育新闻报，
但其实也被用以宣传图勒主义。在塞波腾道夫的领导下，位于
四季酒店的图勒会总部成了一个国中之国，与布尔什维克明争
暗斗。它坐拥一座军械库，并于 1918 年 11 月组建了德国最早
的一支准军事组织及反布尔什维克自由军团。后来，塞波腾道
夫又组建了第二支部队，即奥伯兰自由军团。这支部队在 1923
年以失败告终的啤酒馆政变 ❶ 中加入了希特勒的队伍。慕尼黑
的布尔什维克还没有意识到自己的麻烦到底来自何方，各种破
坏性的反革命活动就从四季酒店四散开来。最后，1919 年 4 月
下旬，他们弄清楚了威胁的性质，也意识到镇压图勒派的必要
性。由于安插在布尔什维克组织中的间谍及时发出了警告，慕
尼黑布尔什维克对图勒总部的突袭只抓到了几个反革命分子。4
月 30 日，图勒派的囚犯在吕特波尔德监狱被当即处决。这一
无情的行为激起了反布尔什维克者的怒火，并进一步让他们斗
志高昂。随着慕尼黑苏维埃政府的失败，对布尔什维克的报复
性屠杀随之而来。塞波腾道夫在这场斗争中展现出出色的领导
力，这也让他与恩斯特·罗姆（Ernst Röhm）、鲁道夫·赫斯
（Rudolf Hess）等未来的纳粹名流有了接触。图勒会的胜利及

---

❶ 啤酒馆政变是指 1923 年 11 月 9 日晚上，由德国纳粹党在慕尼黑的
贝格勃劳凯勒啤酒馆发动的计划推翻魏玛共和国但以失败告终的一
次政变。——译者注

其活动，在很大程度上促使慕尼黑成为种族民族主义、泛日耳曼民族主义和雅利安想象的温床，这一切都有助于纳粹主义的萌芽和成长。

塞波腾道夫运用自己的领导力，让慕尼黑布尔什维克的失败已成定数，然而就在这个时候，他自己的个人运程开始急转直下。犹太企业家起诉他，他失去了对奥伯兰自由军团的控制权。此外，还有人指责他冒充贵族，说他为了逃避德国军队的征召而接受了土耳其公民身份。最倒霉的是，图勒会的同僚们认为，被捕的七名图勒会成员后来在吕特波尔德监狱被处决，这件事要归罪于塞波腾道夫的疏忽；他们还指控塞波腾道夫在慕尼黑叛乱期间私自挪用了图勒会的资金。1919 年 6 月，塞波腾道夫辞去了图勒会会长一职。这一事态的发展模糊乃至遮蔽了塞波腾道夫在雅利安秘学与早期纳粹党的起源之间所发挥的桥梁作用。

纳粹的起源与雅利安秘学

塞波腾道夫离开图勒会，从德国前往瑞士前后这段时期，有两个帮助希特勒崛起的工具逐渐成形。1919 年 1 月 5 日，图勒会成立了德国工人党。当时领导图勒会的是安东·德雷克斯勒（Anton Drexler），他的助手是图勒会会员、诗人迪特里希·埃卡特（Dietrich Eckart）。新成立的德国工人党奉行民族主义，对普通人较有吸引力，但它并不特别奉行神秘主义。同一时期，1919年，塞波腾道夫将《慕尼黑观察家报》并入弗兰兹－埃尔出版社，1920 年 3 月，一群图勒会成员取得了该出版社的所有权。

起初，德雷克斯勒和他领导的德国工人党在吸引成员方面颇费周折，但他们确实设法引起了德国军队的注意。有一次，被派去监视德国工人党的士兵是希特勒。希特勒所在军队的军队指挥官命令他加入这个新成立的党团。希特勒并没有把德国工人党视为一个潜在的反动组织，相反，他对他所见所闻的民族主义、反犹太主义、反资本主义和反马克思主义感到乐此不疲。希特勒开始参加德国工人党的会议并发言，他的演说技巧确实令人印象深刻。这一切迅速将希特勒推上了领导岗位。他的上台也得到了埃卡特的大力协助。埃卡特一直在为德国工人党寻找一位救世主式的领导人，希望这个人能使德国恢复昔日伟大的荣光。有人将埃卡特和希特勒的关系看作是施洗约翰与耶稣的关系。此外，埃卡特还是种族民族主义、反犹太主义和超自然主义的倡导者，他的这些思想极大影响了希特勒的思想和早期纳粹意识形态。1920年1月24日，希特勒将"德国工人党"改名为"德国国家社会主义工人党"，也就是通常人们所说的纳粹党。此时，德雷克斯勒辞去了该党领导人的职务。12月下旬，德国在巴伐利亚的军事指挥官通过埃卡特，将塞波腾道夫的《慕尼黑观察家报》卖给了纳粹党。埃卡特担任该报编辑，另一位图勒会成员，即后来的纳粹分子阿尔弗雷德·罗森堡担任他的助手。1921年11月，通过德国国家社会主义工人党，希特勒个人拥有了这家报纸的所有权。最终，图勒会及其成员被吸收到纳粹党中。图勒会带去了李斯特与里本费尔斯的雅利安秘学的学说和概念，而这些都曾是塞波腾道夫为图勒会设定蓝图的重要部分。正如历史学家尼古拉斯·古德里克 - 克拉克所言："如果没有这个人（塞波腾道夫），很可能日耳曼骑士团和雅利安秘学都注定会被遗忘"。

这是否意味着雅利安秘学、神秘学、伪历史和伪科学在希特勒和纳粹的崛起中起到了关键作用？不，纳粹的崛起背后有很多因素。他们的种族民族主义、反犹太主义、反布尔什维克主义和反资本主义，吸引了德国社会各阶层的支持，当时德国社会严重分裂，除了纳粹之外，魏玛共和国还有很多敌人。共产主义者、君主主义者、德国军队和其他右翼或保守团体及政党都不喜欢它。在许多德国人眼中，在德国军队背后"捅刀"、不公平的《凡尔赛条约》都与它脱不了干系。大萧条的到来加重了魏玛共和国的危机，纳粹分子在街头制造混乱，但当时德国精英没有给纳粹特殊的关注。1933 年，保罗·冯·兴登堡（Paul von Hindenburg）任命希特勒为总理。此后，人们很快就发现，对纳粹的低估是一个悲剧性的错误。魏玛共和国的垮台并没有什么超自然或神秘的因素。

然而，神秘学、超自然现象、伪历史和伪科学在第三帝国的文化、意识形态及其政策中，确实发挥了重要作用。当时，德国处于动荡之中，举国上下都不快乐。恐惧和仇恨始终挥之不去。纳粹利用了德国人的反布尔什维克主义、反现代主义和反犹太主义情绪。从积极的一面来看，至少，从纳粹的角度来看，希特勒和他的政党当时正在努力创建许多德国人渴望的泛日耳曼帝国。他们告诉德国人，日耳曼人是注定要统治世界的"主宰者民族"。换句话说，他们是人类历史上真正的天选之民。这个泛日耳曼帝国的人口会越来越多，因此它在地理上也需要扩张。这种对空间的需求被称为"生存空间"。这一世界观将侵略与征服变得合法化，导致日耳曼人将自己所需土地上的原住民强制迁走或将他们全部灭绝。这样一个邪恶而野心勃勃的计划，需要一个冷酷无情并高效运作的政府。因此，纳粹提倡建立一个专制政府，由纳粹元首或最高领导人担任国家领导人，其判断力不容置疑。国家领导人不容置疑的地位，被称为"元首原则"。

有些人会很轻易地接受某种信仰或意识形态，只要这种信仰或意识形态能满足他们的自尊心或者能满足他们的偏见。不过，假如能利用一些表面上的科学、历史或宗教证据或支持，来让令人厌恶的怪异想法显得更为可信，也未尝不可。这就是神秘学、边缘知识、伪历史、边界科学或伪科学能发挥作用的地方。在威廉帝国和魏玛共和国时期，许多德国人深信并奉行神秘主义信仰，或者某种当时正在流行的、奇怪的历史或科学理论。纳粹主义与包括雅利安秘学在内的非主流信仰体系相互补充，共生共荣。此外，很多人都会相信怪诞与奇幻的事物，这样一来，纳粹的非理性信仰似乎也显得稀松平常了。最后，人们相信神秘现象、奇怪的科学观点，或者牵强附会的过去，是一种对科学唯物主义和对"世界的祛魅"的反应。"祛魅"将现代生活中的所有乐趣、奇迹和神秘感都剥夺殆尽。相信你的祖先是拥有超能力的原始英雄战士，在失落的大陆上过着精彩万千的生活，与相信他们是披着兽皮的原始兽人，在冰河时代勉强生存，两者相比，前者显然要有吸引力得多。

早期的希特勒和边缘知识

一个重大问题是，纳粹领导人是否相信所有这些神秘的、超自然的、边界的知识？答案显然是否定的。神秘学与边缘知识对许多德国人来说毫无用处。爱因斯坦认为，魏玛时代德国非常流行的占星术是一种迷信，即便在社交场合也不该允许它的存在。例如，1927 年在柏林举行的晚宴上，就不允许占星。一些重要的纳粹头目也有同感。马丁·鲍曼（Martin Bormann）、约瑟夫·戈培尔（Joseph Goebbels）、阿尔伯特·施佩尔（Albert Speer）和赫尔曼·戈林（Hermann Goering）都是怀疑论者，他们对神秘主义嗤之以鼻。对于这些纳粹分子来说，他们关心的问题和目标是获得权力、使用权力和保持权力，鲍曼和戈林还想要掠夺权力。戈培尔和施佩尔受过高等教育，而鲍曼和戈林则属于反智主义的暴徒。他们中间没有人相信纳粹主义的神话，但这并不是说戈培尔就不会利用诺查丹玛斯❶的预言来达到自己的宣传目的。

另一方面，海因里希·希姆莱、鲁道夫·赫斯、阿尔弗雷德·罗森堡和理查德·瓦尔特·达雷（Richard Walther Darré）都持有某些伪科学或神秘主义信仰。这些信仰极大地影响了他们的政策，后文将说明这一点。希特勒的导师、诗人埃卡特似乎也有某些神秘主义及其他古怪的信仰。他与赫斯和罗森伯格都是图勒会的成员，或至少与图勒会关系密切。但是，埃卡特于 1923 年去世了。过早离世使他并没有在纳粹党与边缘知识及超自然现象的关联中发挥太大的影响。关于神秘学、伪科学和伪历史，纳粹的上层领导各有不同的立场，这不啻是纳粹党和整个德国社会宏观世界的一个缩影。这就留下了另一个大问题：希特勒对神秘学和超自然现象到底持怎样的立场？

希特勒到底与神秘学及其他边界知识有何关联，历史学家对

---

❶ 诺查丹玛斯，又译诺斯特拉达穆斯、诺齐担玛士，法国籍犹太裔预言家，精通希伯来文和希腊文，留下以四行体诗写成的预言集，有研究者从这些短诗中"看到"对不少历史事件的预言。——译者注

此历来争论不休，而且这种争论还将持续下去。有关希特勒的早期传记强调，希特勒狂热追求权力，并将任何与神秘学或超自然现象的联系都视为无关紧要的干扰。当然，神秘学和边缘知识并不是希特勒思想世界最重要的焦点——相反，他只痴迷于建立千禧年帝国并统治世界。简而言之，希特勒认为，作为雅利安人的后裔，德国人注定是天选之民。相比之下，犹太人是堕落而邪恶的。如果将雅利安人和犹太人混在一起，结果只会很糟糕，甚至会是惨烈而灾难性的。雅利安日耳曼人与犹太人进行着一场生存斗争，而作为其领袖的希特勒将带领雅利安日耳曼人取得胜利。像许多德国同胞一样，希特勒不喜欢欧洲以外的各种斯拉夫民族及其他深色皮肤的民族。除此之外，他也不纠结于世界末日情景的细枝末节，例如雅利安人是否起源于亚特兰蒂斯、希柏里尔等失落的大陆或喜马拉雅山。对那些特别在意这些细节的人，例如希姆莱或罗森堡，希特勒偶尔还会表现出不耐烦。

有一件事搅浑了希特勒与雅利安秘学主义者和图勒会的关系——希特勒与正在崛起的纳粹党核心成员一道，努力与这些神秘团体及其思想撇清关系。希特勒之所以会这样做，部分原因是塞波腾道夫和里本费尔斯声称，他们是希特勒的导师和灵感之源。这种说法的问题在于，它们削弱了希特勒和纳粹党想要宣传的孤胆英雄形象。纳粹党想把希特勒塑造成弥赛亚式的半神，并且其能力与思想都是独一无二的。此外，纳粹党不喜欢通过竞争去争取大众的忠诚与承诺。他们勉强能容忍有组织的宗教，但会压制那些他们认为是宗派主义的团体，无论其信仰是否与纳粹党的信仰一致。因此，遭到纳粹压制的不仅有共济会和耶和华见证人，还有图勒会、李斯特学会、新圣殿骑士团和其他雅利安秘学的团体。

德国的纳粹运动在政治上获得权力不久，里本费尔斯就在维也纳声称自己对希特勒的思想造成了影响。1927 年，里本费尔斯在杂志《奥斯塔拉》（*Ostara*）❶ 上写道："人们应该记住，卐字形和法西斯运动基本上是奥斯塔拉的后代。"他希望希特勒能承认自己的纳粹意识形态在很大程度上受到了雅利安秘学的影响。问题是，希特勒毫无感激之意，也否认自己受过别人的影响。这并不意味着希特勒说的是实话。1933 年，纳粹在德国掌权，希特勒立即关闭了里本费尔斯在德国的秘密结社——新圣殿骑士团。此时，谨慎的里本费尔斯搬到了安全的瑞士。1938 年，德国吞并奥地利，希特勒停办了杂志《奥斯塔拉》，并关闭了那里的新圣殿骑士团。里本费尔斯直到 1946 年才回到维也纳，重振新圣殿骑士团。重振后的新圣殿骑士团在奥地利和德国一直存续至今。接下来我们会谈到，里本费尔斯声称他遇到过年轻时候贫穷的希特勒，并给了他一些《奥斯塔拉》的过刊。这一说法的真实性，以及里本费尔斯对希特勒和纳粹意识形态是否产生过重大影响，是历史学家们争论的主题，对此，历史学家们没有形成共识。希特勒和纳粹是否甚至曾将里本费尔斯的著作列为禁书，历史学家们同样争论不断。但是，正如 1937 年 1 月逃离纳粹的流亡难民威利·莱伊后来在 1947 年发表的《纳兹兰的伪科学》一文中所说："令我惊讶的是，没有一个党团或纳粹团体，为纪念

---

❶ 《奥斯塔拉》杂志出版人是兰茨。他在这本杂志上发表关于神秘种族主义的文字，认为人类学研究支持捍卫欧洲领袖种族纯净的思想。——译者注

约尔格·兰兹·冯·里本费尔斯博士而建立一个政权。"

塞波腾道夫同样声称，自己与图勒会在纳粹起源历史中扮演过重要角色，而他也被唾弃了。塞波腾道夫与图勒会以及慕尼黑的右翼闹翻之后，搬到了瑞士，然后又去了土耳其。此间，他一直在做生意，并撰写关于占星术和神秘学的书籍。1933 年纳粹上台后，他回到了慕尼黑，并试图重振图勒会。几个月内，他出版了《希特勒之前：纳粹运动早期的文献证据》一书。在书中，塞波腾道夫声称，他本人、图勒会和一些其他小规模的团体，都为希特勒上台奠定了基础。塞波腾道夫声称，图勒会成员是希特勒最早求助的对象，也是最早与希特勒结盟的人。许多历史学家都认为这种说法非常合理。不用说，希特勒和纳粹当局可不太乐见这种说法。1934 年年初，他们把塞波腾道夫关进了监狱，但很快就又将他释放了。塞波腾道夫被允许前往瑞士，又从瑞士回到土耳其，在伊斯坦布尔为德国情报部门工作。不过，德国大使馆发现他提供的情报总体上是无用的。第二次世界大战结束时，眼看德国即将面临失败，塞波腾道夫在博斯普鲁斯海峡投水自杀。尼古拉斯·古德里克－克拉克如是评价："就这样，这位将雅利安秘学引入纳粹党的冒险家结束了他的一生。"可是，早期的纳粹党人对图勒会的存在感到尴尬，希特勒不希望人们知道自己与图勒会之间的任何联系，也避而不谈他与早期纳粹党人鲁道夫·赫斯、迪特里希·埃卡特和阿尔弗雷德·罗森伯格之间十分明显的关联。这样一来，塞波腾道夫基本上成了一个被遗忘的角色。因此，希特勒在多大程度上与神秘主义有所联系，真相仍然是模糊不清的，并且部分事实已然被抹去。

在这种情况下，如果诗人兼剧作家埃卡特没有在 1923 年啤酒馆政变后不久去世，他的命运又会如何呢？我们琢磨一下这个问题还是很有意思的，毕竟埃卡特无疑是希特勒的导师。在点拨希特勒的过程中，埃卡特拓宽了希特勒的知识和意识形态视野，包括对神秘学的了解；训练了希特勒的社交礼仪和公开演讲能力，把他介绍给富有的赞助人，为他争取财政支持，并把他作为德国的救世主大肆宣传。1922 年年底，埃卡特和希特勒曾经的亲密关系已经降温。希特勒变得傲慢无礼，埃卡特对此很不高兴。1923 年 5 月，埃卡特曾向另一位希特勒的同僚恩斯特·汉夫丹格（Ernst Hanfstaengl）抱怨说，希特勒表现出一种"介于弥赛亚情结和尼禄主义之间的巨大狂热"。尽管两人之间的关系渐行渐远，埃卡特仍在接下来的 11 月参加了希特勒的啤酒馆政变。他曾短暂入狱，由于健康状况不佳而被释放。然而，1923 年 12 月 26 日埃卡特死于心脏病，年仅 54 岁。多年的酗酒和吸毒使他过早离开了人世。尽管他们之间存在分歧，希特勒依然声称自己深切缅怀埃卡特，并确保关于埃卡特的回忆将在纳粹文化中受到尊重。可是，假如埃卡特活下来了，作为一个批评家、一个竞争对手、一个不断提醒大家注意元首与神秘图勒会之间有关系的人，那他会面临什么样的命运？埃卡特是否也会步塞波腾道夫的后尘呢？

希特勒生活在维也纳的时候，是个穷困的年轻人，他渴望接受教育，希望自己能有所作为。维也纳是民族种族式泛日耳曼主义的温床，催生了李斯特与里本费尔斯的雅利安秘学。根据里本费尔斯的说法，1909 年，希特勒曾到访《奥斯塔拉》的办公室，购买了该杂志的过刊。《奥斯塔拉》这本杂志重点宣传雅利安主义、民族种族理论以及反犹太主义的思想。里本费尔斯注意到这个年轻人显然生活困窘，于是将杂志过刊赠送给他，还给了他乘车回家的钱。由于这次接触，里本费尔斯声称希特勒曾从自己这里得到了思想启蒙。然而，研究希特勒的学者们则认为，里本费尔斯的这一说法夸大其词了。

1919 年 9 月 12 日之后，希特勒开始出席德国国家社会主义工人党的会议。最初，希特勒是作为间谍参加会议，但不久之后，他就成了一名皈依者、一名坚定的成员。在德国国家社会主义工人党的会议上，他有可能接触到图勒会的种族民族主义与雅利安思想。在希特勒看来，种族民族主义的原则是德国应该遵循的正确道路。希特勒不喜欢的是，一些雅利安主义者更愿意在自己的秘密结社里专注于神秘的研究与讨论，而不是走上街头，为建立一个种族民族主义的国家进行宣传与斗争。正是这种情况，让希特勒在《我的奋斗》中对"那些漫无目的的德国民间学者"提出批评。在《我的奋斗》中，他一再重申，必须行动起来，而不是进行漫无边际、无关紧要的讨论。

希特勒与边缘知识的爱恨纠葛

希特勒上台之后，信奉种族民族主义的德国学者依然时不时让他感到恼火。1936 年 9 月，在纽伦堡举行的纳粹党大集会上，希特勒狠狠批评了富有的咖啡商人、现代主义建筑赞助人路德维希·罗塞留斯（Ludwig Roselius），以及希姆莱非常看重的种族民族主义智库"祖先遗产学会"的主席赫尔曼·沃斯（Herman Wirth）。正如希特勒所说，"有些人，只会从道听途说和传奇故事中了解国家社会主义，因此太容易将国家社会主义与语焉不详的北欧语词混淆起来，这些人会根据神话中亚特兰蒂斯文化的某些主题开始研究。我们与这些人没有半点关系。"希特勒对沃斯这个人尤其看不顺眼，认为沃斯对基督教的批评是不成熟的。和许多纳粹分子一样，希特勒不再信仰罗马天主教，他已经开始激烈地反对基督教。他想在德国社会中铲除基督教，但知道时机还不成熟。希姆莱被迫将沃斯降职。

两年后，1938 年 9 月 6 日，希特勒在文化大会的一次演讲中，就同一问题批判了他的核心圈子成员希姆莱和罗森堡。他们试图将沃坦教认定为一种与基督教对立的宗教，而这一做法有可能会导致第三帝国与德国各教会团体的关系陷入敌对。希特勒对听众表示，"国家社会主义不是一个邪教运动；相反，它是一种族民族主义与政治哲学，是完全出于种族的考虑而产生的。这种哲学不提倡神秘的邪教，而是旨在培养并领导一个由其血统决定的民族。"第二次世界大战期间，希特勒曾举行过不少小型晚宴，在这些晚宴上，他反复叨念纳粹的意识形态和当前的事件，听得人头皮发麻，而他的核心圈子的成员则一味俯首帖耳地听着。鲍曼和另外一些人尽职尽责地记下了他们领导人的讲话。1942 年 4 月 11 日，鲍曼批判了罗森堡的著作《二十世纪的神话》，指出它并非"党的官方理论的表述"，还说"无论如何，该书的写作风格太过深奥了"。然而，尽管表面上对神秘主义和边缘思想表现得不屑一顾，但希特勒对自己、纳粹党和德国民众的这些信仰非常重视。正如历史学家埃里克·库兰德所言，"无论他对'那些漫无目的的德国民间学者'印象如何，希特勒明白，对自己党内同僚与德国民众而言，超自然的想象力会有多么强大的吸引力。"正如后面我们会谈到，希特勒不反对自己核心圈子的成员，如希姆莱和罗森堡，保持对边缘知识的兴趣，也允许他们在第三帝国内部制定相关政策，设立机构，不惜消耗大量资源。

尽管希特勒不像希姆莱和其他人那样，全心投入超自然和边缘知识中，但他仍然对魔术、占星术和各种伪科学感兴趣。恩斯特·谢特尔（Ernst Schertel）的著作引起了希特勒的注意，并对他产生了影响。谢特尔是一位作家，他的写作主题主要是关于大众心理学和自我修为的，其作品带有神秘与超自然的色彩。希特勒尤其仔细阅读了谢特尔的《魔法：历史、理论、实践》，在阅读过程中还仔细标注，并用这本书来提升自己在公开演讲等方面的表现。对希特勒来说，谢特尔的"魔法"是实用的，适合自我提升、自我把控。此外，希特勒还与自己的长期得力助手鲁道夫·赫斯及其他身居高位的纳粹分子一样，对占星术充满热情。希特勒对占星术感兴趣的一个表现是，他与知名灵媒、占星师埃里克·扬·哈努森（Erik Jan Hanussen）过从甚密。哈努森的真名是赫尔曼·斯坦施耐德（Hermann Steinschneider），他是摩拉维亚的犹太人。1930 年，哈努森已经与纳粹运动的领导人建立了密切的关系。他的犹太身份是一个公开的秘密，但由于他在神秘学方面拥有的所谓的天赋，就没有人在乎他的犹太身份了。哈努森和希特勒曾多次会面。在 1932 年选举之前，他向希特勒传授了操控人群的演说技巧。几个月后，即 1933 年 2 月，哈努森还预言了臭名昭著的国会纵火案。目前，我们不清楚这是哈努森幸运地猜中了，还是他的纳粹后台为他提供了内幕消息。不幸的是，对哈努森来说，他被自己的成功预言反噬。他对国会纵火案的预言，加上他与主要纳粹分子的亲密关系，使纳粹遭到怀疑。哈努森还知道了太多著名纳粹分子的秘密，这一点让纳粹分子们感到非常不自在。哈努森与希特勒的亲密关系引起了纳粹内部人士的嫉妒，而他在德国公众中的受欢迎程度，也给党团的领导及威权带来了潜在的不必要麻烦。因此，1933 年 3 月 24 日至 4 月 5 日的某一天，哈努森遭到谋杀并被秘密掩埋。4 月初，人们发现了他的尸体。

哈努森之死并没有减少希特勒及其核心圈子成员对占星术的兴趣。鲁道夫·赫斯是希特勒的顺位继承人，而他也是占星术及其他超自然信仰的忠实追随者。赫斯日益担心自己对希特勒影响式微以及对俄战争计划危险重重，于是他采取了行动。根据占星的结果和一个超自然梦境的提示，赫斯于 1941 年 5 月 10 日飞往苏格兰，与英国进行和平谈判。对第三帝国来说，这是一个巨大的尴尬；对希特勒来说，则是一次痛苦的个人背叛。

赫斯的逃亡受到占星术的影响。这就导致了 1941 年 5 月至 6 月展开的赫斯行动，这是一次对德国占星师的镇压。尽管指挥行动的是冷酷无情的莱因哈德·海德里希，但此次针对神秘主义者的迫害为时较短，且相当克制。其他引发纳粹愤怒的团体所遭遇的迫害则更为严厉。正如埃里克·库兰德所说，神秘学和超自然信仰在纳粹党人和德国普通民众中都很受欢迎，是无法被根除的。此外，包括希特勒在内，许多纳粹领导人自己也相信神秘学和超自然现象；他们反对的，只是妖言惑众的神秘主义者。此外，他们只是希望神秘主义和超自然现象处于自己的掌控之中，能服务于他们的意识形态和威权。

希特勒对科学一直很感兴趣，其中最重要的一个原因在于，科学可能会制造出打败敌人的神奇武器。否则，希特勒毫无兴趣去区分主流科学与边界知识或伪科学。种族科学显然对希特勒很有吸引力，因为它是种族民族主义信仰、雅利安主义和反犹太主义的依据，同时，似乎还能从科学上证明它们的合理性。汉斯·贺尔碧格（Hanns Hörbiger）的世界冰原论或冰川宇宙学也吸引了希特勒的注意。事实上，这是唯一获得他全心全意支持的边缘科学。希特勒对贺尔碧格理论的热衷，不仅仅是个人的怪癖。世界冰原论受到德国主流科学家的坚决摒弃，但依然在德国民众中拥有大量的拥趸。贺尔碧格是一名奥地利工程师，1894年，他发明了一种钢制阀门，大大改善了高炉的运作效率。这是一项相当有利可图的发明。贺尔碧格希望自己能在宇宙学方面取得同样的成功。1913年，贺尔碧格与业余天文学家菲利普·法特（Philipp Fauth）合著出版了《飓风，极寒，冰雹与火星运河的成倍增长》（*Wirbelstürme, Wetterstürze, Hagelkatastrophen und Marskanal-Verdoppelungen*）一书。最初，第一次世界大战削弱了这本书的影响。而战后，贺尔碧格发表公开演讲，在报纸上刊登文章，积极宣传他的理论。简而言之，他声称宇宙中充满了水，这些水以冰的形式存在。银河系由冰块组成，而地球以外的行星则被冰层覆盖，月球也是如此。天体中的浮冰与堆积的冰层，造成了地球历史上的各种灾难。尽管天文观测和科学实验并不支持贺尔碧格的论点，但许多德国人依然兴致高昂地将它当作科学事实，深信不疑。世界冰原论与种族民族主义以及纳粹的意识形态彼此投合，也与种族民族主义者和雅利安主义者对北极的迷恋相互呼应。此外，世界冰原论的灾变说，似乎为亚特兰蒂斯或希柏里尔等失落大陆的毁灭提供了科学证据。这些大陆据称曾是原始雅利安人的超级文明家园。希姆莱和其他纳粹分子是世界冰原论的忠实支持者。尽管希特勒不像希姆莱那样热衷于此，但他肯定也支持世界冰原论。在希特勒与其核心圈成员的晚宴上，人们曾津津乐道于贺尔碧格的学说。1942 年 1 月 25 日至 2 月 6 日晚，希特勒亲口声称："我非常倾向于接受贺尔碧格的宇宙论。"几周后，2 月 20 日至 21 日，他肯定了贺尔碧格在推动科学知识进步方面的贡献，并将其与哥白尼相提并论。希特勒还表示，他本人和第三帝国都鼓励这种创新的科学思维，并对此大加赞赏。据称，世界冰原论的正确应用，会让人类有可能预测未来几周、几个月，甚至几年的天气。根据这一预计，1941—1942 年的冬天，天气会比较温暖。1941 年 6 月下旬，德国军队发动入侵苏联的巴巴罗萨行动，对天气错误的预测给德军带来了灾难性的悲惨后果。这一年冬天，德军准备不足，死伤惨重。

实际情况便是如此：希特勒对神秘学、超自然现象、边缘历史和伪科学有着广泛的兴趣。他没有像希姆莱或赫斯那样，热情或痴迷地追求这些兴趣，但作为一个元首，领导着如此重要而文明的国家，竟然会支持这些毫无根据的信仰和观点，还是让人觉得匪夷所思。

处于边缘的纳粹领导人

其他纳粹领导人对神秘学和超自然知识的投入，远远超过希特勒。鲁道夫·赫斯是一个老兵，曾在第一次世界大战中立下战功。战后，1919 年，赫斯进入慕尼黑大学学习。在那里，他师从卡尔·豪斯霍夫（Karl Haushofer）。豪斯霍夫是"生存空间"的倡导者。后来，赫斯将这一概念告诉了希特勒，"生存空间"亦成为纳粹意识形态的一个重要信条。豪斯霍夫和赫斯对占星术有共同的兴趣。赫斯原本是一名图勒会信徒，他听到希特勒一次会议上的讲话之后，便转而追随这位未来的元首，成为他忠实而坚定的信徒。在啤酒馆政变期间，他与希特勒站在一起，事后，与希特勒一同被捕并被判刑入狱。在狱中，他帮助希特勒撰写了《我的奋斗》。与希特勒一样，他奉行素食主义，不吸烟，也不喝酒。从 1923 年开始，他担任希特勒的私人秘书。1933 年，纳粹党上台，希特勒任命他为纳粹党副元首、第三帝国政府的无任所大臣❶。赫斯完全忠诚于希特勒，与纳粹核心圈的大多数其他成员不同，他既不企图建立自己的个人权力基础，也不追求个人财富。由于他的谦恭，他的神秘主义和超自然信仰几乎没有对纳粹的政策造成影响。赫斯的内阁中的工作人员的确有不少是神秘主义者，他自己也是超心理学、世界冰原论和生存空间的坚定支持者。

关于纳粹党和第三帝国对神秘主义、超自然主义和边缘知识的推崇，海因里希·希姆莱发挥了最重要的作用。第一次世界大战时，希姆莱太过年轻，直到大战接近尾声，他才刚达到参军的年龄，因而错过了服役的机会。战争结束后，和其他许多德国年轻人一样，希姆莱在这个世界上努力打拼。1923 年 8 月，他加入了纳粹党，参加了啤酒馆政变。希姆莱设法躲过抓捕，没有遭到指控，也没有遭受牢狱之灾。1923—1924 年，希姆莱背离了

---

❶ 无任所大臣（Minister without Portfolio，意为没有部门的部长），或称无任所阁员、不管部大臣，是一种政府高阶或内阁级官员职位。——译者注

自幼所接受的保守天主教传统，转而成为神秘主义与北欧神话的崇拜者。他的反犹太主义情绪愈演愈烈。1925 年，希姆莱加入了党卫队，这是纳粹党冲锋部队的一个小分队，其职责是保护希特勒。希姆莱得到了希特勒的赏识。在接下来的几年中，他成了党卫队的领导人，并将党卫队转变为一个独立的准军事单位，也将其打造为一个工具，用来创造由雅利安人组成的、血统纯正的种族精英。这体现了雅利安秘学的伪科学和伪历史思想。党卫队严格落实了种种规则与政策，确保党卫队成员与合适的人结婚，生活保持检点。为了增加党卫队的凝聚力，许多神秘及超自然的教义、仪式和符号被创造出来。正如一名党卫队上尉迪特尔·维斯利切尼（Dieter Wisliceny）在接受战争罪审判时所描述的那样，在希姆莱的领导下，"党卫队逐渐变成了一种新的宗教教派"。

在努力改造党卫队和德国的过程中，希姆莱获得了雅利安主义者卡尔·玛利亚·威利古特（Karl Maria Wiligut）的建议与帮助。威利古特自称为"灵智雷神"，但人们一般都称他为希姆莱的"拉斯普京"❶。威利古特出生于一个奥地利军人家庭，参加过第一次世界大战，并于 1918 年退伍前获得了上校军衔。他沉浸于各种雅利安秘学的幻想，比李斯特和里本费尔斯的想象还天马行空。他的行为变得飘忽不定。1924 年 11 月，他被迫住进了精神病院。1927 年出院后，威利古特又开始学习雅利安秘学。这时候，他离开家人，搬到了慕尼黑。在那里，他成了一位著名的符文学者。1933 年，纳粹掌权之后，威利古特被介绍给希姆莱。

---

❶ 拉斯普京是俄国尼古拉二世时代的神秘主义者，被认为是东正教中的圣愚，在俄罗斯帝国末年有显著的影响力。——译者注

他后来加入了党卫队，与希姆莱建立了亲密无间的友谊，并成为希姆莱忠实的顾问。威利古特设计了党卫队的骷髅戒指，他的设计让党卫队的仪式和符号看似沾染了传统种族民族主义与雅利安秘学的气息。他还协助将党卫队学院选址在韦沃尔斯贝格城堡，并提出学院装饰方面的建议。希姆莱和威利古特都梦想要复兴古老的日耳曼宗教，从而取代德国的基督教。不过，"祖先遗产学会"的工作人员都认为威利古特脑子不正常。威利古特总是对非常古怪的研究提议和想法感兴趣，为此，工作人员和他不断发生冲突。尽管希姆莱和威利古特志同道合，但 1939 年年初，威利古特有关神秘主义的执念让希特勒勃然大怒，此后，希姆莱就与威利古特保持了距离。威利古特于 1939 年 8 月 28 日正式退休，但实际上他在 1938 年 2 月就已经被剥夺了任何权力。此外，希姆莱还得知，威利古特曾经被诊断为精神失常，还被迫住进过精神病院。一旦这些信息被公之于众，那将可能会导致巨大的尴尬。

有了希姆莱的党卫队，希特勒便有了对付自己政权内忧外患的有力武器，也获得了将自己的政策付诸实施的工具。有些人把希姆莱视为一个玩世不恭的机会主义者，认为他只不过是像戈培尔或戈林那样，想要掌握更大的权力。海军上尉迪特尔·维斯里奇尼（Dieter Wisliceny）对此的看法是，"人们通常认为，希姆莱是一个冷若冰霜、玩世不恭的政治家。这种看法肯定是错的。从他的整个态度来看，希姆莱是一个神秘主义者，他以宗教般的狂热接受了这一（党卫队）世界观。"希姆莱赋予党卫队丰富的遗产，包括种族民族主义、传说、仪式和饰物。通过这一切，希姆莱希望能巩固党卫队对第三帝国的忠诚和奉献。像所有真正的纳粹分子一样，希姆莱狂热地服膺于雅利安人为主种族、斯拉夫人为次等种族，其他种族为低等种族以及犹太人是邪恶有害的这一种族主义意识形态。这些信念与"生存空间"的概念联系在一起，势必要将低等种族从雅利安日耳曼人扩张所需的土地上赶走。在犹太人的问题上，清除政策演变为后来的"最终解决方案"，即种族灭绝政策。被希姆莱洗过脑的、完全服从于他的党卫队，被用以协助他执行这些政策。

在希姆莱的想象中，自己既是学者，也是雅利安秘学、种族科学和与纳粹意识形态及目标相关的其他边缘知识的推动者。为了让纳粹和其他德国民众可以接触到更多关于神秘学、超自然和边缘的知识，希姆莱与理查德·瓦尔特·达雷一道，于1935年创立了名为"祖先遗产学会"的研究智库。这一新智库的设立，旨在发现德国的过去，即种族民族主义或雅利安式的过去，通过发布杂志文章，出版书籍，开展博物馆展览、纪录片和学术会议，向公众介绍这些发现。祖先遗产学会为考古与科学考察活动提供了赞助，以探索德国和斯堪的纳维亚半岛上值得考察的遗址。1938—1939年，恩斯特·夏佛（Ernst Schafer）带领一支探险队前往西藏，这是一次相当有名的远征。其他探险队则前往克里米亚和高加索山脉，寻找古代哥特人的家园，以此找到借口去赶走目前这些地方的居住者，让需要"生存空间"的日耳曼人取而代之。

祖先遗产学会展开了许多异想天开的研究，其中有一项研究旨在完善体质人类学的技术，从而识别犹太人和雅利安人。在这方面，种族科学家布鲁诺·贝格（Bruno Beger）等人没能取得成功。他们不断撞到现实的南墙，即犹太人不是一个生物种族，雅利安人是一个想象的文化建构，而非一个科学分类。可这样的现实又不能直接说出来。研究的失败并没有阻止祖先遗产学会的科学家们继续研究，他们继续从事的研究越发惨无人道。例如布鲁诺·贝格在斯特拉斯堡大学和纳兹韦勒集中营收集人体骨骼。西格蒙德·拉舍尔（Sigmund Rascher）和奥古斯特·赫特（August Hirt）等祖先遗产学会的科学家，在达豪和其他集中营的囚犯身上，开展了令人发指的医学实验。希姆莱领导的科学家们还进行了一项研究，试图制造出一种电子脉冲超级武器，他们将其命名为"雷神之锤"。这项研究也彻底失败了。另外，祖先遗产学会科学家们的研究还为纳粹多年来鼓吹的世界冰原论提供证据与支持。

假如第二次世界大战没有爆发，希姆莱就会派埃德蒙德·基斯（Edmund Kiss）去玻利维亚的蒂亚瓦纳科古城一探究竟。基斯是一位建筑师，他还根据雅利安秘学的主题写过奇幻冒险小说。根据一位旅居国外的德国人阿瑟·波斯南斯基（Arthur Posnansky）的说法，几千年前，曾有一个古老的先进文明在蒂亚瓦纳科繁荣一时。如果真是这样，这个文明的存在似乎印证了古老的雅利安文明被世界冰原论所说的某种大灾难摧毁的观点。按计划，这支探险队由 20 名学者组成，原本将成为祖先遗产学会组织的规模最大的一次探险。其他的考察队被派往伊朗、加那利群岛和冰岛，但由于战争，这些考察任务都被取消了。这一切也许听起来与以印第安纳·琼斯为主角的一部电影《夺宝奇兵》（*Raiders of the Lost Ark*）颇为相似，那是因为《夺宝奇兵》的情节就是基于纳粹在现实生活中的这些徒劳的幻想编写的。直至1939 年，祖先遗产学会先后聘用了 137 名学者、科学家以及 82

名后勤人员，在这些毫无根据的研究中投入了大量资源。

此外，祖先遗产学会的研究结果在德国民众中广泛传播，并在纳粹政策的制定与执行过程中发挥了作用。这表明，神秘主义和超自然信仰对第三帝国的影响举足轻重。当然，希姆莱对自己的种族民族主义和雅利安秘学的信仰，以及他在祖先遗产学会的工作，态度都是非常认真的。据纳粹官员阿尔伯特·克雷布斯（Albert Krebs）回忆，他曾经于 1929 年与希姆莱同行搭乘火车，在六小时的火车之旅中，克雷布斯觉得希姆莱实在是一个令人厌烦的旅伴，他一直在装模作样，吹毛求疵地评论其他纳粹分子。但正如克雷布斯所说，希姆莱一路喋喋不休，大多数都是"愚蠢而无休止的唠叨，可我也只能听着"。希姆莱的唠叨都是与纳粹意识形态有关的神秘学和超自然信仰。克雷布斯并不是唯一觉得希姆莱非常无趣的人。对希姆莱而言，在令人厌烦这一点上，他与希特勒如出一辙。只要看一下希特勒 1941—1944 年的餐桌谈话记录，就会知道他也是个无趣的人。

"生存空间"与"血和土"是纳粹意识形态的两个方面，它们将侵略战争合法化，提供借口将斯拉夫人和犹太人从泛日耳曼帝国觊觎的土地上强行赶走或铲除。这两个概念都源于社会达尔文主义的伪科学和 19 世纪末的种族民族主义。19 世纪 90 年代，地理学家弗里德里希·拉采尔（Friedrich Ratzel）提出，人类与他们生活的地理环境相互作用，从而影响社会发展。健康和成功的社会需要足够的空间，而成长中的社会则需要越来越多的土地。拉采尔提出这一概念的时候，受到了生物学家恩斯特·海克尔的社会达尔文主义的影响。他的观点得到了瑞典地理学家鲁道夫·契伦（Rudolf Kjellén）的进一步支持，因而成为 20 世纪初地缘政治学学科的一个宗旨。第一次世界大战期间，德国军事行动的目标之一便是争夺"生存空间"。他们的最高统帅原本预期要将波兰的大部分地区以及波罗的海国家纳入德意志帝国的版图。战争的失败让这个计划破产了，但失败也使许多德国人相信，只有建立起一个欧亚帝国，德国才能够与英法美相抗衡。第一次世界大战之后，"生存空间"的鼓吹者之一是慕尼黑大学的地理学教授卡尔·豪斯霍弗（Karl Haushofer），他在1919年期间是鲁道夫·赫斯的老师。赫斯又将豪斯霍弗引荐给希特勒，并将其鼓吹的"生存空间"纳入纳粹的意识形态，造成了悲剧性的后果。

如今，地缘政治学中的社会达尔文主义和地理决定论，已经被公认是伪科学。然而，在当时，达尔文主义关于物竞天择、适者生存的思想，与西方工业国家许多社会精英的世界观不谋而合。纳粹只是从"生存空间"的概念中得出了合乎逻辑而不合乎人道的结论。在这一进程中，他们增加了"血和土"的概念。19世纪期间，德国的种族民族的浪漫主义美化了乡村生活，赞美了德国农民与土地的深厚联系。为了反对城市化和工业化，种族民族主义者提倡乡村生活更健康，并力图保护并增加坚定而勤劳的农民数量。这些农民是德国社会的支柱，也是最好的士兵。阿塔门联盟向年轻的德国人，包括理查德·瓦尔特·达雷（Richard Walther Darré）和希姆莱，宣传回归土地的理想。达雷是一位农业专家，他认为"血和土"的概念非常贴切。达雷在自己的著作中普及了这一概念，并最终于1930年加入了纳粹党。"血和土"的理念声称，一个民族和他们居住的土地之间存在着一种深刻而神秘的关系。对达雷来说，日耳曼是一个特殊的民族，德国是他们特殊的土地。达雷的"血与土"理念与希姆莱恢复德国传统农村生活的愿望一拍即合。与希姆莱一样，达雷希望召回古老的德国宗教，并以此取代基督教。

1932 年，希姆莱任命达雷为种族和殖民总局主任。后来，1932—1938 年期间，希姆莱与达雷闹翻了，达雷因此丢掉了种族与殖民总局主任以及帝国粮食与农业部部长的职位。但"生存空间"与"血与土"这两个概念仍然根植于纳粹的意识形态中，他们将人们强行驱逐出家园，随后发生的往往就是种族灭绝。下面是一个极为悲剧性的例子，告诉我们神秘的伪科学理论是多么危险。

文字学家汉斯·F.K. 冈瑟（Hans F.K. Günther）为雅利安主义和日耳曼种族优越性的种族民族主义信念提供了学术支持，尽管他的支持也并不太有说服力。尤利乌斯·莱曼（Julius Lehmann）是一个带有种族民族主义倾向的出版商，他一直在寻找有声望的德国学者来撰写著作，以证明雅利安人或北欧人的优越性。唯一愿意承担这项任务的就是冈瑟。冈瑟是一个资历平平、毫不知名的学者，1920 年他的第一本专著出版了，题为《日耳曼民族的人种类型》（*Racial Typology of the German People*）。这是一本长达 500 页的巨著，事实证明它相当受欢迎：到 1933 年，这本书已经再版了 16 次。希特勒的个人图书馆中收藏了该书的四个版本，都是莱曼送给他的。啤酒馆政变后，希特勒被关在兰茨贝格监狱，他在狱中阅读的书籍里就包括这本书。在写《我的奋斗》过程中，希特勒也用到了这本书。根据冈瑟的《欧洲历史的人种要素》（*The Racial Elements of European History*）所述，欧洲居住着五个人种，其中最伟大的是北欧人种。他们在身体、智力和道德特质方面与其他人种相比都很优越。这些特质是生物性的，不是环境或文化的产物。

不用说，冈瑟利用了许多德国人的偏见和种族民族主义的幻想，这也让他的书一时间大受欢迎。书的畅销让冈瑟赚得盆满钵满，也让他成了名人。1930 年，在当地纳粹分子的共谋下，冈瑟得到了耶拿大学的人类学教席，教职员工对此的反对根本无济于事。纳粹党人认为，冈瑟是他们在种族问题上最重要的专家。冈瑟与达雷一道研究种族政策。1932 年，冈瑟加入纳粹党，从1939 年起，他在弗赖贝格大学担任教席，直到 1945 年被解雇。后来冈瑟被关押了三年，仍不思悔改，既否认大屠杀，又继续鼓吹有关优生学和种族卫生的谬误观点。马丁·加德纳（Martin Gardner）是一位研究边缘或边界知识的历史学先驱。关于冈瑟的所作所为，加德纳如是说："像冈瑟这样的人写的书便是明证，表明一门科学很容易被强烈的情感偏见所歪曲，而科学家的偏见并非源自其研究对象，而是源自他周围的文化力量。"

纳粹的意识形态来自种种可疑信息的一锅乱炖，其中一些相互矛盾、荒诞不经，或者简直让许多普通德国人不屑一顾。纳粹精英阶层如戈林和鲍曼等人的反智态度，更进一步让这些多半荒谬的元素无法被纳入一个有组织的、连贯的系统。然而，某些纳粹分子确实试图为纳粹和第三帝国创造一个全面的哲学和意识形态。在这方面，阿尔弗雷德·罗森堡做出了最重要的尝试。

罗森堡是德国人，出生地为如今的爱沙尼亚。第一次世界大战结束后，他搬到了慕尼黑。在那里，他成为迪特里希·埃卡特的门徒，并为《人民观察家报》^❶撰写反犹太主义和反布尔什维克的文章。1919 年 1 月，罗森堡加入德国工人党，他比希特勒加入德国工人党还早几个月。罗森堡有可能也是图勒会的成员。1923 年，埃卡特去世后，罗森堡成为《人民观察家报》的编辑，该报后来成为纳粹党机关报。希特勒因啤酒馆政变而入狱时，他任命罗森堡为党魁。希特勒重新出任元首之位后，罗森堡继续努力建构体系化的纳粹的意识形态，并大力推行。

1930 年，罗森堡推出了他的鸿篇巨著《20 世纪的神话》。当然，这本书进一步宣扬了日耳曼人是雅利安超人的继承人、极端民族主义和恶毒的反犹太主义的思想。有人指出，罗森堡和希特勒都是神话的制造者。罗森堡的"神话"是对血统的信仰，即构成一个民族基本特征的纯正种族血统，即他们的"种族灵魂"。他认为，原始的雅利安人是一个优越而先进的种族，他们的文化成就遍布世界各地，其中就包括太阳崇拜。在扩张的过程中，雅利安人与低等民族发生了种族混合，这导致了他们的退化。他们还面临着来自敌对种族的竞争，敌对种族的特征与种族灵魂是和雅利安人完全对立的。罗森堡追溯了从失落的亚特兰蒂斯大陆到他生活的那一时期的整个历史过程。他的叙述混杂了伪历史的推测、断裂的历史、神秘的信仰之跃、可疑的科学以及反基督教或反犹太主义的曲解。罗森堡甚至还抛出一个论断，说耶稣是雅利

---

❶ 《人民观察家报》，始创于 1887 年，原名《慕尼黑观察家报》，是一份篇幅 4 页的慕尼黑周报。1923 年，濒临破产的《慕尼黑观察家报》被希特勒买下来，并改名为《人民观察家报》，用来宣传纳粹党的极端民族主义。——译者注

安人。换言之，他的《20 世纪的神话》在很大程度上源自雅利安秘学。

该书出版之前，罗森堡尝试想让希特勒阅读其手稿，希望他提些建议，并允许该书出版。显然，希特勒从未读过这份手稿，但还是批准了出版。这本书出版后，罗森堡遭到了强烈的批评，因为他似乎主张用某种北欧异教的复兴来取代德国的基督教。事实上，极端反基督教的希特勒与其他志同道合的纳粹分子，也想用北欧化的基督教或是纳粹版的古老日耳曼异教去取代传统基督教。罗森堡和希姆莱肯定倾向于后者。我们还应该记住一点，纳粹主义是唯一反基督教的法西斯运动，他们想用某种炮制的民族主义异教来取代基督教。然而，希特勒不乐意看到的是，罗森堡在教会和德国基督徒中挑起事端。正如 1942 年 4 月 11 日，希特勒在与他的核心圈子成员共进晚餐时所言："我必须坚称，罗森堡的《20 世纪的神话》不能被视为党的官方理论的表述。"罗森堡的《20 世纪的神话》卖出了 100 多万册，与《我的奋斗》一起被称为"第三帝国最伟大的两本无人阅读的畅销书"。大多数人购买这两本书都是为了把书摆在书架或咖啡桌上，展示并证明自己对第三帝国的忠诚。此外，我们还应该记住，罗森堡的写作目的并不是让坚定的基督徒皈依异教，他的目标读者群是那些没有信仰、正在寻找新信仰的人。与此同时，希特勒内部圈子里的许多成员轮番对罗森堡发起攻击。戈林对罗森堡的思想嗤之以鼻。戈培尔最初在日记中表示《20 世纪的神话》写得"非常好"，但阿尔伯特·施佩尔（Albert Speer）则说，戈培尔其实是在嘲讽罗森堡，他甚至把《20 世纪的神话》一书称为一个"意识形态打的嗝儿"。戈培尔从不会容忍自己的对手或潜在对手比自己胜出一筹，鉴于此，人们不禁会揣测，他在私人日记中所写的或许才更接近他真实的感受。

毋庸置疑，罗森堡的《20 世纪的神话》与希姆莱的纳粹意识形态相当接近。但在许多方面，这两个人与其说是盟友，倒不如说是对手。1934 年，罗森堡成为纳粹党文化政策及监督办公室专员，该办公室也被称为罗森堡办公室，主管议题包括民俗学和神秘学。罗森堡办公室与希姆莱的祖先遗产学会的工作范围有些部分是重合的。除了罗森堡办公室专员，希特勒还赋予他多种职责。1933—1945 年，罗森堡负责纳粹党的外交政策办公室相关工作；1941—1945 年，他担任第三帝国东部占领区部长。外交政策办公室的一项重要职责，是要尽力说服当地民众，支持德国反对斯大林和共产主义苏联。这一任务后来很难推进，因为"生存空间"的政策也开始实施了，这就意味着要残酷地将当地的斯拉夫人迁走，以日耳曼居民取而代之。希特勒有时候会批评罗森堡，但他显然对罗森堡有信心。1943 年 1 月 11 日，希特勒在写给罗森堡的生日信中如是说，"我仍然记得，在埃卡特家里见到你的那一天。从那时起，你已经成为第一个和我一起构建我党灵与智的同伴。你给我们的运动带来了更为澄明、更为稳健的世界观。只待他日，你在这方面的贡献必将青史留名。"历史学家欧文·海瑟姆（Irving Hexham）曾令人信服地指出，希特勒非常尊重罗森堡的建议和想法，罗森堡的思想在德国各地流传甚广。

历史学家与纳粹的边缘人

希特勒和纳粹运动建立了一个强大而可怕的帝国，发动了种族灭绝和毁灭性的侵略战争。最终，他们失败了，而欧洲和全世界为了击败他们，付出了惨痛的代价和巨大的牺牲。超自然、神秘主义、边缘历史和伪科学，这一切都在纳粹主义一意孤行的意识形态的形成中发挥了作用。20世纪30年代和第二次世界大战期间，人们认识到纳粹主义和超自然现象之间存在着某种联系。从1945年德国战败，直到20世纪60年代，学者们一直在研究纳粹的信仰与超自然及边界知识的联系。同时，艾伦·布洛克（Alan Bullock）等学者强调，希特勒和其他纳粹领导人都是自大狂，有着极强的权力欲望。有关希特勒和纳粹主义的这两种判断都是正确的。

与此同时，纳粹主义邪恶与恐怖的本质吸引了一些喜欢哗众取宠的人，他们鼓吹各种怪异的理论，尤其强调纳粹与神秘学以及超自然的联系。1960年，两位法国作家路易斯·鲍维尔（Louis Pauwels）和雅克·博基尔（Jacques Bergier）出版了一本书，该书英文版1964年出版，书名是《魔术师的早晨》（*The morning of the magicians*）。这本书里有许多杂乱无章的关于失落文明的神秘学、伪历史和伪科学的猜测，还有关于古代外星来客与变种超人类的故事，这可比埃利希·冯·丹尼肯的创作要早得多。书中称希特勒和纳粹参与了所有这些灵异事件。《魔术师的早晨》成为反主流文化、支持新纪元主义与阴谋论者的经典之作。自出版以来，它一直是边缘历史和超自然现象追随者们常常隐约记起的原文本。这本书也启发了另一些人，他们各自发展出关于希特勒、纳粹和神秘主义的可疑理论。在这些理论中，神秘学和超自然现象拥有真正的力量，希特勒和其他纳粹分子试图利用这些力量实现自己的恶毒计划，或者有一个阴暗的神秘人物在希特勒和纳粹背后操纵大局，并利用他们来实现自己的邪恶目的。

有关这段神秘的历史，特雷弗·拉文斯克罗夫特（Trevor Ravenscroft）所著的《命运之矛》（*The Spear of Destiny*）一书就是一个很好的例子。书中推测，朗基努斯的长矛刺穿了基督的身体，因而成为超自然力量的来源。希特勒被恶魔附身，为了实现自己征服世界的计划，他痴心妄想要得到这根长矛。拉文斯克罗夫特还声称，希特勒其实只不过是一个傀儡，受各种神秘人物的指挥。这本书的读者首先得要相信，存在着拥有巨大魔力的古代文物；他们还得接受，拉文斯克罗夫特是通过灵媒主持的通灵仪式，从已故的神秘主义学者沃尔特·斯坦因（Walter Stein）那儿得知了某些研究发现。因此，除非读者与拉文斯克罗夫特一样深信这种超自然的来源，否则，《命运之矛》一书并不会让你得到有关希特勒和纳粹的真正历史知识。其他此类书籍同样如此，这些书依然会偶尔出现，它们从不会彻底消失。要是你想体验一下失控的想象力，它们读起来倒也蛮有趣，但这些书不是历史。

尼古拉斯·古德里克－克拉克的《纳粹主义的神秘根源》（*The Occult Roots of Nazism* 1985，1992）是一部非常扎实的历史研究专著。该书认为，神秘主义思想和信仰在纳粹运动的起源中起到了突出而重要的作用。然而，克拉克并没有仔细探究，1933年纳粹上台后，神秘学是否继续对他们发生影响。几年来，有一些学者认为，神秘主义和法西斯主义没有本质上的联系。例如，科琳娜·特雷特尔（Corinna Treitel）在她《灵魂的科学》

（*A Science for the Soul*，2004）一书中就这样认为。这一点倒是真的。新纪元主义者与神秘主义者完全可以是自由的、保守的或非政治的。在德国 20 世纪上半叶，鲁道夫·斯坦纳（Rudolf Steiner）和他的人智学 ❶ 与法西斯和纳粹主义截然相反。特雷特尔清晰地表明，德国神秘主义者试图将他们的信仰和实践转变为一种科学形式，而许多德国科学家和知识分子却拒绝这样做，特雷特尔对此只是一笔带过。此外，她将神秘主义和伪科学信仰在纳粹制定政策中发挥的作用降到最低。用她的话来说，"毫无疑问，希姆莱咨询了神秘学术士，但没有任何迹象表明，希姆莱得到的建议曾被纳入重要的政治决策。"这种说法忽略了卡尔·玛利亚·威利古特等人的影响。此外，它将重点放在神秘学上，而忽略了伪科学、边缘科学和边缘历史在纳粹思想中有着非常明显的影响。

为了回应特雷特尔和其他学者的类似论点，历史学家埃里克·库兰德于 2017 年出版了《希特勒的怪兽：第三帝国的超自然历史》（*Hitler's Monsters: A Supernatural History of the Third Reich*）一书。该书提供了大量详尽的记录，说明超自然思想及信仰在纳粹与纳粹德国社会中发挥的作用。最重要的是，库兰德延续了克拉克 1933 年有关神秘学和纳粹主义的研究。此外，他对超自然的定义包括伪科学、边缘科学和边缘历史以及神秘学。这就囊括了超心理学、种族民族主义宗教、世界冰原论、失落的

---

❶ 人智学是由神秘主义者鲁道夫·斯坦纳在 20 世纪初创立的，它设想存在一个客观的、智力上可理解的灵性世界。该学说旨在透过一种独立于感官体验的思维模式进行灵性探索。——译者注

大陆和神秘学研究。

纳粹的意识形态提供了一个全方位的替代方案，试图完全取代启蒙运动和现代科学理性的唯物主义思想体系，以及传统上由基督教为人民提供的精神安慰。库兰德指出：

* 基于这些证据，我认为，没有哪个群众政治运动像纳粹运动那样，有意识地、持续不断地利用我所说的"超自然想象"——神秘主义、"边界科学"、异教徒、新纪元主义、东方宗教、民间传说、神话和许多其他超自然学说——以吸引一代德国民众，追求全新形式的精神信仰，并试图在科学可验证性和传统宗教的陈腐教义之间，寻求对世界的独创性解释。当然，从未有一个群众性政党在掌权后做出类似的努力，去监管或解析这些学说，更不用说努力将这些学说改造得更具适用性、更加制度化了。无论是在科学、宗教、文化和社会政策的领域，还是在推动战争和种族清洗方面，如果不了解纳粹主义和超自然之间的这种关系，就不能完全理解第三帝国的历史。

一旦末世论、异教、反圣经信仰、对达尔文主义的歪曲以及《锡安长老会纪要》等欺诈性出版物所宣扬的虚假历史与伪科学人种论相结合，就能重塑一场荒谬至极的大规模屠杀，并为之提供辩护。大屠杀就会被扭曲为是一场生存斗争，其目的是将雅利安人和德国人从千年的邪恶犹太阴谋中拯救出来。种族民族主义人类学理论、对史前史的虚假研究，再加上种族民族主义宗教，就创造出一个作为超级人类的日耳曼民族形象，日耳曼人必须牺牲掉他们认定的低等种族，才能重新获取自己古老而伟大的遗产。人口不断繁盛的雅利安人需要更多的土地生活，而这种所谓的需要，又强化了那些认定土地及其居住者之间存在某种神秘联系的胡扯，这也为帝国主义和侵略战争提供了借口，最终导致种族灭绝。而这一切，都在社会达尔文主义关于适者生存的概念中，得到了进一步的支持。

对于这种带有神秘主义、伪科学和边缘历史色彩的意识形态，德国民众是否买账？有些人信，有些人不信。1934 年，英国记者菲利普·吉布斯爵士（Sir Philip Gibbs）与一位匿名法国商人在柏林进行了一次谈话，在这次谈话中，我们可以看到这位法国人对纳粹政权初期德国社会的严肃洞察，今天的读者都能从中受益。吉布斯询问这位法国人对德国局势的分析。事实上，这位法国人对德国的局势已经密切观察了六个月，他还阅读了罗森堡等人的纳粹著作。他的结论是，35% 的德国人将愿意为希特勒献出生命，而其余的人对纳粹主义的态度，要么漠不关心，要么并不支持，甚至会憎恨它。但是，纳粹党大权在握。他们的思想体系事关种族主义、部落主义和北欧异教的复兴。正如那个法国人所说：

* 这就是他们写的东西，这就是他们在德国教给年轻人的东西。我们没有足够把它当回事。根据我的判断，它产生的后果是非常严重的。这是对欧洲文明和基督教的挑战。我们很容易对它嗤之以鼻，说它只是几个疯子的胡言乱语。但这是一种明确的哲学，是那些掌握国家命运的人所奉行的哲学。它对年轻人的思想进行了教育，是那些被捏在掌权者手里可以随心所欲加以塑造的材料。如果不考虑这一切，就无法理解在德国发生的事情——对犹太人、天主教徒以及新教教规的攻击。它是德国能量的主要源泉。这就是为什么我们不能将他们视为欧洲进步的平等伙伴的原因。

吉布斯起初对这样的说法将信将疑，但他后来在柏林待了一段时间，也得出了同样的结论。

虚假和仇恨的思想会酿出有毒的酒，日耳曼人并不是唯一沉醉于其中的民族。20世纪30年代，他们只是喝下了最多这样的毒酒。纳粹德国和欧洲从1933年到1945年的命运，无疑是一个令人心惊胆寒的警告，告诫我们牢记，一旦国家和社会为了假新闻、伪科学、边缘历史和宗教的变异而放弃客观真理和理性的标准，会产生多么可怕的后果。正如克里斯托弗·黑尔（Christopher Hale）那句简短而有力的评论所说："神话从来就不是无害的。"

第六章

罗斯威尔神话

＊

当然，要证明飞碟从来没有出现过几乎是不可能的。在过去的
几十年里，可能一直都有人相信神秘莫测的飞碟的存在。可如今我
们有充分的理由预计，关于飞碟的狂热将作为大众妄想的又一明证
而载入史册。

——马丁·加德纳，1952 年

马丁·加德纳是一个真正的多面手。他是研究刘易斯·卡
罗尔（Lewis Carroll）❶ 的专家，一位颇有名气的魔术师，在数学
及科普方面著述颇丰。他最大的成就之一是创造与收集数学游
戏与谜题。多亏了多佛出版社，不少这些游戏和谜题集至今仍
在重印。与目前的主题更相关的是，加德纳是 20 世纪下半叶伪
科学主张最主要的驳斥者之一。1952 年，他出版了第一本专著
《狂热与谬论：以科学的名义》（*Fads and Fallacies in the Name
of Science*，以下简称《狂热与谬论》，中译本为《西方伪科学种
种》）。在这本书中，加德纳调查了种种伪科学信仰及团体，包括

❶ 刘易斯·卡罗尔，原名查尔斯·路特维奇·道奇森（Charles Lutwidge
Dodgson），英国数学家、逻辑学家、童话作家。代表作品为《爱丽
丝漫游奇境》与《爱丽丝镜中奇遇记》。——译者注

平地论者、李森科主义（Lysenkoism）、查尔斯·福特（Charles Fort）及其追随者、失落的大陆、金字塔神秘学、各种医学潮流与邪说、食品潮流、科学教派的前身戴尼提学以及反犹太主义和其他形式的种族主义。《狂热与谬论》成为怀疑论的经典之作，至今依然如此。首次出版60多年后，该书仍在不断重印。重印理由也很充分：书中的许多观点如今仍然适用，并且这是一本很好的读物。加德纳与伪科学的斗争并没有就此结束，1976年，他协助成立了超自然现象科学调查委员会，即现在的怀疑探索委员会。

20世纪50年代，加德纳撰写、出版及再版《狂热与谬误》期间，关于飞碟的狂热正席卷美国及世界其他地区。飞碟狂热始于1947年，后来发展为UFO运动。不用说，加德纳在两个版本的《狂热与谬误》中，都有关于飞碟的章节。加德纳很早就注意到，相信飞碟存在这一点已经成为神智学者与神秘主义者津津乐道的话题。加德纳显然认为，飞碟热和UFO运动最终会淡出人们的视线，甚至消失。但这并没有发生。虽然人们对UFO运动的热情有起有落，但它非但没有消失，反而已经成为全球流行文化的一个重要部分。UFO运动最核心的事件是发生在1947年的罗斯威尔事件，但是在《狂热与谬误》一书中，加德纳甚至完全没有提及此事。这是为什么呢？仔细研究一下罗斯威尔神话的起源，就会明白加德纳忽视这件事是有原因的。

通往罗斯威尔之路

罗斯威尔是一个小城市，人口约有5万，位于新墨西哥州的东南角。这一地区土地干旱，地势相对平坦，远眺可以看到几英里 ❶ 远的地方。得克萨斯州在罗斯威尔东边大约 90 英里，南边 100 多英里。1947 年，还没有州际公路系统，离罗斯威尔最近的主要公路是传说中的 66 号公路，位于罗斯威尔北边 100 英里。直至今日，罗斯威尔方圆 100 英里范围之内都没有任何州际公路，因为新墨西哥州的 40 号州际公路沿用了原 66 号公路大部分路段。只有想去那里的游客才会去罗斯威尔。尽管地处偏僻，但确实有游客想去，每年前往罗斯威尔的游客约有 20 万名。这是为什么呢？因为据说罗斯威尔是 1947 年 7 月初飞碟坠毁事件的原发点。因此，怀疑论者迈克尔·谢默（Michael Shermer）将罗斯威尔称为 UFO 运动的"圣地"。

2019 年 9 月，我决定开车去罗斯威尔。从亚拉巴马州的北部开始，行程约 1300 英里，其中大部分途经 65 号和 20 号州际公路。经过得克萨斯州的斯威特沃特之后不久，最好的路线是离开 20 号州际公路，沿着 85 号公路向北行驶。途经这里的人们应该小心，沿途会经过一大片巨大的风力涡轮机。这些恐怖的机器会发出致癌的噪声，至少有些人是这么认为的。罗斯威尔还在 300 英里之外。这片区域是奇泽姆牛车道的出发点。这里的实际海拔高达 3600 英尺至 4000 英尺 ❷，但由于地势平坦，看上去一点也不像在海拔那么高的地方。听上去似乎路途漫漫，不过在这条相对空旷的公路上，平均驾驶速度可达到每小时 80 英里。旅行

---

❶ 1 英里约等于 1.609 千米。——编者注

❷ 1 英尺约等于 0.305 米。——编者注

者越过佩科斯河的时候，就会知道罗斯威尔快到了。当然，前提是他们得知道，那条看起来像是小溪的水道其实就是佩科斯河。不久之后，路边会出现一些小绿人形象的标识，然后就会看到罗斯威尔的建筑物，最后是主街。

380 号公路（也就是罗斯威尔的第二街）和主街的交叉口，就是 UFO 学的原爆点。往南一个街区，就是国际 UFO 博物馆。街道的北面和南面，一路上有好多家与 UFO 相关的机构，连路灯的灯罩也装饰成经典的灰色外星人头像。往北三个街区罗斯威尔游客中心的装修也是以 UFO 为主题，友好的工作人员会向旅客提供实用的旅行小册子，甚至会帮旅客和几个灰色外星人拍照。回过头来看一下国际 UFO 博物馆，年长一些的游客会认出来，这栋建筑原先是一个电影院。1946 年开业的平原剧场是一个单厅影院，有可容纳 1030 人的座位。20 世纪 70 年代剧场关闭，最终在 1996 年被重新利用，成为国际 UFO 博物馆。

罗斯威尔国际 UFO 博物馆的创建，距离 1947 年发生的所谓飞碟坠毁事件已经有 45 年，而距离 1980 年罗斯威尔事件以 UFO 盛会的形式再度浮现也有十多年了。沃尔特·豪特（Walter Haut）是罗斯威尔陆军航空军基地的一名年轻中尉，负责处理公共关系。他撰写了 1947 年 7 月 8 日的新闻稿，宣布在罗斯威尔附近找到了一个坠毁的飞碟。在华盛顿特区参加一个飞碟会议时，有一位与会者向豪特建议，应该在罗斯威尔建一个 UFO 博物馆。豪特对这个建议颇为上心，还将这个建议告诉了另外两位据称目击了罗斯威尔事件的人：格伦·丹尼斯（Glenn Dennis）和马克斯·利特尔（Max Littell）。丹尼斯和利特尔也认为这是个好主意。因此，1991 年，三人在罗斯威尔主街的向阳银行大楼的七楼建起了一个小型博物馆。博物馆的这个位置很糟糕，开头两年只吸引了 2 000 名游客。1992 年，博物馆搬迁到主街的一个店面，知名度有所提高，来博物馆参观的人数开始增加，到 1996 年，它成了罗斯威尔最大的旅游景点。过去四年中，有超过 106 000 人访问该市，就是为了参观这些与 UFO 相关的场所。这些游客消费了 1 600 万美元，创造税收近 100 万美元。

罗斯威尔第一届 UFO 节定于 1996 年 7 月举办。UFO 节开始前约两个月，UFO 博物馆搬进了原先的平原剧场。当然，博物馆中的展品主要都是为了表明 1947 年 7 月确实有一架或多架飞碟在罗斯威尔附近坠毁。在这些所谓的飞碟坠毁事件中，还发现了外星人的尸体，甚至有一两个活着的外星人，还有飞碟的碎片和残骸。这些展览声称，坠毁的飞碟来自外星球，外星人还在不断到访地球。此外，他们声称外星人一直在访问地球，这一点可以追溯到远古时代。埃利希·冯·丹尼肯和他的纪录片《远古外星人》也是这么说的。

虽然国际 UFO 博物馆展览的重点是罗斯威尔事件中的展品，但其中的一些展品也呈现了另外一些假设或主张，这一切就构成了 UFO 运动的各种分支。一些展品来自曾经拍摄罗斯威尔事件及 UFO 的电视节目中用过的道具和场景。最令人印象深刻的可能是其中一个立体透视模型，展现了飞碟在沙漠中降落的场景。它曾经在旅游频道《制造怪物》（Making Monsters on the Travel Channel）系列节目中出现过。除了飞碟之外，展出现场还有闪烁的灯光、人造烟幕和特殊音效，飞碟周围聚集着一群灰色的"外星人"。博物馆设有礼品店，商品丰富，库存充足。据罗斯威尔主街负责人达斯汀·哈克比（Dusty Huckabee）介绍，仅

1996 年，这个礼品店销售额就高达 100 万美元。当然，罗斯威尔旅游业的顶峰是 1997 年举办的 UFO 节，因为它是所谓的飞碟坠毁 50 周年纪念。随后几年里，前往罗斯威尔的游客有所减少，但人数仍然相当可观。2019 年，UFO 节的游客明显增多，有 14 000 人参加。在新冠疫情的压力之下，2020 年 UFO 节被迫取消，2021 年恢复，参加活动的人数与 2019 年大致相当。国际 UFO 博物馆馆长吉姆·希尔（Jim Hill）介绍说，正常情况下每年约有 22 万人参观该博物馆，为罗斯威尔经济带来 5 700 万美元的收入。2022 年的 UFO 节是所谓飞碟坠毁 75 周年纪念，在此期间以及 2022 全年，罗斯威尔的旅游业看起来都蒸蒸日上。坠毁的飞碟和死掉的外星人真是门不错的生意。

和其他地处偏僻乡村地区的小城镇一样，罗斯威尔也曾经在类似的经济困局中挣扎。但和这些地方不一样的是，流行文化为罗斯威尔提供了一个现成的飞碟主题。从 1980 年起，罗斯威尔事件以 UFO 盛会的形式再度浮现，使罗斯威尔成为世界闻名的旅游地。直至 20 世纪 90 年代初，罗斯威尔飞碟坠毁的神话已成为 UFO 运动的核心焦点。提到罗斯威尔或以罗斯威尔为主题的书籍、杂志文章、纪录片、电影和电视系列片越来越多。当地有不少目击者纷纷站出来。随着时间的推移，仔细的调查显示，这些人的证词要么不足为据，要么可靠性令人生疑。1991 年，国际 UFO 博物馆建成，这也体现了 UFO 热再度兴起。此后，1994 年由凯尔·麦克拉克伦（Kyle MacLachlan）与马丁·辛（Martin Sheen）主演的电视电影《罗斯威尔》（*Roswell*）上映。这部电影用了极其夸张的手法，表现飞碟坠毁确实发生了，而政府在掩盖事实。电影放映期间，罗斯威尔的知名度被提升到更高的水平。

不无讽刺意味的是，这部电影其实是在亚利桑那州拍摄的，而不是在罗斯威尔的现场，这让当地社区的领导人感到非常懊恼。

所有事情发展的走向让罗斯威尔的民众及商业领导人开始考虑，UFO及罗斯威尔飞碟坠毁事件应该是个可行的主题，能吸引游客前来。国际UFO博物馆业已建好，为此提供了坚实的基础。就这样，1996年，博物馆的所有者豪特、丹尼斯和利特尔找到了哈克比，希望组织UFO节。哈克比和董事会成员斯坦·克罗斯比（Stan Crosby）觉得这个想法不错，于是提交给全体董事会表决。其他董事会成员否定了这个提议。他们认为，突出UFO并不能很好地呈现罗斯威尔这个社区。此外，UFO这个话题很可能会冒犯某些人的宗教情感。哈克比和克罗斯比的胆子很大，两人决定自己动手来组织这个活动。恰巧，克罗斯比的妻子迪恩是博物馆的董事会成员。第一届UFO节于1996年7月4日举办，吸引了1 000人前往参加，这些人几乎都来自外市或外州。当地人对这一活动避而远之，但是引起他们注意的是，酒店、餐馆和加油站的销售额在此期间都出现了大幅增长。

经历了第一届UFO节带来的经济效益，组织者决定在1997年罗斯威尔飞碟坠毁事件50周年之际举办第二届UFO节。这一次，当地社区表示支持。各种经济及商业团体，如罗斯威尔主街和民众团体都参与了进来。克罗斯比在互联网上将该节日宣传为"相遇97"，这一宣传大获成功。新墨西哥州旅游局对该活动也提供了重要的支持。旅游局为当地商家举办了研讨会，帮助他们尽可能扩大活动的经济效益。他们还向美国全国及国际媒体推广这次活动，并为外国记者提供翻译。显然，旅游局希望罗斯威尔成为一个永久性的旅游景点。这次活动甚至登上了1997年6

月 23 日《时代》杂志的封面。在这样的宣传力度下，估计有
48 000 人参与了"相遇 97"。换句话说，此次 UFO 节活动期间，
罗斯威尔的人数增加了一倍。与此同时，国际 UFO 博物馆周边
冒出许多家 UFO 主题的礼品店。曾经空荡荡的店面现在顾客盈
门，生意兴隆。这一地区的商家开始采用 UFO 及外星人的主题、
装饰和图案。主街上的邓肯甜甜圈店如今非常自豪地拥有一座 6 米
高的绿色外星人雕像，手中高举着邓肯的品牌，而附近的麦当劳
店也是以 UFO 为主题设计的。罗斯威尔已经找到了成功促进当
地旅游业发展的素材。

并非每个罗斯威尔人都认同应该将 UFO 和坠毁的飞碟作为
卖点。有些人认为，这个主题吹捧了一个虚构的事件，因此拉低
了小镇的形象（确实并非所有的罗斯威尔人都相信有 UFO）。不
过，正如克罗斯比所言，有人问他是否相信存在 UFO，他的回
答是："我相信什么？我相信的是旅游业。"旅游业意味着金钱。
每年，有 20 万游客来到罗斯威尔，其中 85% 的人会参观国际
UFO 博物馆，UFO 主题显然效果非凡。对豪特而言，效果确实好
极了，他总开着一辆非常漂亮的宝马车在镇上转悠，个性自选车
牌号是"MR.UFO"（意为"UFO 先生"）。豪特夫人也不甘示弱，
她的车牌号为"MRS.UFO"（意为"UFO 夫人"）。

说到这里，人们可能会奇怪，罗斯威尔事件 1947 年就发生
了，为什么过了差不多 50 年，才出现了国际 UFO 博物馆和 UFO
节呢？这个问题很有意思，也指向了整个事件的关键。它的答
案会让我们更充分地了解罗斯威尔神话，了解 UFO 运动的起源、
性质和实质。从现在开始，后文中所使用的"罗斯威尔事件"一
词，指的是美国空军侦察气球坠毁的官方及历史叙事。"罗斯威

尔神话"一词，则用来表示有关外星飞船或航天器坠毁，人们各执一词的故事。

罗斯威尔事件：历史的版本

想要充分理解 1947 年发生的罗斯威尔事件，关键要弄清楚相关的历史和地理背景。1947 年，美国和西方世界正处于一个过渡时期，从第二次世界大战相对明确的道德是非与战争以胜利告终的狂喜，过渡到隐晦不明的冷战世界。美国垄断了核武器，但苏联人早晚都会获得足够的知识，制造出他们自己的原子弹。苏联人在疯狂地开发核武器，与此同时，美国也急切地想知道苏联何时会成功。那时候，U–2 侦察机还没有开发出来，发射侦察卫星去太空则是更晚的事情了。天上发生了什么，没有人看得到。

新墨西哥州是原子武器的诞生地。这里地处偏僻，周围都是茫茫沙漠，这使它成为秘密武器开发及测试的理想场所。洛斯阿拉莫斯成为"Y 计划"的所在地，这个计划的目的是设计并建造出一枚原子弹。1945 年 7 月 16 日，在阿拉莫戈多轰炸与射击场，第一枚原子弹成功引爆。战争结束后，罗斯威尔陆军机场成为第509 轰炸机联队的大本营。这是 1947 年当时世界上第一支，也是仅有的一支载有核武器的轰炸机部队。

罗斯威尔事件恰恰发生在这种冷战时期充满隐秘与担忧的背景之下。1947 年 6 月的第一周，阿拉莫戈多基地放飞了一串关于"莫古尔计划"的气球。当时的风向与天气状况均有详细的记录。其中一个气球于 6 月 4 日发射，一架 B–17 轰炸机跟随其路线飞行。后来，阿拉莫戈多基地与该气球失去了联系。它可能在威廉·马克·布莱索（William Mac Brazel）经营的福斯特农场附近坠毁。6 月 14 日，布莱索和他的儿子在农场巡视时，发现了坠落的气球碎片。以前也曾经有过气象气球落在福斯特农场，但这次的碎片却不一样。布莱索后来描述说，他发现了橡胶碎片、类似锡纸的材料和香脂木棍的碎片。当时，没有任何理由让他觉得要在这些碎片上耗费心思。10 天后，6 月 24 日，关于肯尼思·阿诺德（Kenneth Arnold）在华盛顿州上空遇到飞碟的报道成为全国皆知的新闻。几天之内，阿诺德最初描述的用词"飞盘"在新闻报道中很快被改为"飞碟"，这也是后来使用的标准术语。7 月 4 日，布莱索带着妻子和女儿回到了气球坠毁的现场。平时在那片区域吃草的羊群被那堆碎片惊吓到了，它们不肯穿过残骸去喝水。布莱索等人对碎片进行了一番清理，好让羊群能够到达水源地。

与此同时，由阿诺德目击事件引发的飞盘或飞碟狂热正在席卷全美国。现代 UFO 运动就此诞生，美国也由此经历了第一次飞碟事件。很重要的一点是，我们应该将这次飞碟事件和罗斯威尔事件放在适当的历史文化背景中去看。1947 年及此后一两年里，人们看到飞碟的时候，通常认为它们是美国军队的某种秘密实验飞机。最恐怖的猜想莫过于怀疑它们是苏联制造的最高机密的实验飞机。没有人认定飞碟是来自外星球的飞行器。飞碟来自外太空的假说是后来才出现的，1947 年的时候并没有这种看法。

说回福斯特农场发生的事。布莱索去了附近的科罗纳镇才听说了阿诺德遇上飞碟的新闻。这个消息让他开始浮想联翩。他得出的结论是，自己不太熟悉的残骸碎片可能来自某些秘密军事项目。接下来，7 月 7 日，布莱索有事去了一趟罗斯威尔。出差期间，他向罗斯威尔所属地查维斯县的警长乔治·威尔考克斯（George Wilcox）报告了坠毁的碎片。布莱索觉得，这些残骸碎片可能与最近的阿诺德飞碟目击事件有关。威尔考克斯是个尽职尽责的警长，他将布莱索提供的信息转告给罗斯威尔陆军机场管理部门。此时，杰西·马塞尔（Jesse Marcel）中校和谢里丹·卡维特（Sheridan Cavitt）上尉与布莱索见面交谈，随后与他一同来到福斯特农场。三人在气球残骸现场转了一圈，收集了剩下的碎片。布莱索也把自己和家人收集到的东西交给了军方。马塞尔认为这些可能是风筝的碎片，估计这个风筝大约有 2 千克重。马塞尔和卡维特当晚就返回了基地。

第二天，罗斯威尔的公共关系专员沃尔特·豪特中尉发布了一篇新闻稿，声称军方有坠毁的飞碟碎片。这件事立即登上了 1947 年 7 月 8 日《罗斯威尔每日纪事》（*Roswell Daily Record*）的头版。通讯社报道了这一消息，它几乎立刻传遍了全美和海外。与此同时，马塞尔带着碎片飞往沃斯堡，与地区指挥官罗杰·拉米（Roger Ramey）将军会面。在那里，拉米和他的参谋人员确认了这块碎片源自气象气球。当天晚上，一家当地电台采访了拉米，他再次确认那块碎片属于一个气象气球。他还让记者到他的办公室检查残片并拍照。有关碎片的最初判断有误的消息再次迅速传遍美国和全世界。第二天,《罗斯威尔每日纪事》又在头版刊登了一篇新闻，纠正了前一天的报道，指出碎片来自气象气球。

这样一来，最初的罗斯威尔飞碟的故事几乎眨眼间就过去了，或许就如同飞碟般一闪而过。尽管当初找到飞碟的说法很有戏剧性，但蓬勃发展的 UFO 运动 30 年间都没有想起罗斯威尔。马丁·加德纳完全有理由不去提罗斯威尔。历史学家大卫·迈克尔·雅各布斯（David Michael Jacobs）颇为支持 UFO 运动，而他在 1975 年的著作《美国对 UFO 事件的争议》（*The UFO Controversy In America*）中，也没有提到罗斯威尔事件。泰德·布洛彻（Ted Bloecher）一直跟踪汇总并评估 UFO 目击事件，他认为罗斯威尔事件是一个错误，将豪特的新闻稿看作是"一个鲁莽的声明"。罗斯威尔事件发生 20 年之后，布洛彻在 1967 年写下了下面这段评论，体现了他的远见卓识："仍然存在这样的可能：当初在科罗纳镇附近坠毁的，是一些顶级机密的高空实验气球。如果是这样，回收碎片过程中出现的种种混乱与保密就解释得通了。"这正是 1995 年美国空军《罗斯威尔报告：新墨西哥州沙漠中的事实与虚构》（*The Roswell Report: Fact versus Fiction in the New Mexico Desert*）的解释。这份报告承认，当时的碎片源自"莫古尔计划"的侦察气球，因此当时需要保密。1997 年，美国空军又发布了第二份报告《罗斯威尔报告：最终版》（*The Roswell Report: Case Closed*），披露了更多细节。这份报告驳斥了在罗斯威尔气球坠落地点福斯特农场发现外星人尸体的故事。1980 年之后，随着罗斯威尔神话的兴起，这些故事就开始出现了。

与此同时，有些人声称，罗斯威尔社区和一小批所谓的目击者从未忘记过罗斯威尔事件。这一说法没有太多可靠的证据。人们不禁怀疑，罗斯威尔事件再度浮现并演变成罗斯威尔神话，是否在很大程度上是因为当时的飞碟猎手需要找一个新故事，才能重振 20 世纪 70 年代日渐式微的 UFO 运动。UFO 学调查员用诱导性的问题，去试探罗斯威尔某个年龄段的当地人。这些问题可能唤起了他们对久远往事的记忆，也可能促使他们把模糊的记忆与暗示混在一起，形成了对无中生有的事件的胡编乱造，并逐渐发展成一个神话。这就提出了一个问题：这些记忆是否可靠？也许，看到一些目击证人名利双收，有的罗斯威尔人也非常渴望从中分得一杯羹。当然，我们后文将说到，人们最终发现大多数目击者的证词不攻自破，它们要么无意义，要么不可靠。目前，我们先回顾一下现代 UFO 运动的历史。这一运动从 1947 年开始，一直延续到罗斯威尔神话成为主要 UFO 叙事的 20 世纪 80 年代和 90 年代。

UFO 运动

1947 年 6 月 24 日，肯尼思·阿诺德声称自己在驾驶飞机在太平洋西北地区的天空中飞行时遇到了飞碟，这标志着现代 UFO 运动的开端。根据泰德·布洛彻统计，阿诺德目击事件之后直至 1947 年年底这段时间内，共发生了 853 次飞碟目击事件。这就是第一次 UFO "骚动" 或 "浪潮"。随后，1952 年、1957 年、1965 年到 1967 年，还有 1973 年，又出现了几波 UFO 目击事件浪潮。起初，人们认为飞碟可能是美国或苏联制造的实验飞行器，但这种观点很快就发生了变化。随着外星人假说的出现，人们开始认定飞碟来自外太空。这迅速成了人们讨论的重点。1952 年，奇怪的、不明原因的物体在天空爆发性出现，为此，美国联邦调查局创造了 "UFO" 这个术语。许多不明原因的空中物体并非碟形，往往只是像灯光一样浮现在天空。"UFO" 不但准确地描述了这种现象的不确定性和多样性，也让人们不太容易产生胡乱联想，将不明原因的空中现象当作是另一个世界的机器。UFO

运动也接受了这个术语，对这个运动而言，UFO、飞碟、外星飞船三者之间一般都会画上等号。

在现代 UFO 运动的初期，公众开始指责美国政府，尤其是美国军方，认为他们掩盖了 UFO 是外星飞船的事实。实际上，军方官员确实对飞碟感到担忧，也希望抑制人们对飞碟的狂热。首先，他们担心人们会出现对外星入侵者的恐慌，例如 1938 年奥森·威尔斯主播根据赫伯特·乔治·威尔斯的《世界大战》改编的系列广播剧就引起了一些人对外星入侵者的恐慌。其次，美国空军认为，UFO 是一种带有潜在危险的干扰。对 UFO 的关注可能会破坏美国应对苏联突袭的军备工作。此外，UFO 事件可能会被误认为是苏联的进攻，无意中引发核战争。公众对掩盖真相的批评，加上美国空军自身的担忧，使美国空军对 UFO 事件开展了各种调查。1948 年之后，"指示牌计划"得出结论，一些 UFO 目击事件可能是因为目击者看到了来源不明的实体飞行器。1949 年年初，"指示牌计划"被"怨恨计划"取代，后者又在 1951 年年底成为"蓝皮书计划"，并一直运作到 1969 年。天文学家约瑟夫·艾伦·海尼克（Josef Allen Hynek）一直担任这三个项目的顾问。起初，海尼克是一个 UFO 怀疑论者，到 1969 年，他已经转变立场，认为 UFO 确实存在，并不仅仅是古怪的自然现象。美国空军开展的 UFO 调查不遵循科学方法，其暗中目的是打好公关战，让公众不再相信 UFO 真实存在，使公众对飞碟的兴趣和热情降温。美国空军的这些做法让海尼克感到失望。

1966 年，美国空军委托科罗拉多大学开展一项科学研究，试图以此永久平息人们有关飞碟的追问。美国空军与科罗拉多大学签订合同，开展研究项目，德高望重的物理学家爱德华·U.

康顿（Edward U. Condon）被任命为项目主任。所谓的康顿委员会一召集会议，UFO现象的怀疑者与支持者之间的分歧，就会暴露在公众面前。批评者指责康顿与委员会中的其他人一开始就有一个预定的结论，即UFO不是物理现象，因此不值得研究。当然，这也是1969年长篇《康顿报告》（Condon Report）的最终结论。这确实严重削弱了公众对UFO运动的支持，20世纪70年代，UFO运动一路衰落，几乎最终湮灭。这个结论还为美国空军提供了结束"蓝皮书项目"的理由，政府从此摆脱了UFO调查的负担，至少不再承担公开调查的责任。

　　政府对麻烦的UFO运动感到厌倦，而UFO运动也有自身的问题。UFO运动最初的核心任务是调查UFO目击事件。要做到这一点，就需要对大量相关目击事件进行严肃、系统以及尽可能科学的调查。唐纳德·奇霍（Donald Keyhoe）是这方面UFO科学调查方法的著名带头人。他不遗余力地反对政府掩盖事实的行为，也反对UFO运动中那些哗众取宠的部分。奇霍很难与人相处，是个糟糕的管理者。20世纪60年代末，海尼克取代了奇霍的非正式领头人位置。一路走来，美国和世界各地研究UFO的民间组织此起彼落。其中一个最古老的组织是空中现象研究组织。这个组织由UFO学先驱吉姆·洛伦岑（Jim Lorenzen）和科拉尔·洛伦岑（Coral Lorenzen）于1952年成立。面对《康顿报告》对飞碟学的诋毁、来自其他UFO团体的竞争，再加上组织内讧（UFO学家是很喜欢吵架的），空中现象研究组织走向了衰落，该组织在1988年之后就不再活跃了。另一个早期团体是1956年成立的全国空中现象调查委员会。1957—1969年，奇霍在这个调查委员会担任咄咄逼人的主任。因为管理不善和内讧，全国空中现象调查委员会在《康顿报告》问世后也衰落了，1980年停止运作。

某些 UFO 组织消失的同时，新的组织又诞生了。1969 年，UFO 互动网络作为独立组织成立。最初它是空中现象研究组织旗下的 UFO 中西部网络，后来独立出来，目前仍然在运作。1973 年，海尼克组建了 UFO 研究中心，目前也仍然在运作。这些团体及类似大大小小的机构，都致力于以实证与科学的方式研究 UFO。它们遍布美国与世界各地。然而，并非所有的 UFO 学家和 UFO 团体都采取这种清醒而科学的方法进行研究。

UFO 运动不是同质性的。其中有许多种假说与看法，每一种的背后都有极其投入的支持者。它有不同的派别，定期也会发生分裂。对此，研究 19 世纪末 UFO 目击事件的历史学家丹尼尔·科恩（Daniel Cohen）有过生动的描述：

* UFO 学家的世界充满了阴谋和激情。在这个世界里，指控敌人的时候，你会说他们"盲目"和"愚蠢"，有时候你也这样说自己的朋友。这些算是好听的。更难听的辱骂是"贪财的骗子""麦卡锡主义的焚书人""挑拨离间的特工""中情局的枪手"等。此外，暗示某人是某种邪恶的外星势力代理人的说法，也并不鲜见。互相认同的人之间发生的争论，可能比信徒和怀疑者之间的争论还要激烈。任何经历过 UFO 学政治漩涡的人都知道，我并没有夸大其词。

参与过有关罗斯威尔论争的人也都如此。

关于 UFO 耸人听闻的说法往往会成为头条新闻。例如，20

世纪 50 年代流行的"接触者"的故事就占据了头条。"接触者"是指那些声称自己遇到了飞碟中的外星人并与之发生互动的人。第一个也是最有名的"接触者"是乔治·亚当斯基（George Adamski）。他 1891 年出生于波兰，两岁时全家移民到美国。20世纪 30 年代，亚当斯基对东方神秘主义产生了兴趣，但到 20 世纪 40 年代初，他开始转而关注外星人来访地球的事件。后来，1952 年 11 月 20 日，据说亚当斯基与金星人发生了心灵感应和身体接触，特别是其中一个名叫欧森的金星人。亚当斯基声称在这次接触中，自己与其他六个人一起目睹了 184 个航天器的大型编队从头顶飞过。金星人甚至带他登上了一艘金星人飞船，带他兜了一圈。亚当斯基将他的外星访客称为"太空兄弟"。他们身材高大、金发碧眼、样貌帅气，看上去长得和人一样。这些金星人想警告人类核战争的危险，教导人类要和平地生活。这个故事与之前上映的电影《地球停转之日》（*The Day the Earth Stood Still*）的情节有部分雷同。太空兄弟的教义与亚当斯基曾经信奉的东方神秘主义思想彼此呼应。后来亚当斯基将自己的经历写成了好几本书，举办讲座，还创建了几个组织。直到他去世之前，所有这一切都为他提供了丰厚的收入。仔细推敲就会发现，亚当斯基接触金星人的故事漏洞百出，前后矛盾。越来越多的证据表明，他的所作所为只不过是一个愤世嫉俗的秘密计划。不管怎么说，亚当斯基还是创造了"接触者"叙事的基本框架：外星人是长相出众的类人，他们想要提醒地球人警惕核危险，他们行事低调以避免造成恐慌，他们带着和平与爱的愿望来到地球。

随之出现了更多其他"接触者"。其中一个比较有趣的是杜鲁门·贝休伦（Truman Bethurum）。他声称，1952 年 7 月 28 日，自己在内华达州的沙漠里工作的时候，来了八个小个子男人，把他带到飞船上去见他们的领袖，一名叫奥拉·芮恩斯的棕发美女。这些外星人来自名为克拉里恩的星球，这个星球的运行轨道始终在太阳的后面，因此人类对它的存在一无所知。像"太空兄弟"一样，克拉里恩人访问地球，是为了警告我们核战争的危险，告诉我们必须改变危险而好斗的行事方式。贝休伦的故事引起了很多质疑，并被斥责为骗局，这些指责甚至就来自 UFO 团体本身。贝休伦的故事虽然站不住脚，但他依然吸引了大量的、有利可图的关注。亚当斯基的故事似乎是以好莱坞电影为蓝本的，而贝休伦的故事则可能启发了早期 UFO 的狂热膜拜团体。

"探路人"是一个 UFO 狂热膜拜团体，其创立者名为多萝西·马丁（Dorothy Martin），是一个来自伊利诺伊州奥克帕克镇的家庭主妇。长期以来，她一直对神秘思想及体验感兴趣。1954 年，她说有自称为"长老兄弟及守护者"的外星人通过"自动书写"与她联系。自动书写这种现象是指一个人在无意识状态下，写下来自超自然实体的通灵信息。这群外星人中，一个名叫萨那达的甚至认定自己前世是耶稣基督。此外，"守护者"自称来自克拉里恩星球。马丁从未说过自己曾看见过外星人的飞船。这一关于外星接触的叙述，让她吸引了一小部分忠实的追随者。她自动书写的信息中包含了一个预言，一场即将到来的灾难性洪水将于 12 月底摧毁芝加哥乃至整个地球。"探路人"的存在引起了明尼苏达大学社会心理学家莱昂·费斯廷格（Leon Festinger）和其他几位研究人员的注意。他们对研究这一现象很感兴趣，设法让自己的研究生潜入"探路人"这个组织。他们计划密切观察预计的灾难没有发生时，"探路人"会有什么反应。确实，末世灾难并没有发生。据此完成的研究报告《当预言失败时》（*When Prophecy Fails*）描述了马丁（该研究中，她被称为基奇夫人）与其追随者如何度过随后的信任危机。他们声称，"守护者"告诉他们，"探路人"的祈祷挡住了洪水，也拯救了芝加哥。费斯廷格的研究为认知失调这一概念奠定了基础。与其他接触者一样，马丁的外星导师也是心怀和平的愿望而来，希望拯救人类。20世纪50年代末，接触者时代渐渐隐没，但新形式的疯狂猜测和骗局层出不穷，很快填补了这一空白。无论是寻求真正证据，希望能够解释飞碟真相的信徒，还是飞碟怀疑论者，对此都深感不安。

UFO运动下一个突出现象是"被绑架者"。被绑架者声称外星人绑架了他们，把他们带到飞船上并对他们进行研究和实验，有时还带他们在外太空飞行一段时间，然后再把他们送回来。大多数被绑架者都说自己经历了一段时间的空白，对绑架经历没有或几乎没有明确的记忆。催眠是一种用来帮助他们恢复记忆的方法，而这种方法显然也不可靠。

关于被绑架者现象，最出名的原版故事发生在1961年9月19日的新罕布什尔州的乡村。巴尼·希尔（Barney Hill）和贝蒂·希尔（Betty Hill）在回家路上遇到一个圆饼状的飞行物，挡住了他们的路。他们被外星飞船上的人员带上飞船并接受检查。他们被释放后，回到自己的汽车上，与飞船发生了第二次相遇。这次相遇之后，他们对曾走过的35英里旅程完全没有任何记忆。这一经历让他俩感到焦虑。9月21日，他们向皮斯空军基地报告自己遭遇了UFO。空军初步认定该飞船实际上来自木星，但后来空军又改口解释说，这一奇怪的目击事件是因为当时的大气环境而导致的。当年晚些时候,希尔夫妇开始向全国空中现象调查委员会的 UFO 学家谈论他们的经历。最终,1963 年年初,希尔夫妇通过催眠寻求帮助。在催眠状态下,贝蒂将绑架她的外星人描述为灰色的,也就是现在经典的外星人形象。这是对她原先故事的重大改变。专业人员对希尔夫妇的催眠证词进行了检查,发现这一记录很可能遭到过篡改。

后来又发生了其他的绑架事件,但总体数量较少,到了 20 世纪 80 年代中期才开始急剧增加。其中,最广为人知、影响最大的外星人绑架事件,是 1985 年惠特利·斯特里伯(Whitley Strieber)绑架事件。斯特里伯是一位作家,专门写恐怖惊悚小说。他声称 12 月 26 日晚上,灰色的外星人把他从位于纽约州北部森林的自家小木屋的房间里拉了出来,带到他们的飞船上。在飞船上,外星人对他进行了各种侵入性检查。对此,斯特里伯只有混杂模糊的记忆,直到后来接受了回溯催眠治疗才想起来。对他进行催眠的医生还诊断斯特里伯患有一种导致幻觉的癫痫。尽管如此,斯特里伯还是在 1987 年写下了关于自己被绑架的故事《异灵杀机》(*Communion*)。这本书后来成为一本畅销书。此后,斯特里伯又写了四本关于自己遭遇外星人的书。最近,他在《远古外星人》的剧集中还露过面。

20 世纪 80 年代和 90 年代,有关外星人绑架的叙述占据了 UFO 运动的主流,尽管科学家认为,这些只不过是想象或植入的记忆,或者是催眠麻痹结果。《X 档案》(1993—2002 年首播;2016 年及 2018 年重播)成了一个极其受欢迎的电视剧集。《X 档案》以外星人绑架、政府掩饰真相以及和外星人潜入地球相关的阴谋为故事主线,其中穿插了一些处理怪物或异象的剧集。其他与外星人有关的现象包括神秘的玉米田怪圈以及牛马的惨死。这些残害与绑架事件导致一种看法产生，即认为外星人出于邪恶的目的，会从人类和动物身上采集 DNA 或其他东西。也有人声称，外星人正在创造一个外星人与人类的混血种族，将接管地球并奴役其他人类。甚至有人认为有些政府（包括美国政府在内）可能参与了协助外星人入侵地球的巨大阴谋：这是一个直接出自《X 档案》的情节。到底是艺术在模仿生活，还是生活在模仿艺术，这一点就没有人能说清楚了。

一方面，有关于外星人接触者和被绑架者的故事；另一方面，也有古代外星来客的神话，这成为 UFO 运动的另一分支。1968 年埃里希·冯·戴尼肯的德语作品《众神的战车》出版，1969 英译本出版。这本书很快畅销全球。《众神的战车》中的观点并不新鲜。杰森·科拉维托（Jason Colavito）将史前及古代外星人访问地球的概念追溯到恐怖小说作者 H.P. 洛夫克拉夫特（H. P. Lovecraft）。从 20 世纪第一个 10 年末直到他 1937 年去世，洛夫克拉夫特是一位非常高产的短篇小说家，他的作品大多以恐怖与怪奇为主题。他写的许多故事中都出现了神秘而异常丑陋的外星人。20 世纪 40 年代末，美国人对洛夫克拉夫特的兴趣已经消退，直到 60 年代才又开始对他的作品感兴趣。另一边，洛夫克拉夫特在法国却大受欢迎，他和杰里·刘易斯、埃德加·爱伦·坡一道，成了文学研究的主题。法国人对爱伦·坡一直都很痴迷，但为什么迷恋刘易斯就真的说不清楚了。总之，在洛夫克拉夫特的启发下，法国出现了更多探讨远古历史的边缘作品。1960 年，路易斯·鲍威尔（Louis Pauwels）和雅克·伯吉尔（Jacques Bergier）合著《魔术师的早晨》（*The Morning of the*

Magicians），该书以法文及英文版面世。这本书中有不少关于人类历史的高度臆断性猜想，其中有一个便认定存在远古超级文明和远古宇航员，而书中给出的所谓证据，几年后戴尼肯在他的书中也用上了。另一位法国作家罗伯特·查鲁克斯（Robert Charroux）在《人类的十万年未知历史》（*One Hundred Thousand Years of Man's Unknown History*）一书中，加入了他对远古外星人的看法。这本书 1963 年以法语出版，1970 年以英语出版。查鲁克斯还猜想，存在一个古老的超级文明，自金星迁移到地球来。书中使用的证据也和戴尼肯后来书里用到的完全一样。

W. 雷蒙德·德雷克（W. Raymond Drake）是另一位比戴尼肯更早描写远古外星人的作家。德雷克是查尔斯·福特的热心追随者，他翻遍了各种图书馆和档案馆，想要找到证据，证明外星人在远古时期曾将一个超级文明带到了地球，而这个文明后来没落了，也逐渐失去了先进的技术知识。德雷克的第一本书《众神还是外星人？》（*Gods or Spacemen?*）1964 年出版，比德文版的《众神的战车》早了四年。1968 年，德雷克的第二本书《古代东方的众神和外星人》（*Gods and Spacemen in the Ancient East*）出版。不过，《众神的战车》1969 年在英国出版，紧接着 1970 年在美国出版。戴尼肯的作品一经问世便大受欢迎，其销量很快使德雷克的书相形见绌。在 20 世纪 70 年代，德雷克又出版了 8 本关于远古外星人的书，戴尼肯只有 5 本，但后者书的销量要多得多。尽管从出版时间上看，德雷克比戴尼肯还要更早一些，但他的作品依然与许多戴尼肯的仿作一样，被归入远古太空人热潮的边缘。当时的读者对远古太空人的作品太感兴趣，这类作品怎么读也不觉得腻，这在一定程度上也让戴尼肯的竞争者们多少取得了些许成功。事实上，在谈论远古外星人这方面，与戴尼肯唯一旗鼓相当的对手，是撒迦利亚·西琴（Zecharia Sitchin）的《地球编年史》（*Earth Chronicles*）系列（共七卷，1976—2007 年）。西琴声称，地球上已经有过天外来客，他们是来自尼比鲁星的居民，这个神秘星球的运行轨道非常独特。西琴判断，远古时代外星文明与殖民地所在的位置就在美索不达米亚。

罗斯威尔神话的起源和演变

20 世纪 70 年代《康顿报告》出台之后，UFO 运动进入混乱与衰退时期。UFO 信徒们曾一度寄希望于新出现的飞碟目击事件、用 UFO 来解释船只与飞机神秘失踪的理论、宇航员观测到外星飞船的故事，以及最终美国政府或将正式披露 UFO 是访问地球的外星飞船，这样就能证明确实存在着来自外太空的 UFO。然而这些期待都落空了。与之相反，一个又一个骗局被曝光。百慕大三角和宇航员目击的传说被证明是假的，而政府拒绝宣布曾有过任何天外来客。30 年来的调查都没有产生任何可靠的物理证据证明 UFO 的存在。鉴于此，公众对外星人失去了兴趣。正是在这种环境下，罗斯威尔神话诞生了。

如果说哪个人是创造罗斯威尔神话的功臣，那么这个人非斯坦顿·弗里德曼（Stanton Friedman）莫属。位于罗斯威尔的国际 UFO 博物馆一定会同意这个说法。博物馆前方靠近入口的地方有一个展览，赞美并感谢了弗里德曼和他的工作。有些人甚至将这个地方视为神龛。弗里德曼在芝加哥大学学习核物理学，获得物理学学士学位（1955 年）和物理学硕士学位（1956 年）。他毕业后，1956 年到 1970 年期间在业界担任核物理学家。1971 年失业后，弗里德曼成为一名 UFO 调查员：他举办讲座，出现在广播和电视节目中，提供专业意见，撰写相关文章。1978 年 2 月 21 日，他访问了路易斯安那州的巴吞鲁日❶，就 UFO 问题发表演讲，并出席了一个当地的电视节目。在电视台的时候，那里的一个工作人员告诉弗里德曼，自己的朋友说曾经找到了一个坠毁的飞碟。这位朋友原来就是 1947 年罗斯威尔事件中的杰西·马塞尔。弗里德曼打电话给马塞尔，询问他和飞碟相关的经历。他了解到的情况令人失望。马塞尔不记得他的遭遇是哪一年发生的，也没有保存任何当时的文件或物品。即便如此，弗里德曼依然建议马塞尔参加芝加哥的一个关于坠毁 UFO 的谈话节目。1978 年 4 月 7 日，马塞尔参加了这次谈话节目，对谈人是伦纳德·斯金菲尔德（Leonard Stringfield）。斯金菲尔德是专门研究坠毁 UFO 的著名 UFO 学家，他记录了马塞尔的讲述，后来参加 UFO 互动网络大会，在他提交的论文中，斯金菲尔德还引用了这个故事。

与此同时，弗里德曼也在为《国家询问报》（*National Enquirer*）撰写有关 UFO 的文章。1979 年年初，制作公司第一国际集团与弗里德曼接洽，希望他参与制作纪录片《UFO 是真的》（*UFOs are Real*），最终发行的录像带上，使用的标题为《飞碟是真的》（*Flying Saucers are Real*）。影片中出现了弗里德曼谈话时的大量面部特写镜头。1979 年 5 月，弗里德曼与摄制组来到路易斯安那州的霍马，对马塞尔进行了为时一天的采访。1979

---

❶ 巴吞鲁日是美国路易斯安那州首府、第二大城市。——译者注

年 11 月，《飞碟是真的》发行，该纪录片表现风格类似于 1977年以来伦纳德·尼莫伊（Leonard Nimoy）主持的电视系列节目《大搜索》的风格。片中，马塞尔出现的镜头不多。据马塞尔所说，新闻记者在罗杰·拉米将军的办公室查看罗斯威尔 UFO 碎片时看到的只是很少的一部分，他们并没有看到更重要的东西，例如某些带有奇特象形文字的碎片。马塞尔说，拉米当时命令他保持缄默，所以他实际上从未与记者交谈此事。但这一说法与1947 年 7 月 9 日的《沃斯堡晨星电讯报》（*Fort Worth Morning-Star-Telegram*）上 J. 邦德·约翰逊（J.Bond Johnson）描述的情况完全相悖。约翰逊在报道中还引用了马塞尔的话，其中有一个细节，即马塞尔的家乡在霍马，而沃斯堡陆军航空基地会议上的其他人是不会知道这一点的。罗斯威尔神话的批评者，如菲利普·克拉斯（Philip Klass），已经注意到马塞尔的故事越讲越长，越讲变化越多，这让人们开始质疑他的证词的可靠性。

弗里德曼想把他关于罗斯威尔的发现写成书，但他不认识任何出版商。1979 年的时候，已经没有人相信 1947 年有外星飞船在罗斯威尔附近坠毁这个故事，甚至大多数主流 UFO 学家也认为这完全就是个已被揭穿的谎言。许多 UFO 运动的参与者从来没有听说过罗斯威尔事件。一个不怎么有名气的作家，写了本关于 1947 年有飞碟在新墨西哥州罗斯威尔坠毁的书，从出版商的角度来看，这本书似乎不太值得投资出版。幸运的是，弗里德曼在明尼阿波利斯的一次演讲中，遇到了他的老朋友威廉·摩尔（William Moore）。弗里德曼和摩尔谈起自己关于罗斯威尔目击者的研究，摩尔很感兴趣，并同意为推动此事做些工作。想让出版商感兴趣，一个经典做法是吸引一位知名作家的参与。摩尔恰好认识这样一位作者。他刚刚与查尔斯·贝利茨（Charles Berlitz）合著了《费城实验：隐身计划》（*The Philadelphia Experiment: Project Invisibility*），这本书于 1979 年出版。贝利茨写了有关亚特兰蒂斯和百慕大三角的书，因此颇有名气。贝利茨还与一些出版商关系甚密。他同意与摩尔合作。这一合作让他们能够与大出版商签下利润丰厚的合同。在英国，贝利茨向格拉纳达出版社提交了一份 4 页的全书大纲，还拿到了 5 万英镑的预付款，这相当于大约 10 万美元，在那个时代是一笔不小的数目。他们在美国的出版商是格洛赛特和邓洛普出版社。《罗斯威尔事件》（*The Roswell Incident*）这本书 1980 年出版。它很快就以大众平装本的形式上市，并被翻译成法语和德语。书卖得很好，尽管该书遭到怀疑论者和传统 UFO 学家的严肃批评，认为这本书不够严肃准确，过于哗众取宠。弗里德曼的名字没有作为作者出现，但他确实得到了一部分摩尔的版税，而摩尔和贝利茨并没有在《罗斯威尔事件》中充分承认弗里德曼对该书创作的贡献与作用。在书里的致谢中，摩尔和贝利茨提及弗里德曼的名字，同时提到的还有另外几十个人。书中有几次提到使用了弗里德曼的一些采访内容。这些只不过是对弗里德曼表达了微不足道的认可。话说回来，贝利茨对这本书的写作究竟有多大贡献，也是没法说清楚的。遭到批评时，摩尔将书中的错误和夸张的故事都归咎于贝利茨。尽管有负面反响，《罗斯威尔事件》还是为罗斯威尔神话的出现打下了基础，在接下来的几年里，其他人会在此基础上添油加醋，继续发挥。

《罗斯威尔事件》出版的同一年，电视系列节目《大搜索》在 9 月 20 日播出了一集 "UFO 大揭秘"，其中含有部分采访杰西·马塞尔的内容。马塞尔甚至飞去罗斯威尔,以便在现场进行采访。马塞尔讲述了布莱索尔带他去气球堕落点的情形,那里很大,到处都是残骸碎片。他尽可能收集这些碎片,并将它们带回罗斯威尔陆军航空军基地。后来,他又带着碎片从空军基地飞往沃斯堡,与拉米将军会面。拉米将军宣称,这些碎片是一个气象气球的残骸。他还告诉马塞尔,在记者面前要保持缄默。多年以后,马塞尔认定这些碎片不是来自地球的。在他的叙述中,马塞尔没有声称自己看到或听到过任何关于坠毁的飞碟、死亡的外星人或其他坠落点的消息。

根据摩尔和贝利茨的《罗斯威尔事件》,1947 年 7 月 2 日一个飞碟在罗斯威尔附近被闪电击中。它在布莱索经营的福斯特农场附近散落了一些碎片,但又设法飞到了 100 英里外的圣奥古斯丁平原,最终在那里坠落。7 月 3 日,土壤保护主义者格雷迪·巴尼特(Grady Barnett)和一群考古学家在那里发现了残骸。他们很快就被到来的军方人员赶走了。同一天,布莱索在他的农场发现了奇怪的残骸。后来,7 月 5 日,布莱索去了科罗纳镇,在那里他听说发生了多起飞碟目击事件。布莱索认为自己可能发现了一个飞碟,于是向罗斯威尔的威尔考克斯警长报告。威尔考克斯将信息转给罗斯威尔陆军航空军基地,这也就将马塞尔牵涉进来。布莱索把马塞尔带到了农场,他们在那里捡到了坚硬的无法打破的碎片,上面还有象形文字。马塞尔将碎片带回了基地,7 月 8 日,豪特撰写了一份新闻稿,声称基地发现了一个坠毁的飞碟。有人认为,这份新闻稿是为了转移人们对圣奥古斯丁平原上坠毁飞碟的注意力。拉米将军很快认定碎片来自气象气球,反驳了这一新闻稿,媒体和公众也都接受了拉米的解释。就这样,美国军方避免了引发人们对外星人入侵的恐慌，同时得以利用回收的外星技术来进行武器研发。从那时起，罗斯威尔事件似乎到此为止，真相大白，在后来的 30 年中，几乎被彻底遗忘了。

《罗斯威尔事件》一书出版 7 年后，弗里德曼、摩尔和詹米·珊德拉（Jaime Shandera）发布了《神秘 12》文件，罗斯威尔神话的第二个版本也随之浮现。该文件据说是 1952 年为即将上任的总统德怀特·艾森豪威尔准备的备忘录，其中谈及 UFO 以及政府与军方官员为控制相关事态发展所做的努力。罗斯威尔神话的新版本声称，1947 年 7 月 2 日，一个飞碟在布莱索的农场上空发生故障并爆炸。7 月 7 日，军方开始清理现场，当时他们在碎片区以东 2 英里处发现了外星人的尸体。飞船的推进系统已经被完全损毁，但飞船残骸和外星人尸体被分送到几处进行科学研究。

4 年后，1991 年，UFO 调查员凯文·D. 兰道尔（Kevin D. Randle）和唐纳德·R. 施密特（Donald R. Schmitt）认为飞碟在罗斯威尔坠毁。根据他们的说法，1991 年 7 月 2 日飞碟发生了一次故障，被迫降落在布莱索经营的农场上。飞碟尝试再度起飞，在空中摇摇欲坠又撞上了地面，把地面撞出一条 45 米长的裂缝，碎片撒了一路。飞碟设法飞到空中以后，故障并未修复，最终在几英里外坠毁。7 月 3 日，布莱索发现了残骸，7 月 6 日他通知军方介入此事。7 月 8 日，空中侦察员发现残破的飞碟卡在 2 英里外的悬崖上，周围还散落着一些外星人的尸体。不久，军方到达现场前，格雷迪·巴尼特和考古学家们在那里无意间发现了残骸。军方将平民赶出了现场，并威胁他们不得谈论他们所看到的东西。接下来，军方将飞碟残骸和外星人的尸体移到罗斯威尔陆军机场医院，有人在那里见到过外星人的尸体。同一天，军方发布了新闻稿。第二天，布莱索接受了《罗斯威尔每日记事》的采访，由于军方的胁迫，布莱索在采访中讲述的故事并不真实。与此同时，拉米将军否定了此前的新闻稿，用气象气球的故事取而代之。当时，媒体看到的碎片都是伪造的。政府就这样开始了掩盖真相的行动，直至今天。

　　纪录片和小报的采访中都出现了马塞尔，他因此成了罗斯威尔的名人，尽管他其实已经不再居住在当地。弗里德曼和摩尔继续寻找更多的目击者。媒体对马塞尔的关注显然也唤起了罗斯威尔其他居民的记忆。新的证人站了出来。其他 UFO 学家，如兰道尔和施密特这组写作拍档，也加入了寻找更多证人的行列。最终，兰道尔和施密特声称有超过 300 名声称见过飞碟的证人，其中一些人希望保持匿名。这一人数相当惊人，不过，另一位 UFO 专家卡尔·弗洛克（Karl Pflock）仔细审查了这份名单后发现了一些问题。这些证人中，只有 41 名在 1947 年身在罗斯威尔，并且能够提供第一手或第二手资料。这 41 人中，只有 23 人有可能看到过任何形式的实物证据或坠毁在福斯特农场的碎片。更能说明问题的是，只有 7 人声称，他们看到的碎片带有任何奇异特征，有可能表明它来自外星球。不过，此类怀疑只是后来才出现的。

　　媒体的关注让罗斯威尔的名气和关于它的神话名气大增。1989 年 9 月，由严肃的罗伯特·斯塔克（Robert Stack）主持的电视系列节目《未解之谜》（*Unsolved Mysteries*），播出了一集名为"罗斯威尔"的节目。在节目开始的时候，斯塔克说，1947 年在罗斯威尔发生了一些奇怪的事情。接着，节目就开始讲述关于罗斯威尔的标准叙事，即布莱索和马塞尔如何见到坠落的碎片。马塞尔 1986 年已经去世，节目请到了他的儿子小杰西（1947 年的时候 11 岁）来谈论这些不寻常的碎片。接着，纪录片转向了与罗斯威尔事件同一天发生的所谓梭克罗飞碟坠毁事件。发现梭克罗飞碟的，是土壤保护官员格雷迪·巴尼特，还有一帮在当地游荡的、身份不明的考古学学生。这次坠毁的飞碟中有外星人的尸体。巴尼特 1969 年已经去世，他的故事之所以被曝光，是因为他告诉了他的朋友弗恩·马尔他斯（Vern Maltais）这件事。接下来，这个节目讨论了《神密 12》文件，它似乎证实了飞碟坠毁和外星人死亡的事实。不幸的是，《神密 12》文件已经被揭穿是一个彻头彻尾的谎言，但顽固的 UFO 学家偏偏不愿意让它就此消失。这部纪录片反复游走于罗斯威尔事件的两个版本之间，一个是官方军事版；而另一个，是所谓可靠证人提出的飞碟坠毁版。这个节目提出了一个更为复杂的罗斯威尔飞碟坠毁神话版本，当时有数百万人收看。后来 1990 年 1 月 24 日重播，更多观众看到了这个节目。

1994 年 7 月 31 日，娱乐时间电视网（Showtime）播出了纪录片《罗斯威尔》（*Roswell*），又名《罗斯威尔：UFO 大揭秘》（*Roswell: The UFO Cover-up*）。这部纪录片的播放再次引发了公众对罗斯威尔神话的关注。纪录片的剧本根据兰道尔和施密特的作品《罗斯威尔 UFO 大撞击》（*UFO Crash at Roswell*）一书改编，影片的情节围绕马塞尔展开。根据影片的描述，马塞尔一开始就相信坠落的物体是外星人的飞船。当然，历史记录表明这并非事实，马塞尔以及其他人一开始都没有这么想。1947 年的时候，人们一般会认为飞碟和 UFO 都来自地球，是美国或苏联的实验飞行器。影片中，谢里丹·卡维特的名字被改成了谢里丹·卡特（Sherman Carter）。他被描绘成一个来自五角大楼的情报官，神秘兮兮的，还有点让人不寒而栗。卡特参与了事后串谋掩盖，并阻挠马塞尔找寻真相。影片中，在拉米将军办公室里展示的碎片是用气球残片替代了外星坠落物体残片。马塞尔的职业生涯因罗斯威尔事件而毁于一旦，因为他对坠毁的外星飞船下了一个胡思乱想的、毫无根据的结论，因而被认定是一个脑子不太正常的官员。

根据影片的展开，布莱索是知道真相的，但在威逼利诱之下，他也成了掩盖真相的帮凶。影片还显示，空中侦察员确实发现了一个坠毁的飞碟，撞碎在悬崖边上，周围散落着外星人的尸体。接着，还出现了包括格伦·丹尼斯的证词，声称自己在罗斯威尔陆军机场看到飞碟残骸和外星人尸体。护士娜奥米·塞芙（Naomi Self）以詹妮特·福斯（Janet Foss）的化名出现在影片里，她参与了对外星人的尸检。当然，其中一个外星人还活着，但受了重伤，被带到了51区。这是一个典型的灰色外星人，头和眼睛都非常大。电影中还塑造了一个真实的历史人物，詹姆斯·福雷斯托（James Forrestal）。在51区，他与其他政府官员一起去查看这个外星人。奄奄一息的外星人与福雷斯托以心灵感应的方式交流，告诉他将有更多不同种类的外星人即将到来。回到罗斯威尔后，马丁·辛（Martin Sheen）饰演的一位名叫汤申德的神秘人物告诉马塞尔，罗斯威尔的坠机事件只是地球人与外星人接触的冰山一角。还有其他外星人登陆地球的事件，他们可能来自不同的宇宙，他们一直在改变人类的生物进化。他还透露说，福雷斯托正在写一本关于他遇到外星人的书。汤申德还没能做任何事情就被送进了贝塞斯达医院，后来在医院自杀。影片似乎在隐约暗示这个故事还另有隐情。影片以这一基调结束，最后一幕是马塞尔与他的家人重访 UFO 坠落的地点，如今望去，这一带已是满目荒芜。影片说，尽管政府不再调查有外星生命的可能性，然而自 1986 年马塞尔死后，罗斯威尔 UFO 坠毁事件已经找到大约 350 名证人。据说，有很多人参与清理发生飞碟撞击的两个地点；另外，也有不少人在罗斯威尔陆军机场协助处理外星人的尸体和飞碟残骸。如果这些说法是真的，按理说应该有更多的证人。随着时间的推移，以及相关部门 20 世纪 90 年代末对相关事件的辟谣，人们会发现尽管电影《罗斯威尔》声称是根据真实故事改编的，但它所呈现的几乎所有内容都已土崩瓦解。我们接下来的内容就会谈到这一点。

几周后，1994 年 9 月 18 日，电视系列节目《未解之谜》为罗斯威尔神话添加了新的细节。节目播出的一个片段描述了罗斯威尔 UFO 坠落和 51 区之间的关联。丹尼斯是罗斯威尔国际 UFO 博物馆的共同创始人与所有者，他讲述了关于飞碟残骸和死去的外星人的故事。丹尼斯是电影《罗斯威尔》中殡仪员角色的原型。电影中，他接到了军方的电话，电话中提到了装殓儿童用的棺材。他还参观了基地，目睹了奇怪的残骸，遇见了参与外星人尸检的护士，后来他被赶出了基地，之后又与那个护士见面，那个护士还为他画了一幅外星人的画像。后文将说明，丹尼斯的证词自相矛盾，令人生疑。后来，节目将镜头转向 51 区，讨论了这样一种猜测，即美国军方将坠毁 UFO 的外星技术拆解之后，用以设计开发更先进的飞行器。节目最终的结论是，显然，来自先进技术文明的外星人满怀好奇，正在探索地球。

罗斯威尔神话是变幻莫测的。随着情况的改变，它也不断变形、演化。电影《罗斯威尔》筹备与播出前后，罗斯威尔故事的新版本不断出现。1992 年，弗里德曼和他的新合作者唐·柏林纳（Don Berliner）推出了新著《坠毁在科罗纳镇：美军对飞碟的回收与掩饰》（*Crash at Corona: The United States Military Retrieval and Cover-up of a UFO*）。与以往作品最大的区别是，弗里德曼和伯林纳的书中增加了第二个坠毁的飞碟。一个飞碟在布莱索的农场附近坠毁，留下了四个死去的外星人。大约在同一时间，第二个飞行器坠毁在距离布莱索的农场大约 150 英里以外的圣奥古斯丁平原，这就是巴尼特发现的坠毁事件。显然，对飞碟来说，这个日子实在是太倒霉了。

弗里德曼和伯林纳插入的第二个飞碟坠毁事件，在 UFO 运动中造成了分裂。一些人支持它，另一些人则更相信兰道尔和施密特在《罗斯威尔 UFO 大撞击》中描述的版本。总的来说，UFO 运动中大多数人支持兰道尔和施密特描述的版本。不过，UFO 运动始终纷争不断，他们的书也遭到了许多严厉的批评。1994 年，作为对批评意见的回应，兰道尔和施密特推出了《罗斯威尔飞碟坠毁的真相》（*The Truth about the UFO Crash at Roswell*）一书。他们依然否认有飞碟坠毁于圣奥古斯丁平原，但在这次的故事中，增加了一个新的飞碟坠落点。和原先的故事一样，7 月 4 日，一架飞碟发生故障，降落在布莱索的农场上。它试图再次起飞，但又回到了地面，在地表拉出一个 500 英尺长的裂隙，留下了一些碎片。飞碟设法升空，但它并没有在几英里外坠毁，而是设法飞到罗斯威尔以北 35 英里处，在那里坠落，造成了一个全新的残骸点。白沙（White Sands）基地的雷达发现了这个飞碟，于是军事人员迅速赶到现场，他们找到了一个已经严重损毁的飞行器，还有五个外星人，其中四个已经死了，一个还活着。军方警告平民目击者，不可以将看到的事情说出去，然后将他们赶走了。第二天，7月5日，布莱索发现了第一个飞碟着陆点和留下的碎片，他向威尔考克斯警长报告了此事，警长知会了军方。

同年，有一个新成员加入了关于罗斯威尔神话的争论，这个人就是卡尔·弗洛克。1966—1972 年，弗洛克在美国中央情报局工作，里根政府时期，他担任了国防部助理副部长。1992 年，弗洛克成为一名专业 UFO 调查员，1994 年，他在飞碟研究基金的资助下，完成了《罗斯威尔透视》（*Roswell in Perspective*）。在这份报告中，弗洛克声称在大多数飞碟目击事件中，当事人看到的实际上是"莫古尔计划"的气球。这样一来，弗洛克就成为第一个将这一高度敏感的秘密项目带入 UFO 和罗斯威尔争议的人。他还否定了《神秘 12》文件的真实性，并且推翻了贝利茨、摩尔以及弗里德曼与伯林纳书中使用的关键证人的证词。此外，他认为兰道尔和施密特第一本书中提出的许多证据也是不可靠的。他指出，布莱索发现的大部分碎片来自一个坠落的莫古尔气球，尽管有可能有个失控的外星飞行器与莫古尔气球相撞了。在这种情况下，三个死去的外星人和飞碟的残骸与莫古尔气球的碎片混在一起。罗斯威尔陆军机场指挥官威廉·布兰查德（William Blanchard）上校派豪特中尉准备新闻稿。这份关于回收坠毁飞碟的新闻稿后来改变了豪特的命运。但是关于死掉的外星人，布兰查德并不知情。因此，战略空军司令部和"莫古尔计划"都编造了一些故事，来掩盖他们与外星人的接触和最高机密项目。虽然弗洛克自称是一个 UFO 学家的支持者，但他的报告成了罗斯威尔神话崩塌的起点。

罗斯威尔神话的演变过程中出现了一本奇怪的书，那就是菲利普·J. 科索（Philip J. Corso）1997 年出版的《罗斯威尔次日》（*The Day after Roswell*）。这本书的出版时间恰好是罗斯威尔事件 50 周年纪念时。1942—1963 年，科索在美国陆军服役，在此期间他晋升为中校。第二次世界大战期间，科索在军队情报部门工作，并在朝鲜战争期间处理战俘事务。从 1961 年到 1963 年，他在五角大楼的陆军研究和发展部门阿瑟·特鲁多（Arthur Trudeau）中将手下担任外国技术主管。

《罗斯威尔次日》中的一些说法颇为令人瞠目结舌。所谓的飞碟事件发生时，科索并不在罗斯威尔附近，但他声称这件事对他的职业生涯产生了很大影响。1947 年 7 月，科索驻扎在莱利堡。站岗的时候，他看到卡车将神秘材料运送到莱特陆军机场，即现在的莱特 – 帕特森空军基地。他检查了卡车上的货物，发现它们运送的是一些航天器的残骸。他还看到了一具外星人的尸体。这批货物是从罗斯威尔飞碟坠毁点运送过来的。

看起来，科索是特鲁多将军的手下亲信。1961 年，特鲁多将军聘请他担任五角大楼外国技术部门的负责人。到任后，特鲁多告知了他军方从罗斯威尔坠机事件中获得的物品和残骸的情况。每个人都明白这些材料有多重要，但在特鲁多负责之前，没有人试图将它们逆向转化为有用的技术。特鲁多分配给科索的任务是将从罗斯威尔运回的材料交到合适的国防部承包商的研发部门手中。科索从韦恩赫尔·冯·布劳恩（Wernher von Braun）和威利·莱伊处得知，纳粹德国也以某种方式获得了外星技术，并用于制造他们的奇效武器。据科索称，外星技术的控制权掌握在一个听起来很像"神秘12"的秘密组织手中。

自此往下，科索的叙述变得更加不可思议。多年来，UFO学家们一直认定，政府正在研究罗斯威尔和其他飞碟坠毁事件的外星人残骸。科索谈到了如何从外星技术中获取知识成果的细节，这些成果包括夜视镜、光纤、激光、集成电路、辐照食品、粒子束和电磁推进系统等。据说，这些技术进步绝大部分要归功于科索和特鲁多的管理。当然，并非全部技术都是如此。科索谦虚地承认，1947年特鲁多将军与贝尔实验室以及摩托罗拉分享了一些来自罗斯威尔事件中坠毁残骸的技术，这才促进了晶体管的发展。

毋庸置疑，军方对从坠毁的飞碟中获取外星技术很感兴趣。为了促进这项事业，他们建立了两个秘密项目。一个是"月尘计划"，这个计划组建了小组，专门负责迅速而秘密地寻回坠毁的外星飞船。显然，外星人的飞碟要么失灵，要么驾驶员技术太差，以至于麻烦不断。另一个项目是"蓝蝇计划"，这个计划提供运输工具，将外星残骸安全秘密地运到莱特–帕特森空军基地，以便对其开展研究。

科索和特鲁多不仅在20世纪下半叶的美国匿名策划了一场技术革命，而且对于帮助人类免遭被某些邪恶外星入侵者毁灭与征服的命运，也发挥了重要作用。根据科索的叙述，他自己似乎是1961年在五角大楼工作的、绝对忠诚的美国人之一。显然，肯尼迪总统的内阁中有些人被苏联欺骗了，有些人直接就是苏联的特工。中情局被克格勃的人渗透了，根本无法成事。甚至早在1947年，开发原子弹的阿拉莫戈多基地里就有苏联的间谍——这一点确是事实。在科索的故事中，这些苏联间谍还向斯大林通报了罗斯威尔飞碟坠毁及回收的情况。这一信息让斯大林非常恼火，他也想利用外星技术并从中获益。这一切意味着科索和特鲁多必须非常小心，要谨慎决定谁能够接触到罗斯威尔事件中的相关物品，以免它们落入他人之手。

更令人震惊的是，科索接下来声称，1947 年之后，冷战成为掩人耳目的故事，而真正的冲突是与外星侵略者的秘密战争。这一论断似乎可以解释，道格拉斯·麦克阿瑟将军谈及来自外太空的可能入侵时，为何做出语焉不详的隐晦评论。苏联没有找到自己能够利用的外星技术，尽管斯大林和后来的苏联领导人对此相当不满，但他们认识到外星入侵带来的可怕威胁，于是暗中支持美国。在整场与外星人的斗争中，美国军方一直担心苏联可能会与外星人单独签订条约。政治及官僚主义的拖延与惰性，让科索和其他参与外星人秘密战争的人员不堪其苦。最终，里根总统激发出了美国人的斗志。里根的战略防御计划（也被称为"星球大战"计划）对外宣称是一个反导弹防御系统，将保护美国免受携带核弹头的苏联洲际弹道导弹的攻击。而现实中，或者说在科索的现实中，"星球大战"计划实际上是一个基于外星技术的导弹防御系统，可以挫败外星人的入侵。里根和苏联领导人戈尔巴乔夫达成了一项秘密协议，根据该协议，"星球大战"计划会保护苏联和美国，可能也会保护世界其他国家。科索坚持认为，包括粒子束在内的反 UFO 武器阻止了即将到来的外太空入侵。这实在是一个好消息，因为科索认定外星人来者不善。根据科索的估计，美国军方拥有的武器比电影《独立日》中用来对付外星侵略者的武器要精良得多，也强大得多。对全人类来说，这应该是一种幸运，因为我们不能总是指望杰夫·高布伦（Jeff

Goldblum)❶在外星人的计算机网络中插入病毒，或者要兰迪·奎德（Randy Quaid）❷用自杀式袭击去摧毁一艘外星战舰。总有一天，这场与外星人的秘密战争会真相大白，至少科索是这么说的。20多年过去了，除了科索的自白，这场战争仍然是一个秘密。

《罗斯威尔次日》当时卖得非常好，销量高达25万册，另有多种再版与重印。怀疑论者和主流的 UFO 学家拒绝接受科索的论点。菲利普·克拉斯是一位坚韧而一丝不苟的研究者，他对《罗斯威尔次日》逐条进行审查，发现了许多事实错误和前后不一致的情况。斯坦顿·弗里德曼和威廉·摩尔甚至称这本书纯属虚构，鉴于当时的情况，这并不是一个太离谱的评论。另一位 UFO 学家、退伍美国陆军上校约翰·B. 亚历山大（John B. Alexander），态度较为支持科索，称科索是"一位完美的绅士，总之是一个好人"。《罗斯威尔次日》出版之前，亚历山大实际上与科索见过面。1994 年 9 月 9 日，该书出版后，他给科索写了一封长信，信中列举了书中的 92 个事实错误，并质疑科索的资料来源。此外，亚历山大告诉科索，"这还不是一个完整的错

---

❶ 杰夫·高布伦，美国男影星，在《独立日》中饰演戴维，一名电脑工程师。他成功算出外星人攻击地球的时间，还发现了外星飞船存在保护膜，通过发送电脑病毒破坏了外星人的计算机系统。——译者注

❷ 兰迪·奎德，美国男影星，在《独立日》中饰演退伍飞行员罗素·凯斯，在战机导弹被卡住后，他开着战斗机撞向外星飞船与之同归于尽。——译者注

误清单"。人们只要深入探究科索的说法，就会发现找不到任何证据来证实外星技术在美国武器发展中起到了关键作用，或者表明人类与外星人的秘密战争已经发生或正在继续。另一方面，在接受采访时，身居要职的人士——这些应该是知情者——对科索耸人听闻的论点不置可否。卡尔·弗洛克这位具有强烈怀疑倾向的 UFO 学家得出了与克拉斯和弗里德曼相同的结论。1994 年弗洛克第一次见到科索时，科索给他留下的印象是个"吹牛大王"。科索的故事具有可信度的原因之一是保守派参议员斯特罗姆·瑟蒙德（Strom Thurmond）为《罗斯威尔次日》一书所做的"序言"。问题是，瑟蒙德以为他是在为一本关于科索的军事和政府生涯的回忆录写序言。发现这本书的内容是关于 UFO 之后，瑟蒙德愤怒地要求出版商将他的序言从今后任何该书的印刷版中删除。从这件事可以看出，科索的诚信并不太令人放心。科索所说的另一个所谓的朋友，是长期担任联邦调查局局长的约翰·埃德加·胡佛（John Edgar Hoover）。但是在科索的联邦调查局档案中，胡佛写道："科索是一只老鼠❶。"

经验主义的反击：罗斯威尔真相揭秘

自一开始，UFO 运动和罗斯威尔神话就深陷困局，其中少不了圈套、骗局、头脑发热的信众心怀妄念、UFO 专家之间的

---

❶ 胡佛的原话是 "Corso is a rat."。英语中说一个人是"老鼠"，是俚语的用法，意为这是一个没有原则的、卑鄙而不光彩的人。——译者注

钩心斗角，以及过分依赖可疑的证人。1947 年 10 月，有两个自称是港口巡逻队队员的人表示，他们在莫里岛看到了飞碟。结果发现，这两个人不过是生活潦倒的浮木打捞工。在陆军航空军情报人员的审问下，他俩承认了这是一个骗局。另一个骗局开始时是一个恶作剧。《阿兹特克独立评论》（*Aztec Independent Review*）的编辑写了一个恶搞的故事，说有飞碟在新墨西哥州阿兹特克坠毁。不幸的是，这个故事被一百多家报纸转载，并当作真实的叙述发表。飞碟专家弗兰克·斯库利（Frank Scully）在他的《飞碟背后》（*Behind the Flying Saucers*, 1950）一书中用到了这个故事。事实上，斯库利上了一对骗子的当。这两个骗子一个名叫西拉斯·M. 牛顿（Silas M. Newton），另一个名叫利奥·A. 格鲍尔（Leo A. Gebauer）。1952 年，记者 J.P. 卡恩（J. P. Cahn）在《真实》（*True*）杂志 9 月刊上发表了一篇文章，揭露了这俩人的诈骗行径。事实证明，牛顿和格鲍尔一直在招摇撞骗。他们在丹佛被指控并定罪。斯库利拒绝承认自己遭到了愚弄，但这一事件让倡导 UFO 运动的人员大为尴尬，因而在此后 25 年中他们对飞碟坠毁的故事一直避之不及。大多数所谓接触者，如乔治·亚当斯基，他们讲述的自己遇见外星人的故事，也让人觉得是妄想，或者直接就是在骗人。

罗斯威尔神话也有类似的麻烦，错误的记忆便是其中之一。贝利茨和摩尔、兰道尔和施密特、弗里德曼和柏林纳，还有科索，这些作者的书创造了罗斯威尔神话，并使其成为全国性的轰动话题。这一成功，部分原因在于他们找到了看似可靠的证人，但这些人真的可靠吗？UFO 怀疑论者和解密者对此心存疑虑，他们开始仔细研究证人的证词和其他形式的证据。1986—1990 年，资深的UFO揭秘者菲利普·J.克拉斯在《怀疑探索者》(*Skeptical Inquirer*)杂志上发表了四篇文章,彻底揭穿《神秘12》文件是伪造的。据称,这些神秘文件表明,政府高层明知UFO、坠毁的飞碟和死去的外星人的存在,却秘而不宣,将真相隐藏起来不让公众知道。此外,"神秘12"是一个超级机密的委员会,负责监督与飞碟有关的事务。问题是,整个故事都是基于伪造的或被完全曲解的文件而形成的。当然,坚定的信徒们拒绝相信克拉斯的研究,或者压根儿将其置之不理。

1994年,UFO运动掀开了一页崭新的历史,这就是柯蒂斯·皮伯斯(Curtis Peebles)的著作:《仰望天空!飞碟神话纪事》(*Watch the Skies! A Chronicle of the Flying Saucer Myth*,以下简称《仰望天空》)。皮伯斯是美国国家航空航天局(NASA)德赖登飞行研究中心的一名签约人员,主要研究航空史。《仰望天空》一书追溯了有关UFO和外星访客概念的演变,这些概念随着时间的推移不断发展。关于UFO和外星飞船外观的描述也发生了变化,出现了很多不同的版本。外星人的种类也很丰富,从虫眼怪物到美丽金发雅利安人的样子,不一而足。然而就目前而言,外星人的形象已经相对稳定,他们身材矮小、外观灰色,看起来和地球人的样子差不多,脑袋和眼睛特别大。问题是,外星人的形象往往与漫画书、科幻故事、电影和电视中虚构外星人的样子相一致。看起来,生活再一次模仿了艺术,或者更准确地说,现代神话再一次模仿了流行文化。就在罗斯威尔神话的名气达到顶峰之时,皮伯斯采用UFO学传说的谱系方法对罗斯威尔神话的合理性提出了质疑。

最早对罗斯威尔坠毁飞碟提出严重怀疑的研究之一是卡

尔·弗洛克 1994 年的初步报告《罗斯威尔透视》。报告指出，在罗斯威尔坠毁的东西实际上是一个"莫古尔计划"的气球。1995年，美国空军出版的《罗斯威尔报告：新墨西哥州沙漠中的事实与虚构》佐证了弗洛克的观点。该报告详细记录了"莫古尔计划"及其与飞碟目击事件和坠毁事件的关联。在许多飞碟目击事件中，人们实际上看到的是高空中"莫古尔计划"的气球。在1947 年，"莫古尔计划"的气球是用以监视苏联核武器计划的高度机密。自然，美国政府想要隐瞒该计划的存在，也不希望任何人关注坠毁的"莫古尔计划"气球。在这个层面上，UFO 学家们是对的：政府确实掩盖了罗斯威尔发生的事件真相。只不过政府掩盖的，并不是坠毁的飞碟。曾经有 41 个人声称看到了坠毁在罗斯威尔的碎片残骸，还看见 1947 年 7 月初罗斯威尔陆军机场有人慌张地跑来跑去。"莫古尔计划"的披露也为我们理解这些人的证词带来了新的启发。他们所见到的，是军方在试图保守莫古尔计划的秘密。这一解释很简单，也很有道理。它与一直以来目击者所说的证词相吻合。后来揭穿罗斯威尔神话的书还会反复提到这个有说服力的论点。

1997 年又有两本专著出版，这两本书研究细致、说理清晰，对罗斯威尔神话的可信度展开了批判性的分析。其中一本是《飞碟坠毁在罗斯威尔：一个现代神话的起源》（*UFO Crash at Roswell: The Genesis of a Modern Myth*）。这本书主要采用了人类学方法，作者为本森·萨勒（Benson Saler）、查尔斯·齐格勒（Charles Ziegler）和查尔斯·摩尔（Charles Moore）。正如书名所示，萨勒和齐格勒认为罗斯威尔飞碟的故事是一个神话。"神话"一词有许多种定义或含义，因此，我们有必要知道萨勒和齐格勒是如何定义"神话"的。对他们来说，在罗斯威尔的背景下，神话是"一个许多人声称他们自己相信的故事：一个关于外星飞船坠毁的故事"。他们认为，罗斯威尔神话是"一个民间叙事的故事……在社会纪年史上并没有被当成事实，但被许多当地成员公认为是真实的……也涉及超验的问题"。正如萨勒和齐格勒所言，像罗斯威尔这样的神话并不是传统意义上的宗教，但它们"涉及与人类状况相关的超验问题……诗歌意象也许才是对这些问题最恰当的表达"。罗斯威尔神话让我们心怀安慰，知道在茫茫宇宙中我们并不孤独，生命是有意义的。罗斯威尔神话的这一维度解释了为什么这么多人愿意相信它。远古外星人的神话认为，外星来客在数千年来一直影响着人类的进化和历史。这类神话同样也让我们甚感安慰。

　　萨勒和齐格勒将罗斯威尔神话的概念视为一种民间叙事，分析了罗斯威尔证人的证词。他们将自己和其他书写罗斯威尔事件的作者看作是讲故事的人，或是"传授者"。在民俗学研究中，"传授者"指的是将某个群体的传统或信仰有效表述出来的人。目击者是口头传授者，他们把自己的故事讲给别人听。罗斯威尔事件的写作者是文字传授者，他们将所有罗斯威尔的故事以书面形式组合成一个有逻辑的、连贯的叙述。这两种类型的传授者在工作中既得到了心理回报，也得到了经济回报。目击者的回报通常是心理上的，也就是说，向狂热的听众讲述他们的经历是一种乐趣。UFO 的写作者则更可能得到经济回报。许多关于 UFO 以及罗斯威尔神话的作者都赚了不少钱，他们能从图书出版中得到版税，还能上电视或广播节目收取出场费。一些 UFO 作家已经以此为职业，有时候，这一职业收入相当可观。问题是，证人有一种天然的倾向，会对自己的故事进行修饰。若是一个证人谈论 30 年或更长时间以前发生的事件，就更有可能会添枝加叶了。如果记忆并不完整，证人就会填补空白以使其完整。他们还可能想办法让故事变得更加有趣，以此吸引更多的听众。有趣的故事还可能吸引小报、广播或电视采访，因而他们可以拿着酬劳四处周游。对于文字传授者而言，越发耸人听闻的故事越会吸引更多的关注，从而为他带来更多在电视上亮相的机会，或者能让书籍销售得更火爆。人们对故事的修饰在很大程度上是无意识的，但在某些情况下，也可能是一种故意的欺骗。在有关格伦·丹尼斯、弗兰克·考夫曼（Frank Kaufman）、杰拉尔德·F. 安德森（Gerald F. Anderson）和吉姆·拉格斯代尔（Jim Ragsdale）等人的案例中，我们还会详细探究他们是如何给故事添油加醋的。此外，罗斯威尔神话既是民间叙事，同时也是神话。它给了观众他们想要的东西。人们都希望能明白自己在宇宙中的位置，知道自己存在的目的和意义，并从中得到乐趣。对于那些愿意相信罗斯威尔神话的人来说，相关事件的经验真理并不是需要考虑的一个重要因素。

在《飞碟坠毁在罗斯威尔》一书中，有一章是查尔斯·摩尔写的"早期纽约大学的气球飞行"（"The Early New York University Balloon Flights"），书中含有两个附录。1947 年，摩尔在阿拉莫戈多陆军机场负责"莫古尔计划"的气球。他认为，1947 年坠毁在布莱索农场的，就是"莫古尔计划"的气球。摩尔的说法为1978—1980 年罗斯威尔神话的最初浮现奠定了基础。摩尔提供了一些可靠的间接证据。当然，有些 UFO 学家认定，一切试图揭穿罗斯威尔神话的证据，都不过是政府又一次在掩盖真相。如果你是这样的一个 UFO 学家，你可能也会对摩尔提供的证据视而不见。

1997 年，出现了更多揭穿罗斯威尔神话的书籍。菲利普·克拉斯对此事一直很较真，他出版了《罗斯威尔飞碟坠毁真相揭秘》（ *The Real Roswell Crashed-Saucer Coverup* ），推翻了 UFO 学家一直以来对政府掩盖真相的指控。克拉斯的研究表明，UFO 学家对可能削弱甚至消解罗斯威尔神话的事实与证据一再置若罔闻。非但如此，他们还继续使用一些已经被彻底揭穿为骗局的罗斯威尔故事。同年，另一位 UFO 怀疑论者卡尔·K. 科夫（ Kal K. Korff ）出版了一本类似的书《罗斯威尔飞碟坠毁事件：他们不想让你知道的真相》（ *The Roswell UFO Crash: What They Don't Want You to Know* ）。这本书的最新版是针对大众市场的平装书，2000 年由戴尔公司出版。书中对科索的《罗斯威尔次日》提出了全方位的批评。

2001 年，转型后的 UFO 学家卡尔·弗洛克在《罗斯威尔透视》之后，又写了一本书《罗斯威尔：不讨喜的事实与笃信的意愿》（ *Roswell: Inconvenient Facts and the Will to Believe* ），对罗斯威尔的相关证据进行了更全面的驳斥。次年，弗洛克出版了《令人震惊地接近真相！一个盗墓 UFO 学家的自白》（ *Shockingly Close to the Truth! Confessions of a Grave-Robbing Ufologist* ），讲述了离奇的 UFO 运动史以及自己在其中发挥的作用。这本书是弗洛克与詹姆斯·W. 莫斯利（ James W. Moseley ）合著的，它再次强烈质疑罗斯威尔发生过飞碟坠毁的真实性。

不用说，UFO 与罗斯威尔神话信徒一直以来都对这三位持怀疑态度的作者极尽嘲讽。他们将克拉斯贬称为"伪怀疑论者"，因为据说克拉斯自己使用证据的时候，也涉嫌歪曲和欺骗。他们甚至专门为科夫设立了博客，名为"卡尔·K.科夫是个白痴"。弗洛克所处的位置让人觉得有些尴尬。弗洛克相信UFO是访问地球的外星来客。曾几何时，他还相信过罗斯威尔神话是一个真实事件。但是仔细审视相关证据之后，弗洛克改变了想法，这主要是因为丹尼斯的可信度摇摇欲坠，以至最终完全坍塌。因此，在UFO运动中，有些分支依然很尊重弗洛克，但另外一些分支，包括罗斯威尔神话的追随者，对弗洛克则不以为然。

罗斯威尔事件之所以从一个被遗忘的沟通失误被提升为一个神话，以至于成为UFO运动的基石，其背后最大的原因是出现或发现了越来越多的所谓目击者。UFO学家斯坦顿·弗里德曼走在这个过程的最前列，使罗斯威尔神话具有了明显的可信度。弗里德曼率先寻找罗斯威尔事件的证人。随着20世纪80年代越来越多的证人出现，他们争先恐后地想要讲述出一个最令人信服、最绘声绘色的故事，以此得到接受纪录片采访的机会。所有这些证词中，目击者的叙述之间很快出现了矛盾与不一致，甚至在个别目击者在不同时期提供的叙述之间，也出现了自相矛盾和前后不一。被言之凿凿认定为事实的东西，却与现有公共记录中记载的时间与地点相冲突。因此，像克拉斯、科夫和弗洛克等怀疑论者开始关注目击者故事中的瑕疵。

有一个人的证词尤为引人注意，这个人就是杰拉尔德·F.安德森。1989年与1990年，安德森观看了涉及罗斯威尔事件的《未解之谜》系列剧集。此后，他站出来声称，发生飞碟坠毁事件的时候，他和家人正在圣奥古斯丁平原旅行。他们看到了坠毁的宇宙飞船、死去的外星人和一个活着的外星人，也见到了格雷迪·巴尼特和一群考古学家。这一证词，令人震惊地证实了弗里德曼关于罗斯威尔飞碟坠毁的说法。然而当时安德森只有五岁，不幸的是，当他站出来的时候，他家里的其他人都已经去世了，所以无法证实（或否认）他的故事的真伪。为了支持安德森的故事，他所谓的表妹瓦勒让·安德森（Vallejean Anderson），一位天主教修女，给弗里德曼寄去了安德森叔叔泰德1947年写下的几页日记。这几页日记谈到了罗斯威尔发生的坠毁事件。问题是，书写这几页所谓日记的墨水1972年之前根本不可能使用。作为回应，安德森声称这几页日记并非来自原始日记，而是泰德叔叔重新手抄。然而时间线再次浮现，直指丑陋的真相——泰德叔叔1965年就已经去世了。还有一个问题是，安德森在1990年站出来之前，从未向其他人提到过自己的UFO奇遇：包括他的前妻、老板，密苏里州塔尼县的警长在内，从来没有任何人听过他谈及此事。

罗斯威尔事件中，另一个更为重要的证人是丹尼斯，他现在是国际UFO博物馆的所有者之一。1947年，丹尼斯二十出头，在罗斯威尔的巴拉德殡仪馆担任停尸房技术员。20世纪80年代末，豪特也住在罗斯威尔，他是后来罗斯威尔飞碟新闻稿的作者。豪特听说了丹尼斯的UFO故事，建议弗里德曼与丹尼斯谈一谈。1989年8月初，弗里德曼与丹尼斯进行了对谈。丹尼斯声称，在罗斯威尔飞碟坠落发生时，他曾用巴拉德殡仪馆的灵车将一名受伤的士兵送往罗斯威尔陆军机场的医院。在陆军基地，他看到救护车上堆满了残骸，军警蜂拥而至。在医院里，丹尼斯见到了一个熟悉的护士，护士问他在那里做什么。她还警告丹尼斯说，他会害死自己的。这时，军警出现了，命令丹尼斯离开医院，离开基地，甚至还一路尾随他回到殡仪馆。后来，他在基地军官俱乐部遇到了这个护士，两人一起吃午饭，喝东西。吃饭的时候，护士告诉他有两个医生让她协助解剖了一个外星人。她画了一张外星人的图片，要他发誓一定保密。不久之后，这个护士从罗斯威尔被调去了英国。丹尼斯试图给她写信，但信件总是被退回，上边的标记是"此人已故"。后来，丹尼斯听说这个护士死于一场飞机失事。

随着时间的推移，丹尼斯更改了他的故事，细节方面有所增加，也进行了一些历史的回溯。他最初提到护士画的画，但后来不再提了。他说自己把图片给了 UFO 研究人员兰道尔和施密特，供他们在《罗斯威尔 UFO 大撞击》一书中使用。据说，兰道尔和施密特试图寻找这位护士，但他们的努力失败了。事实上，兰道尔和施密特声称，他们找不到这个曾在罗斯威尔工作的护士的任何信息。这种情形只让人们更加怀疑政府在罗斯威尔事件上掩盖真相。丹尼斯还说，这个护士后来成为一名修女，并已过世。他还增加了一个细节，说自己看到了三个死去的外星人。这一切细节爆料让丹尼斯登上纪录片、电视和广播节目，接受采访，一下子成了罗斯威尔事件的知名证人。1994年，丹尼斯宣称自己经历了一次"回忆的闪回"，这让他想起来自己是在 7 月 7 日接到罗斯威尔基地的来电，询问有关装殓儿童用的棺材事宜，那么，自己就是在 7 月 8 日与那个护士共进午餐的。

丹尼斯的问题是，他在故事中加入的细节越多，需要核实的事实也就越多。1995 年，自由撰稿人保罗·麦卡锡（Paul McCarthy）向科幻杂志《奥秘》（Omni）提议，以支持的视角写一篇关于罗斯威尔事件的文章。《奥秘》杂志对此很感兴趣，但坚持要求麦卡锡调查关于失踪护士的问题。兰道尔和施密特声称，他们找了这个护士好多年，但一无所获，因此麦卡锡也担心自己可能也找不到。可是，当麦卡锡着手此事之后，打电话询问对口的记录资料库，在三天内就迅速找到了这些护士。此时，麦卡锡联系了兰道尔和施密特，告诉他们自己找到了这个护士。兰道尔很懊恼，而施密特的反应却难以捉摸，他不接电话，把麦卡锡推给一头雾水的研究助理。后来，在《罗斯威尔失踪的护士》（"The Missing Nurses of Roswell"）一文中，麦卡锡认为，兰道尔和施密特掌握的证据要么不够充分，要么是胡编乱造的。他直截了当地写道："他们被抓了个正着"。这一曝光令人十分尴尬，也在兰道尔和施密特的写作伙伴关系中造成了裂痕，最终两人彻底分道扬镳。后文还会讨论到这一点。

罗斯威尔失踪的护士其实并没有失踪。这一发现使得关注点再次聚焦于丹尼斯所说的有关护士的故事。1989 年 8 月 5 日，丹尼斯在采访中向弗里德曼透露了这个护士的名字，后来又将她的名字告诉了兰道尔和施密特以及弗洛克。这个护士的名字是娜奥米·塞芙，或者是后来他改口所称的娜奥米·玛丽亚·塞弗（Naomi Maria Selff）。问题是，军事人员的记录中没有叫"塞芙"或"塞弗"的护士，依然在世的曾经在罗斯威尔工作过的护士也不记她，并且她对丹尼斯或 1947 年期间医院里关于外星人的任何喧闹都毫无印象。被进一步追问时，丹尼斯承认，自己没有告诉过任何人这个护士的真实姓名，因为他曾承诺直到她去世都会对她的身份保密。因为自己不确定她是否还活着，丹尼斯就必须要遵守诺言。在这个过程中，丹尼斯的做法可谓是"第22

条军规"（Catch-22）[1] 的一个佳例。他的故事里还有其他一些避而不谈的细节，某些说法前后也发生了变化。总而言之，兰道尔和弗洛克曾经是丹尼斯的支持者，但他们现在也对丹尼斯故事的真实性产生了严重怀疑。当然，克拉斯和科夫一开始就不太相信他的故事。他的另一份目击者的证词被果断地否定了。

弗兰克·J.考夫曼是另一个支持罗斯威尔神话的重要证人。他第一次作为证人出现在1991年兰道尔和施密特的第一本书《罗斯威尔UFO大撞击》中。在这本书中，考夫曼提供的证言都是有关罗斯威尔飞碟坠毁的道听途说。在兰道尔和施密特的第二本书《罗斯威尔飞碟坠毁的真相》中，考夫曼化名史蒂夫·麦肯锡（Steve McKenzie），声称自己看到一个活着的外星人被带入罗斯威尔基地医院。他还说自己曾在白沙基地用雷达追踪过UFO。此外，他确认曾给巴拉德殡仪馆打过电话，这似乎佐证了丹尼斯的说法。不过，这俩人故事的一些细节是相互矛盾的。考夫曼还声称，自己是派往飞碟坠毁地点的九人回收小组的成员。这一切都有点奇怪，因为考夫曼只不过是以平民身份在罗斯威尔基地工作。他还拒绝拿日记和其他佐证文件去进行取证测试。考夫曼说的这一套说辞也只有罗斯威尔神话的虔诚信徒才会全盘接受。克拉斯、科夫以及弗洛克都没有上钩。

吉姆·拉格斯代尔是兰道尔和施密特发现的另一名证人。

---

[1] Catch-22现在常常用来形容任何自相矛盾、不合逻辑的规定或条件所造成的无法摆脱的困境、难以逾越的障碍，表示人们处于左右为难的境地，或者是一件事陷入了死循环，或者跌进逻辑陷阱等。——译者注

1993 年 1 月 26 日，拉格斯代尔接受了兰道尔和施密特的访谈。据拉格斯代尔说，1947 年 7 月初，他和女友特鲁迪·特鲁洛夫（Trudy Truelove）把车停在罗斯威尔北部的乡村。他们正在享受二人时光，附近发生了一起撞击事件，于是他们离开了现场。不过，第二天一早，他们回到那里，发现了一个飞行器的残骸和几个死去的外星人。不久之后，一支军事救援队赶到，他俩不得不再次离开了现场。撞击地点就在罗斯威尔北部约 35 英里处。当拉格斯代尔 1993 年站出来讲述此事的时候，特鲁洛夫已经去世，不可能为他的叙述作证了。虽然拉格斯代尔不确定发生撞击的日期，但他确定，那是在独立日的周末。1947 年，独立日是在一个星期五。拉格斯代尔的及时出现佐证了丹尼斯的证词。按照原来的说法，飞碟坠落点在布莱索的农场，拉格斯代尔还提出了一个新的撞击点，位于原飞碟坠落点以东数英里处。这些新信息使兰道尔得以推断，在拉格斯代尔提出的新撞击点发生了一次真正的飞碟坠毁，而坠落在布莱索农场的，只是一个气象气球或是"莫古尔计划"的气球。

与其他证人一样，拉格斯代尔讲的故事也在不断变化、不断扩展。1994 年 10 月 16 日，在彭萨科拉举办的一次 UFO 会议上，兰道尔宣布，拉格斯代尔对他的故事作了重大修改。在新的版本中，拉格斯代尔将坠落点改为罗斯威尔以西 55 英里。另一个新增细节是，拉格斯代尔说他曾设法摘掉其中一个死去的外星人的头盔，看到了他的黑色眼睛。拉格斯代尔描述的外星人外貌也与以前的描述有些不同。此外，拉格斯代尔还说，他和特鲁洛夫从坠落的残骸中捡到了满满七袋的碎片，但在过去这些年里，这些碎片都莫名其妙地失踪了。拉格斯代尔的故事总在变来变去，兰

289

道尔指责拉格斯代尔改口是因为他与国际 UFO 博物馆的要员在 9 月 10 日达成了财务合作。在合作协议中，新的坠落点被命名为"吉姆·拉格斯代尔撞击点"，推广这一地点产生的总收入的 25% 将归拉格斯代尔所有。按照计划，他们将组织旅客参观这个地点，收取入场门票。还会有一本名为《吉姆·拉格斯代尔的故事》的小册子、录像带和 T 恤衫在博物馆的礼品店出售。1994 年年初，利特尔、豪特和丹尼斯曾试图将拉格斯代尔所说的第一个坠落点的那块地买下来。那片土地的所有者哈勃·考恩（Hub Corn）拒绝出售。他后来同意让游客参观拉格斯代尔所说的第一个飞碟坠落点，但要收取每人 15 美元的费用。事情发展到这一步，兰道尔就不再相信拉格斯代尔所说的话了。

　　1995 年这一年，施密特过得特别不顺心。施密特是调查罗斯威尔飞碟坠毁事件的主要 UFO 学家之一，他曾与兰道尔合著了两部著作，分别是《罗斯威尔 UFO 大撞击》与《罗斯威尔飞碟坠毁的真相》。施密特之所以成为一名 UFO 学家，一开始是因为他非常关注肯尼迪刺杀事件后政府对事实真相的掩盖。从那时起，他开始关注 UFO 和相关内幕。带着这样的兴趣，他加入了 J. 艾伦·海尼克 1973 年帮助建立的 UFO 研究中心。施密特声称自己曾与海尼克共事，但显然两人的关系并不紧密，海尼克在最近的传记中只字未提他和施密特的交往。1980 年，罗斯威尔事件浮现，需要有更多目击者证词，UFO 研究中心开始感兴趣。1988 年，研究中心派施密特去调查，他邀请兰道尔一同展开调查。他俩关于罗斯威尔事件的书就是这次合作的最终成果。他们合著的书以大众化的平装本面世，销量都很好。UFO 怀疑论者认为这两本书没有说服力，因为它们立论所基于的证人证词大多是不可靠的、语焉不详的。一些同行 UFO 学家也不喜欢他们的书，因为兰道尔和施密特的叙述与他们各自版本的罗斯威尔神话相冲突。

兰道尔和施密特的成功让他们成为记者关注的对象。事实证明，这是一把双刃剑，至少对施密特来说是如此。1993 年 6 月，自由撰稿人吉利安·森德（Gillian Sender）为一份密尔沃基周报《牧羊人快报》（*Shepherd Express*）写了一篇夸赞施密特文章。文章的内容基本上就是一个当地男孩长大变得很有出息的故事，因为施密特住在密尔沃基附近的一个小镇休伯特斯。大约在《罗斯威尔飞碟坠毁的真相》出版之后，森德决定为《密尔沃基月刊》（*Milwaukee Magazine*）写一篇关于施密特的文章。这篇题为《走出这片世界》的文章刊登在《密尔沃基月刊》1995 年 2 月号。为这个故事的写作进行调研的过程中，森德发现了一些令人不安的事实。1990 年，施密特曾声称自己拥有康考迪亚学院的学士学位和威斯康星大学密尔沃基分校的硕士学位。他还自称曾就读于马凯特大学，并正在康考迪亚学院攻读刑事司法博士学位。记录显示，这些关于施密特的学位与接受的教育的说法都是假的。康考迪亚学院甚至没有授予刑事司法的博士学位。仔细阅读了兰道尔和施密特的书之后，森德发现书中的记录是模糊的，靠的完全是读者的信赖，读者愿意相信作者的严谨和信誉。森德希望施密特能提供更多与书中记录相关的信息，而施密特则拒绝回电话。越来越明显，施密特的研究缺乏诚信。起初，兰道尔很快为施密特辩护。但是，下一期的《密尔沃基月刊》则带来了更多的坏消息。它刊登了一封匿名信，称施密特在威斯康星州哈特福德市做过全职邮递员。这本身并不是什么重大新闻，许多 UFO 学家都有一份日常工作，才能支付日常开销的账单，而邮递员是一个值得尊敬的职业。问题在于，施密特自称是一名医学插画师，但没有任何证据表明他做过这一行。施密特还说自己曾为缉毒局做过卧底，干过其他的秘密工作，这些都让他更有资格去调查 UFO 事件。当有人问起他的时候，施密特否认自己曾是一名邮递员。后来披露的事实证实，施密特确实曾是一名邮政工作人员。这一点让兰道尔觉得很尴尬，他为此也谴责了施密特。此后不久，施密特辞去了 UFO 研究中心特别调查主任的职务。施密特明目张胆地散布谣言，说兰道尔实际上是一名政府特工，其任务是阻止罗斯威尔事件的真相曝光，这是 UFO 学家走投无路时常用的话术。

施密特的麻烦并没有到此结束。丹尼斯关于罗斯威尔和失踪护士的谎言被揭穿，越来越多的人知道了这件事。麦卡锡在 1995 年秋季的《奥秘》杂志上发表《罗斯威尔失踪的护士》一文，揭露了施密特的研究很可能就是胡编乱造。《奥秘》刊登的文章导致兰道尔在 1995 年 9 月 10 日写了一封致 UFO 学界所有相关人士的公开信。兰道尔明确表示与施密特保持距离。他声明："现在，我不相信施密特说的任何东西，你们也不应该相信。……我不确定他是否知道真相意味着什么。"话虽如此，兰道尔和施密特两本书的合理性问题，也并不能完全归罪于施密特的欺诈性研究或证人证词的越发可疑。兰道尔发出公开信后不到两周，1995 年 9 月 22 日，另一位 UFO 怀疑论者罗伯特·托德（Robert Todd）发表了一篇在线文章《兰道尔没完没了吐槽施密特》。文中，托德嘲笑兰道尔试图将所有责任推卸给施密特。兰道尔与施密特有关 UFO 学的合作关系就此结束，而兰道尔也开始越发怀疑罗斯威尔神话。另一方面，施密特毫无愧色地重出江湖，他与新的合作者托马斯·凯瑞（Thomas Carey）一同继续写书、出书。

以罗斯威尔事件为主题的纪录片层出不穷，但大多都是耸人听闻的长篇大论，并没有可靠的证据。有一个例外，那就是电视系列片《历史之谜》（History's Mysteries）。1999 年，这个节目播出了一集《罗斯威尔：揭开的秘密》（Roswell: Secrets Unveiled）。这个节目让观众有机会看到对神秘事件的不同解释和看法。《罗斯威尔：揭开的秘密》中，一方是 UFO 学家，他们坚持认为发生了飞碟坠毁事件，确实有外星人尸体，而政府把这些真相都掩盖起来了；另一方是怀疑论者，他们认定坠毁的只不过是"莫古尔计划"的气球。丹尼斯的那个关于塞芙护士与外星人尸检的故事早就被彻底揭穿了，但这个故事依然被当作事实提及。作为回应，怀疑论者认为，在罗斯威尔周围地区发生了某些军用飞机坠毁事件，丹尼斯的故事不过是其中一种掩人耳目的说辞。纪录片中没有提到丹尼斯故事版本的改动，也没有提到已经曝光的失踪护士问题。这部纪录片以怀疑的口吻结束。《怀疑论者》（The Skeptic）杂志的编辑迈克尔·舍默发现，罗斯威尔神话这件事"永远不会结束，谜团比答案更有说服力"。他还指出，将神话保持下去是有利益动机的。这个神话为罗斯威尔带来了大量游客，罗斯威尔从中获益匪浅。舍默认为，罗斯威尔神话是大众歇斯底里和都市传奇的一个例子，它将被列为 20 世纪下半叶的十大神话之一。事实上，它在 21 世纪也依然广为流传。

舍默和《怀疑论者》杂志社的人继续用批判性思维来研究包括罗斯威尔神话在内的 UFO 现象。2003 年第一期《怀疑论者》的主题是 UFO，这一期刊登了 B. D. 吉登堡"公爵"（B. D. "Duke" Gildenberg）的一篇尖锐的文章，文中提到了他与摩尔在"莫古尔计划"中共事的经历。吉登堡解释，在罗斯威尔坠毁的其实是一个"莫古尔计划"的气球，并不是一个由外星人操纵的飞碟。接下来，吉登堡还回顾了从 20 世纪 70 年代末到 21 世纪初期罗斯威尔神话出现的历程。20 世纪 70 年代末，找到马塞尔后，UFO 学家员弗里德曼等人开始寻找更多证人。但是，正如怀疑论者弗洛克所言，要不是 UFO 学家们接受采访时做出暗示，马塞尔原本从来没有想过在罗斯威尔发生的坠毁事件和外星人有关。从那以后，证人的证词描述的故事变得越发令人匪夷所思。吉登堡尤其注意到丹尼斯证词中的缺陷。同时，他还指出，如果采访年纪大的知情人，询问他们发生在 40 年或更久之前的事，得到的证词肯定是非常模糊的。吉登堡引用了菲利普·克拉斯对 UFO 学家的揭露和曝光，UFO 学家们自己也会掩盖事实，也会将不利于罗斯威尔神话的证据压下来。不能让那些碍眼的事实破坏了一个好故事。最能说明问题的是，吉登堡的这篇文章是在罗斯威尔事件发生 55 年后写的。在这段时间里，没有一丝所谓可靠的证人证词经受得起严格的审查，哪怕是一小块飞碟的实物证据也没有找到。更诡异的是，这些外星人的飞碟据说在进行星际旅行时发生了多起坠毁事件，但我们始终没有找到实物证据。许多研究 UFO 坠毁事件的怀疑论者都提出了这一点。正如吉登堡所总结的那样，"罗斯威尔事件是世界上最出名、被调查得最详尽、驳斥得最彻底的 UFO 故事。UFO 学家们早就该接受现实，该翻篇儿了。"

罗斯威尔还没完

当然，罗斯威尔神话并没有"翻篇儿"。20 世纪 90 年代中后期也许是这个神话的顶峰，但从那时以后，它一直是流行文化和 UFO 运动中一个非常稳定的组成部分。仍然有大量 UFO 游客前往罗斯威尔，也有很多人去参观国际 UFO 博物馆。以杂志故事、书籍、电影和电视连续剧为形式的科幻流行文化，从一开始就是 UFO 运动的盟友。赫伯特·乔治·威尔斯的经典作品《世界大战》在 1897 年以杂志连载的形式登场，比罗斯威尔事件还早 50 年，一年后《世界大战》以书籍的形式出版。它不仅向公众介绍了外星飞船造访地球的概念，还提出了外星人入侵的概念。人们显然发现这个概念很有说服力，也完全可能发生，因为 1938 年奥森·威尔斯将《世界大战》改编后在电台播出时，引发了一场大恐慌。1947 年，UFO 运动开始登场，这迅速催生了飞碟电影的制作——其中有些成为经典之作，有些则不伦不类。其中有两部经典之作，一部是《怪形：异世界来客》（*The Thing from Another World*，1951），另一部是《地球停转之日》。这两部电影都是根据科幻小说改编的，前者基于约翰·伍德·坎贝尔（John Wood Campbell）1938 年的中篇小说《谁去那里？》（*Who Goes There?*）改编而成，后者则是根据哈里·贝茨（Harry Bates）1940 年的短篇小说《告别神主》（*Farewell to the Master*）改编而成。这两个故事都早于 UFO 运动出现，表明 1947 年之前人们就完全可以想象得出外星人访问地球这样的概念了。

科幻小说将罗斯威尔神话迅速纳入麾下。流行电视连续剧《X 档案》描述了 UFO 现象的各个方面，在情节中还加入了各种猜测，从外星人绑架、残害牲畜到外星人入侵等，不一而足。
《X 档案》一些剧集中提到了罗斯威尔，有几处一闪而过，也有
几处有详细的阐述。1994 年，在 Showtime 播出的电视电影《罗
斯威尔》，以及大受欢迎的电影《独立日》(1996)，都让罗斯威
尔神话在公众中的知名度得到进一步提升。斯坦顿·弗里德曼欣
然承认，对于将罗斯威尔神话推入主流，《X 档案》和《独立日》
功不可没。有关 UFO 的电视纪录片定期将罗斯威尔重新带回公
众视野。从 2004 年到 2007 年，历史频道的《UFO 档案》(*UFO
Files*) 共播出了 41 集，其中 10 集是关于罗斯威尔的，或者在剧
集的标题中用到了"罗斯威尔"这个词，例如"中国的罗斯威
尔"或"巴西的罗斯威尔"。1998 年，《罗斯威尔高中》(*Roswell
High*) 系列青少年小说出版了第一部，并持续推出系列作品。这
一系列作品的故事是有一两名外星幸存者被当地人收养，这些
外星人还体验到了陌生的美国高中生活。这一系列小说很快被
改编成一部名为《罗斯威尔》(*Roswell*) 的电视连续剧。从 1999
年到 2002 年，这个连续剧共开播了三季，第一季和第二季在华
纳电视网播出，第三季在联合派拉蒙电视网播出。2019 年，联
合电视网续拍此剧，并将其改名为《新墨西哥州的罗斯威尔》
(*Rosewell, New Mexico*)。当年《罗斯威尔高中》里的人物，如
今在这个新剧里，都已经二十或三十多岁了。这个设定显然能够
吸引不少观众，新剧系列在 2020 年 1 月已经获得续订，将继续
拍摄第二季和第三季。

《远古外星人》系列以纪录片的形式为罗斯威尔神话和整体
UFO 运动提供了更有力的支持。这一系列剧集于 2009 年 3 月 8
日在历史频道开播，首播的那一集被称为特别剧集，又称"试水

剧集"。不管怎么样,《远古外星人》引起了 21 世纪时代精神的共鸣。历史频道订购了第一季《远古外星人》,每集 90 分钟,共5 集。第一季结束后,个别剧集长度被压缩至 45 分钟,而每季的剧集数目则增加为 8 至 15 集。2020 年年初,这个节目第十五季开播。在节目中,依然偶尔会提到罗斯威尔飞碟坠落事件。2020 年 2 月 20 日播出的那一集题目是《罗斯威尔的遗迹》(*Relics of Roswell*)

2011 年,安妮·雅各布森(Annie Jacobsen)的著作《51 区:封存 60 年的美国绝密军事基地档案》(*Area 51: An Uncensored History of America's Top Secret Military Base*)出版。随着这本书的出版,罗斯威尔神话出现了一个全新而独特的版本。雅各布森是一名调查记者,她认为,1947 年 7 月有两个飞碟在罗斯威尔坠毁,但它们并非外星来客。正如前面所指出的,1947 年的时候,人们普遍认为飞碟或 UFO 是美国或苏联的秘密实验飞行器。按照雅各布森的说法,在罗斯威尔坠毁的飞碟来自苏联。这一点令人费解,因为 1947 年还没有任何已知的飞行器能飞这么远的路途,能从苏联出发飞到美国再返回苏联。雅各布森认为,飞碟或圆盘飞行器要么是缴获的纳粹秘密武器,要么是苏联根据德国顶级航空科学家沃尔特·霍顿(Walter Horten)和莱马尔·霍顿(Reimar Horten)兄弟的创新设计而复制的。美国和苏联军方都没能抓住霍顿兄弟,但苏联确实设法夺取了霍顿兄弟的研究材料和原型设计。斯大林决定利用他们的飞碟技术在美国制造一场恐慌。他想引发一场类似于 1938 年奥森·威尔斯通过电台广播《世界大战》时所引起的大众恐惧;他的确还希望,新一波歇斯底里的浪潮会传遍全美国,程度如此强烈以至于会削弱美国的防空能力。为了加剧美国人的惊恐，飞碟上还将搭载一些畸形的所谓"外星人"乘客。

第二次世界大战结束以后，奥斯威辛集中营的邪恶纳粹医学家约瑟夫·门格勒（Josef Mengele）想要寻找一种途径，能让自己从第三帝国的失败中全身而退，最好还有远大的前程。他与斯大林取得联系，希望为苏联继续进行人体实验。门格勒的实验制造出了畸形的儿童，这一点引起了斯大林的注意。这些实验中的受害者眼睛和脑袋都超大，而身体则很小，发育不良。换句话说，这些实验对象看起来很像典型的灰色外星人。门格勒向斯大林提议的合作关系从未实现，但斯大林得到了他想要的"外星人"。1947 年，这些可怜的孩子被装进两个飞碟，飞往美国。最终，他们在新墨西哥州的罗斯威尔附近坠毁。原计划并不是要让飞碟坠毁，而是飞碟降落，然后让"外星人"出现，去吓唬美国人。斯大林误以为人们看到飞碟会吓得歇斯底里，要是数以万计惊慌失措的美国人给当局打电话，那将使美国防空系统的反应能力不堪重负。但是美国军方当机立断，用气象气球的故事驳斥了最初新闻报纸关于飞碟的报道。因此，任何潜在的公众躁动都被压制下来。畸形儿童的尸体和飞碟的残骸被秘密运到俄亥俄州阿克伦的莱特-帕特森基地。四年后，这些残骸和尸体被转移到51 区。美国军方很清楚这些飞碟是苏联的设备，因为上面有苏联的标签，而且这些畸形儿童不是外星生物。斯大林对畸形儿童实施了邪恶的虐待，那为什么杜鲁门总统和美国军方没有向全世界揭露斯大林的罪行？根据雅各布森的说法，这是因为美国原子能委员会本身也在开展类似的、不人道及非法的人体实验。这些实验实际上一直持续到 20 世纪 80 年代。

雅各布森声称飞碟在罗斯威尔坠毁，她又为此给出了什么证据呢？雅各布森的叙述是基于对一位早已退休的工程师的采访，这位工程师曾在 EG&G 特别项目组的公司工作，这个公司就是 51 区的政府承包商。雅各布森没有透露这位工程师的名字，据说，这位工程师告诉雅各布森，他所透露的，只不过是 51 区奇怪而可怕的秘密的冰山一角。雅各布森在写书时，究竟在多大程度上依靠了匿名线人，这一点没有说清楚，但雅各布森的线人显然不止一个。

雅各布森对罗斯威尔事件的叙述有很多方面令人觉得难以置信。第一，事件发生当时以及随后几年里，显然有很多人参与了掩盖真相的行动。即便如此，还是有这位匿名工程师站了出来，曝光了 51 区恐怖事件的一小部分，掩饰和阴谋的保密工作的确不太成功。第二，如果斯大林拥有纳粹的飞碟，飞行范围如此令人惊叹，那么为什么这项军事技术没有得到进一步的开发？雅各布森指出，研究飞碟残骸的人对推进系统特别感兴趣。美国军方及其承包商显然从未掌握这个技术，也没能将该技术运用到自己的飞行器上。他们无法复制或逆向设计这一技术吗？这似乎不太可能。既然德国人能发明出这个技术，而且据说苏联也能操纵飞碟，难道美国就不能吗？那时候，美国的技术专长至少和苏联旗鼓相当。事实是，斯大林并没有任何飞碟可以派去罗斯威尔。雅各布森的说法早已被主流科学家、学者以及 51 区的其他退休人员彻底否定。有人认为，雅各布森过于渴望有一个吸引人眼球的故事，而她的匿名线人可能利用了她这样的心态，也可能就是在胡说八道找乐子。毫无疑问，雅各布森讲述的罗斯威尔故事表明，在事件发生的 64 年之后，仍然有人可能会再一次为罗斯威尔神话的大厦添砖加瓦。

2019 年年初，历史频道首播了一部新的历史连续剧《蓝皮书计划》（*Project Blue Book*）。连续剧的主角是真实的历史人物海尼克。该剧的另一个主角是海尼克的调查拍档迈克尔·奎恩（Michael Quinn）上尉。这个角色的原型大致是"蓝皮书计划"的第一任主管爱德华·J. 鲁珀特（Edward J. Ruppelt）上尉。这部连续剧每一集都描述了 20 世纪 40 年代末、50 年代初的一个 UFO 事件，剧集暗示其中涉及外星飞船。有人指出，这些剧集里全都是不准确的事实和毫无根据的猜测。海尼克几乎从一开始就被描绘成 UFO 的信徒。事实上，在 20 世纪 60 年代中后期之前，海尼克一直是一个怀疑论者。虽然该剧第一季跳过了罗斯威尔，但在 2020 年 1 月期间播出的第二季中，有连续两集的情节都聚焦在罗斯威尔神话上。故事背景设定在 1952 年 1 月 20 日，华盛顿特区上空 UFO 事件发生后不久。当时飞碟坠毁事件的影响一直挥之不去，蓝皮书计划的调查员被派往罗斯威尔，希望能够平息相关猜测。当然，军方也希望能掩盖真相。剧集中出现了以布莱索为原型的人物，谎言已经被彻底揭穿的丹尼斯和拉格斯代尔也都出现了。不用说，这整整两集把一个完全虚构的事件描绘成真实发生的事件，也为罗斯威尔的旅游业提供了精彩的免费广告。

自罗斯威尔事件发生到现在，已经有 70 多年了，而自罗斯威尔神话出现到现在，也已经有 40 多年了。那么如今，罗斯威尔神话的地位到底如何？兰道尔是罗斯威尔神话最重要的原始推动者之一。随着罗斯威尔坠落事件主要目击者的证词被彻底拆穿，兰道尔对罗斯威尔神话的信念也发生动摇，并最终幻灭。他曾信任的合著者施密特被人曝光，研究敷衍了事，还有可能弄虚作假，这也让兰道尔倍感困窘，疑虑顿生。像弗洛克一样，兰道尔依然相信 UFO 的存在，也继续撰写相关文章，但他对罗斯威尔飞碟坠毁事件的真实性已经不再抱有什么信心了。2016 年，兰道尔模棱两可，或者说含糊其词地承认：

* 我发现自己正在向那些否认外星生物的人靠拢。我曾一度确信罗斯威尔飞碟坠毁事件的真相，但当时我们手头上有各方的有力证词，而其中许多证词现在已被彻底推翻了。我希望我们能找到答案，它可能来自外星球，但在今天的世界里，我们就是无法提供答案。

施密特对自己做的研究（或实际上根本没有做的研究）妄下的断言已经被彻底揭穿，但他始终明目张胆且毫无悔意，骗局曝光后他又写了九本关于罗斯威尔和 51 区的书。其中七本是与另一位 UFO 学家托马斯·凯瑞合著的。在《罗斯威尔的真相掩盖》（*Cover-up at Roswell*）一书中，施密特试图旧事重提，声称在 1947 年 7 月 8 日新闻发布会上拍摄的照片中，拉米将军手中的备忘录就是当局掩盖真相的证据。据称，将拉米手中的备忘录进行数据处理并放大，就会发现有人在试图压制飞碟坠落的真相。但是施密特所谓掩盖真相的证据并不令人信服，因为照片上备忘录的图像并没有任何可读的文本。关于照片中备忘录的任何解释，都不过是他一厢情愿的想法。

施密特的书并非孤例，不少其他关于罗斯威尔的书籍陆续出版。2017 年，史蒂·M. 格里尔（Steven M. Greer）的《不为人知：揭秘世界最大谜团》（*Unacknowledged: An Exposé of the World's*

Greatest Secret）出版，该书还附有一部纪录片。书中声称，1947年，三艘外星飞船在罗斯威尔陆军机场附近被击落。此后又有多起遭遇外星人的事件，可想而知，真相被各国政府掩盖了。2019年，D.W. 帕苏卡（D. W. Pasulka）的《美国宇宙：不明飞行物、宗教、技术》（*American Cosmic: UFOs, Religion, Technology*，2019，以下简称《美国宇宙》）出版。这本书的作者帕苏卡是一位宗教学学者，其出版社为牛津大学出版社，也相当出名。这本书用了相当多的篇幅来讨论罗斯威尔，甚至介绍了作者在那里开展的一些实地调查。如果这些信息让潜在的读者心生希望，那么请准备好失望吧。是的，帕苏卡在两位不愿透露姓名的科学家的陪同下访问了罗斯威尔。他们是所谓"隐形学院"的成员。这些学者相信 UFO 的存在，也相信与之相关的特异或超自然的现象。隐形学院的成员对自己的信仰秘而不宣，以避免遭人嘲笑或者在职业上受到排斥。所以帕苏卡将她的同伴们称为"詹姆斯"和"泰勒"，并向读者保证，这些人都是了不起的天才。泰勒是他们在罗斯威尔的向导，他蒙住帕苏卡和詹姆斯的眼睛，把他们带到 1947 年的飞碟坠毁现场，但这里发生的并不是罗斯威尔事件。美国政府收回了这个特殊的航天器，并清理了坠毁地点的碎片。为了防止还有碎片遗失，他们在这个地区撒了许多锡罐，以此迷惑用金属探测器搜索该地区的人。不过，泰勒为他的同伴们提供了特殊的金属探测器。在几个小时内，詹姆斯找到了坠落事件中的一件物品。詹姆斯和泰勒都认为，那是一个来自外星球的物品。当时他们没有进行任何实际科学检验，不过请记住，这些人是天才。返回之后，詹姆斯和泰勒保留了这件物品并对其进行研究，但他们没有与其他学者分享这件事。因此，《美国宇宙》

一书要求它的读者，对几件事必须要诚心笃信。第一，要接受这一事实：尽管拥有可实现星际旅行的技术，但外星飞船常常有可能会坠毁（谢天谢地，星际飞船"进取号"❶建造得更好，驾驶技术也更高）。第二，一个政府知道并清理过的飞碟坠落点，不知为何竟然能在 70 多年里一直设法保住了秘密。第三，尽管政府对坠落点进行了清理，并将锡罐散落一地，詹姆斯仍然设法找到了飞碟坠毁时留下东西。看起来，几乎就像某种未知力量或实体将这件物品猛然抛给詹姆斯，好让他兴奋一把。

帕苏卡重现了 20 世纪 80 年代至 90 年代 UFO 学家们用来创造罗斯威尔神话的证人证言风格。她也并不是唯一这样做的人，散文家詹姆斯·加兰特（James Gallant）的作品也采用了类似的风格。科学家和怀疑论者一直都同意，有一些反常现象是目前科学无法解释的。但是，这些异常现象最终都将得到经验和理性的解释。对 UFO 的新式解释不再声称它们是可以通过科学实验证实的实体外星飞船，而是将 UFO 看作是由跨维访客或时间旅行者造成的反常现象或迹象。这种对反常现象的特异或超自然解释，因为无法对其进行科学实验所以具有不可证伪的优点。帕苏卡和其他与其志同道合的人认定，这些反常现象基本上应该是信则有，不信则无。有这样一个宗派氛围的支持，难怪罗斯威尔神话永远不会消失。

就此而言，为什么要让罗斯威尔神话消失呢？或者说，为什么要让 UFO 运动消失呢？有人说，它们只是流行文化中无伤大

---

❶ "进取号"（Enterprise）是一艘虚构的元首级联邦星舰，出现在《星际迷航》系列电影中。——译者注

雅的怪癖。此外，相信我们在宇宙中并不孤单，也让许多人会心怀安慰，有时候，人们对 UFO 的信仰甚至变成了一种宗教。人们观看《远古外星人》系列剧集是因为它具有娱乐性。它为怀疑论者提供了许多很好的笑料，因为他们会看到那些访谈特写中的人物绞尽脑汁去支持曾经那些不论在历史角度还是科学角度都站不住脚的荒谬假设。参观罗斯威尔的国际 UFO 博物馆的经历与之相仿，也同样充满乐趣。这些展品被放在一个博物馆中，给参观者提供关于罗斯威尔神话的信息，这些信息只不过是被刻意筛选出来的而已。即便如此，如果人们相信有小灰人正在访问地球，那又会有什么危害呢？这就好比问，如果有人相信地球是平的，他们会造成什么危害一样。要是你仅仅从这个角度来看的话，UFO 运动和罗斯威尔神话基本上是无害的。

问题在于，罗斯威尔神话和其他 UFO 信仰都属于政治学家托马斯·米兰·康达（Thomas Milan Konda）所说的掩盖阴谋的范畴。这样的阴谋通过两个步骤吸引新的信徒。首先，有一些人天性上就愿意相信官方对某些事件或现象的解释总是在掩人耳目。其次，这类人就会对一个被广泛相信的阴谋论产生兴趣。因此，在罗斯威尔神话的例子里，他们拒绝相信发生了气球坠毁的解释，而选择相信有人要掩盖飞碟坠毁的真相。当涉及罗斯威尔时，毫无疑问，确实曾有过不曾公开的内幕。事实上，可以在两种被掩盖的真相之间做出选择：要么是气球坠毁，要么是飞碟坠毁。美国政府早已承认了第一种情况，而证明第二种情况存在的证据几乎不存在。可是这根本无所谓，在阴谋论的思维中，缺乏证据本身就是当局在掩盖真相的证据。

UFO 运动及作为其分支的罗斯威尔神话是全世界都可以找

到的现象。政治学家迈克尔·巴昆指出，在过去的 70 年里，民众对 UFO 的信仰度一直非常稳定。更重要的是，这一信仰度"非同寻常的高"，在美国它就有"数以千万计的信徒"。人们对 UFO 信仰的投入差异很大，从轻微的兴趣到狂热的追求，各种程度的信徒都有。2019 年 6 月，盖洛普公司进行了关于 UFO 信仰的民意调查。调查发现，68% 的美国人认为美国政府"对 UFO 的了解比政府告知民众的要多"，这与 1996 年盖洛普公司开展的 UFO 民意调查所得的数据 71% 相比有所下降。鉴于美国军方发布了关于 UFO 视频的新闻报道，以及突袭 51 区运动也在日益壮大，盖洛普公司决定进行新的民意调查。2019 年 8 月，盖洛普公司进行了第二次民意调查，询问人们是否认为 UFO 是外星飞船。共有 33% 的受访者回答"是"。就其普遍受欢迎的程度而言，UFO 运动几乎不能算是一个边缘运动。

在美国 UFO 运动的早期历史中，它很大程度上是非政治性的。它只是希望政府说出关于 UFO 的真相，或者说，是 UFO 学家认定的真相。20 世纪 80 年代末，这种情况发生了变化。一些 UFO 的信徒引入了新世界秩序的阴谋。对一些 UFO 学家来说，政府不仅在 UFO 和罗斯威尔事件上撒了谎，而且在所有事情上都撒了谎。更糟糕的是，他们认为政府中的秘密精英与外星来客结盟，要奴役人类，或用外星人与人类的混合种族来取代人类。世界政府将是最终的结果。换句话说，《X 档案》中的外星阴谋故事是现实的而非虚构的。显然，UFO 运动中，只有一小部分人接受了这种混种 UFO 阴谋论，但其信徒包括迄今为止一直受人尊敬的 UFO 运动历史学家大卫·迈克尔·雅各布斯，以及看似偏执的阴谋论家米尔顿·威廉·库珀。库珀后来转向了前山达基教徒吉姆·基思（Jim Keith）的 UFO 信仰和新世界秩序阴谋论。在基思的作品《光明会的飞碟》（*Saucers of the Illuminati*）中，基思争辩说，飞碟不是来自其他星球的航天器。相反，它们是光明会魔法的产物，其目的在于转移公众对光明会新世界秩序阴谋的注意力。

UFO 运动拥有数以百万计的追随者，一直是大众文化中一个半主流的部分，关于它的许多书籍由著名出版社出版，报纸、杂志和电视纪录片经常对其进行报道，它也经常出现在科幻小说、电视节目和电影中。新世界秩序阴谋论从来不曾受到这样的关注，与 UFO 运动相比，它们是一种更不光彩、更为臭名昭著的知识形式。

当 UFO 信仰和新世界秩序信仰出现重叠时，它为新世界秩序阴谋论创造了一个桥梁，使其在大众文化和媒体中的地位得到了提升。反过来，这一发展又进一步加深了许多人对政府一切所作所为的不信任，而不只是对政府关于 UFO 言论的不信任。显然，美国民众对美国政府不信任的原因并不能完全归于 UFO 运动和新世界秩序阴谋论。可是，它们确实促成了这种不信任。在正常时期，这些信仰只是国家生活中的背景噪声，而在危机期间，它们就会成为一种阻碍和危险。只要看一看对 2020 年新冠病毒大流行的严重性的否认，以及无数声称新冠疫情是骗局的阴谋论，你就明白我说的阻碍和危险是什么了。一个国家，如果有相当一部分公民认定他们自己的民选政府和自由新闻媒体都是恶意的、歹毒的，因而他们宁愿生活在一个事实并不重要的另类现实中，那么，这实在是这个国家的悲哀。

结 语

———————— * ————————

所有愚蠢行为中，代价最高的是热衷于相信明显不真实的
事情。

H.L. 门肯

构成垃圾知识的现代神话、伪历史、伪科学和阴谋论在人类
历史中根深蒂固。前几章的内容说明不同的历史背景中都存在这
些垃圾知识。这些垃圾知识顽固地持续存在，它们的影响起伏不
定，但从未完全消失。异教的环境使垃圾知识得以再生，并蜕变
成新的形式。在我们的信息技术时代，技术更有可能变成错误
信息和虚假信息的来源。有些人和组织已经迫不及待要抓住这
个机会。

垃圾知识有一个最为突出的例子，那就是 QAnon（又称"匿
名者 Q"）现象。2017 年 10 月 28 日，QAnon 运动的匿名预言
家 Q 首次出现在 4chan（一个综合性讨论社区）留言板上。看上
去，Q 发的第一个帖子是对特朗普有关风暴评论的回应。10 月
5 日，在接受采访时，特朗普对即将到来的风暴发表了和往常一
样语焉不详的评论。与特朗普一贯的作风一样，他拒绝详细解
释，但他肯定不是在谈论天气。在 Q 发布的帖子中，他预测希
拉里将于 10 月 30 日被捕，该事件将带来大规模骚乱。为了突显

该帖子以及随后帖子的真实性，Q 暗示自己参与了情报工作，或者是一名能够接触到非常敏感信息的军事官员。Q 的预言从未应验，但他继续发帖，做出其他预言或声明。这些内容被读者称为 Qdrops，已经有成千上万条这样的帖子。Q 已经转战 8kun 留言板，看上去不可能停止发帖了。非但如此，他们还已经扩散到了许多社交媒体网站。在第一批帖子出现后不久，一些互联网阴谋论者便开始宣传 Q，也吸引了迅速增长的追随者。这种现象被称为 QAnon，即 Q 和 "匿名者"（Anonymous）的组合。

预言接二连三地出现，而这些预言又接二连三地落空了。预言的失败并没有对 Q 的可信度和知名度造成影响。Q 的帖子让读者觉得自己得到了某些特殊的内幕消息。这些帖子只有模糊的细节或压根儿没有任何细节，却暗示巨大的变化即将到来。Q 的帖子劝说读者要 "享受好戏上演"，要 "相信计划"，还向他们保证 "任何东西都无法阻止即将发生的事情"。Q 和 QAnon 是特朗普的支持者，这让特朗普以及更狂热的特朗普死忠粉对 QAnon 这一现象深感兴趣。QAnon 宣扬深层政府和全球阴谋的世界观，但它向读者保证，这些邪恶的力量最终将被打败，因为特朗普大局在握。正如 Qdeclared 在一个帖子中的宣言，最终的结果是 "上帝赢了"。QAnon 的帖子基本上没有提到基督教的教义和福音，但含有许多基督教性质的宗教内容。这种宗教性的修辞会增加 QAnon 对某些福音派基督徒的吸引力。福克斯新闻的报道也让 QAnon 引起了更多公众的注意。虽然 2020 年，社交媒体开始严厉打击公然传播虚假信息的网站，但在很大程度上，这为时已晚，虚假信息对社会的伤害已经造成。

QAnon 运动和特朗普一样，拒绝接受传统意义上合法的新闻和信息来源，认为它们从根本上是虚假的或伪造的。Q 告诫他的读者要"自己做研究"，通常，这是个不错的建议。不幸的是，QAnon 的追随者将研究局限于未经官方收录的脸书（Facebook）材料，这些材料中的事实错误与谎言比比皆是。尽管 Q 的预言未能成真，但他的追随者依然否认这一事实。更有甚者，QAnon 的追随者还提出了一些非常疯狂的主张。其中一个说法是，1999 年死于飞机失事的小约翰·肯尼迪实际上是被暗杀的。另一个相关的说法是，小约翰·肯尼迪仍然活着，是特朗普的支持者，甚至可能就是 Q 本尊。当被问及有什么证据可以支持这种狂妄的说法，他们表示完全不在意证据。他们确实已经轻率地忽略了这些说法之间的自相矛盾，又怎么可能在意证据呢？他们反而会这样回答："有证据可以不（信）吗？"换句话说，他们觉得自己没有义务提供证据，来证明任何一个荒谬的主张是真实的或在逻辑上是自洽的。相反，他们将证伪的责任推给了质疑他们的怀疑论者。

另外，还有一个最可怕的阴谋论：深层政府的精英们不仅在策划维持或加强对人类的统治，他们还是掠夺性恋童癖者。这些由富人、政治当权者和好莱坞自由派们组成的卑鄙精英，都是绑架和性虐待儿童的幕后黑手。更可怕的是，这些邪恶的精英们还在从儿童的身体中获取肾上腺素这种物质，因为食用肾上腺素可以使这些堕落的吸血鬼精英保持年轻的外表。Q 有没有碰巧看过电影《木星上行》（*Jupiter Ascending*）？问题在于有些人把这种彻头彻尾的胡说八道当真了。结果，它创造了一个可能发生致命灾难的局面。一个很有说服力的例子是由"比萨门"（Pizzagate）阴谋险些引发的灾难。2016 年 12 月 4 日，一名来自北卡罗来纳州的保守派人士满脑子都是可悲的妄想，全副武装去试图营救被绑架的儿童，这些儿童据称被囚禁在华盛顿特区很受欢迎的彗星乒乓比萨店里。结果他发现，那里并没有被绑架的儿童。他的这次行动虽然有开枪，但令人欣慰的是没有人死亡，也彻底曝光并揭穿了关于儿童性犯罪团伙的谎言。但好景不长。2020 年，QAnon 提出了一个关于恋童癖团伙的想法，这个想法在全世界流行开来，至今仍未被人遗忘。基督教福音派运动对 QAnon 的支持已经成为美国社会中的一大问题。许多人认为 QAnon 是一个真正的基督教现象，但也有许多人认为它在神学和道德上都与基督教教义相悖。它尤其败坏了福音派右派的形象，教会里的年轻人对他们的伪善感到震惊，在他们眼中，福音派右派的形象更是糟糕透了。

只要简单浏览一下 4chan 和 8kun 的留言板，就会发现上面有很多内容是淫秽而变态的。这些留言板上的一些信息无法破译，让人不知所谓，除非读者是这类事的知情人。QAnon 的性质是非理性的、不光彩的、充满恶意的，尽管如此，或者也许正因如此，我们可以预测，QAnon 还会继续吸引人们的关注，比如像福克斯新闻的肖恩·汉尼提（Sean Hannity）和"信息战"网站的亚历克斯·琼斯。约有 35 名美国国会的前任或现任候选人都是 QAnon 的支持者。其中一名叫劳拉·卢默（Laura Loomer），她是佛罗里达州国会席位的落选候选人。她是一个不折不扣、毫无忌惮的伊斯兰恐惧症患者。所有主要的社交媒体以及各种商业机构都已经将她列入了黑名单。她曾在琼斯的"信息战"节目中亮相，她在节目中狂热的表现很能说明她的个性。她关注的焦点是那些毫无根据的阴谋论和煽动遭到禁止后，自己的收入如何受到影响。另一个例子是野心勃勃的政治家乔·瑞·帕金斯（Jo Rae Perkins），她在 2020 年竞选美国俄勒冈州参议员，但没有成功。她反对戴口罩来防止新冠疫情的传播。她认为这次疫情是一个骗局，其目的是打倒特朗普，这可能是她反对戴口罩的部分原因。显然，她从来没有想过，新冠疫情是一个世界性的现象，如果它是个骗局，那么这个欺骗范围就极其广泛了。作为 QAnon 的支持者，她恪守 Q 的格言——"自己进行研究"。问题在于她所使用的信息库就是 QAnon 中的材料。在那个思想的世界里，一切都建立在这样一个基本信念上：特朗普和军方情报部门正在与吃人的恋童癖精英人物进行一场秘密的、史诗般的斗争，前者想要揭露后者的卑劣行径，并将他们逮捕归案。帕金斯声称自己阅读了很多材料，但如果她读的都是由 QAnon 编写的材料，那么她得出的任何结论都是非常可疑的。帕金斯是 Q 预言的坚定信徒。当人们问她如何解释希拉里并未被捕时，她以反问来回答："你确定，没有丝毫疑问，你百分之百肯定她从未被捕？"这是一种混淆视听的说法，既虚伪又愚昧。Q 和帕金斯有责任提供证据，来证明这种离奇的说法实际上为真。人们说理性的缺失即为地狱，就是这个意思。

虽然帕金斯和大多数支持 QAnon 的候选人都没有赢得选举，但还是有两个人胜出了。这两位成功的候选人是劳伦·波贝特（Lauren Boebert）和马乔里·泰勒·格林（Marjorie Taylor Greene），两人都是共和党人。波贝特在科罗拉多州的第三选区获胜，该区横跨科罗拉多州西半部。这一区域位于落基山脉深处，人口非常稀少。波贝特和她的丈夫在科罗拉多州里弗尔市拥有一家枪手烧烤店，她鼓励女服务员公开携带枪支。可以想象，这种做法应该会让顾客不太敢抱怨服务质量，但除此之外，很难确定能有什么好的目的。可想而知，在新冠疫情期间，波贝特违抗了有关餐馆的居家令。她拒不服从，这并不是她第一次触犯法律。格林继承了父亲的建筑公司，她也同样佩枪，更为直接地宣扬 QAnon 阴谋论和其他极右观点。在当选众议院议员后不久，这两人都询问过是否能在国会大厦携带武器。她们为什么要问这个问题，目前还不清楚，因为在那里携带枪支一直是被允许的。但愿她们不是在计划与亚历山大·奥卡西奥－科尔特斯（Alexandria Ocasio-Cortez）和其他进步班子发生对抗。无论如何，人们几乎可以肯定的是，她们在任职期间会有很多引人注目的时刻。

波贝特和格林宣誓就职成为众议院议员后，两人就开始制造新闻。波贝特拿着她的枪招摇炫耀，还高调接受了一个摩托车帮派的红白蓝三色手枪。更糟糕的是，据报道，波贝特曾去国会大厦参观过一次或多次。这些参观活动发生的时间就在 2021 年1 月 6 日国会大厦发生暴动的前几天。当时，数千名暴徒冲进美国国会大厦，迫使国会议员逃往安全避难所，这件事我们将在下文中进一步讨论。据称，波贝特的参观团成员中有人后来参与了暴乱。有些人甚至认为，这次参观就是暴乱分子的侦察任务。波贝特否认了这一指控，声称自己只是带着自己的"亲戚"到处转转。尽管如此，波贝特以 51% 的票数险胜。有预测认为，随着时间的推移，她的 QAnon 意识形态也许不会一直受到选民的欢迎。无论情况如何，波贝特很快就被她的众议院同僚、同为QAnon 信徒的格林在 1 月 6 日及此后的滑稽言行抢去了风头。格林宣称自己是阴谋论支持者，并且尤其支持 QAnon 派的阴谋论。

格林可能是众议院历史上前所未有的、最有争议的新生议员。她热切支持特朗普，声称特朗普实际上赢得了 2020 年的总统选举。她还支持共和党在枪支权利和堕胎方面的传统文化主张。就她自己而言，在过去的几年里，她也一直信奉一些非标准的极端主义立场。她曾声称，"9·11"恐怖袭击是一次嫁祸的假旗行动，桑迪·胡克小学和帕克兰市高中发生的大规模枪击事件也是如此。在她当选的前两年，她曾呼吁对各种知名民主党政治家采取暴力行动，包括建议对他们以叛国罪实施暗杀和处决。格林长期坚持反伊斯兰教和反疫苗接种的信念，除此之外，在新冠疫情期间，她还强烈反对使用防护口罩、反对疫情封控。QAnon 出现之前，她相信"比萨门"恋童癖团伙，将移民与白人种族灭绝阴谋论联系起来，认定移民是导致欧洲和北美白人人口灭绝的阴谋的一部分。最近，她声称犹太银行家操作的太空激光器造成了加利福尼亚州的灾难性野火。这一说法让人忍不住要问：是谁造成了澳大利亚的野火？这难道要怪袋鼠与灰色外星人结盟了吗？

除了所有这些信仰，特别是 QAnon 的相关信仰，格林坚称自己是一个坚定的福音派基督徒。《圣经》警告过人们要提防假先知和敌基督者的危害，这似乎表明格林的牧师似乎对此并不了解。格林和波贝特是危险和堕落的风向标，当毫无根据的阴谋论成为主流时，社会就会陷于此种危险与堕落中。2021 年 1 月 6 日，这种潜在的危险以最具体的方式表现出来，支持特朗普的暴乱分子冲进了国会大厦。暴乱的乌合之众在国会大厦横冲直撞，此时，众议院的议员们只能躲起来避难。格林与一群拒绝戴口罩以防止新冠疫情传播的共和党人坐在一起。这一可疑的行为后来变得相对无足轻重，因为出现了大量关于格林过去以及现在行为的政治猛料。

越来越多关于格林的令人不安的信息被曝光。随后，开始有人呼吁，要求将她从众议院除名。这一行动需要三分之二的成员投票。后来，她被分配到众议院预算及教育委员会工作。因此，有人呼吁剥夺格林在预算及教育委员会的任职。这一行动只需要众议院进行一次多数人投票。但是，很少有共和党人敢公开批评她。2月3日，众议院少数派领袖凯文·麦卡锡（Kevin McCarthy）召开了共和党闭门会议，召集此次会议的原因之一就是要为关于格林的争议寻找解决方案。会上，格林为自己的行为道歉，一些与会者为她起立鼓掌。房间里的其他人则质疑她的道歉到底有多大的诚意。即便如此，麦卡锡拒绝剥夺她任何委员会的职务。这一行动，或者说毫不作为，促使民主党多数派投票剥夺她的两个委员会职务。2月4日的投票结果是230票对199票，有11名共和党人加入了民主党人的行列。后来的日子里，格林的所作所为表明，她既没有从这一经历中得到教训，也没有因此而悔过。你如果以为格林会被人们渐渐遗忘，那你大概会失望了。格林是阴谋论文化渐趋主流的一个化身。

共和党的选民和特朗普已经将 QAnon 运动投射到美国政治的主流之中。与特朗普一样，还有一些共和党政客也接受了QAnon、其他极右信仰以及牵强附会的阴谋论，因为这样做能为他们打下可靠的根基，带来热情洋溢的支持者。虽然这有助于政客当选，但缺点在于这也削弱了他们的立法能力，因为这种选择大大增加了两党合作与妥协的难度。还有一种说法听上去不无道理，认为 QAnon 是 2020 年大选前民调不准确的原因之一。QAnon 的信徒可能会对民调人员的问题避而不答，甚至可能给出不真实的回答来误导他们。

合法的社会团体也发现自己被 QAnon 劫持了。QAnon 的支持者会打着这些合法团体的名号，还会在他们的网站和社交媒体页面上插入 QAnon 主题。救助儿童会❶ 和其他反人口贩运组织都遇到过这类情况。QAnon 利用这些人道主义团体的良好声誉让自己的说法合法化，让人们相信，确实有一个秘密的精英阶层，他们为了保持年轻，会把失踪与被绑架的儿童吃掉。QAnon 这种令人厌恶的行为使合法团体不得不浪费时间和资源，来揭穿与删除 QAnon 的违规材料。QAnon 试图将自己与一个值得尊敬、不可动摇的事业相互关联，以此伪装自己，这对他们来说是一个聪明而阴险的策略。合法的人道主义团体则因此受到了伤害，因为这使他们的无党派立场变得模糊不清，这些团体的声誉受到玷污，可能会因此失去广泛的支持。

特朗普在 2020 年总统选举中落败。QAnon 运动虽然最初对此感到沮丧，但随后出现了一种毫无根据的阴谋论，认定特朗普的胜利是被偷走的。这种阴谋论很快就减轻了 QAnon 信徒之间的任何认知失调。特朗普试图推翻选举结果，QAnon 的信徒在其中发挥了重要作用，尽管他们的作用并非有效或合理的。西德尼·鲍威尔（Sidney Powell）曾担任过特朗普团队的律师，他就是一个非常高调的 QAnon 信徒。同时，关于到底应该接受 2020年大选结果，还是应该支持特朗普、QAnon 和其他极右翼人士

---

❶ 救助儿童会成立于 1919 年，目前在 120 多个国家运营，目的是推进儿童教育、医疗等福利，也负责在发生灾难性事件时提供紧急援助。——译者注

力图搁置选举结果的努力，共和党内部产生了巨大的意见分歧。QAnon 在其中也发挥了煽风点火的作用。

特朗普和其他一些人一直认定，只有在总统选举被操纵的情况下，特朗普才可能输掉选举，或者，如果他输了，那么选举结果一定是被偷换掉的，因为特朗普实际上会以压倒性优势赢得选举。这是他们多年以来凭空捏造的阴谋论，也是选举后几个月一直毫无根据的断言。2021 年 1 月 6 日，这一切终于酿成大祸。国会开会批准了选举结果，当天，有 8 000 至 20 000 名特朗普的支持者在国会大厦附近聚集。他们中的许多人聚在那里，试图阻止国会批准 2020 年的选举结果。特朗普向他的支持者发表讲话，敦促他们继续前进，他的私人律师鲁迪·朱利安尼（Rudy Giuliani）和亚拉巴马州议员莫·布鲁克斯（Mo Brooks）也同样发表讲话，鼓励支持者前进。美国人民和全世界人民在电视直播中看到，数千名愤怒的特朗普支持者冲进国会大厦，暴徒人数远远多过国会警察的人数，国会警察一筹莫展。参议员和众议员被带到避难所，至少有 800 名叛乱分子在国会大厦内乱窜，盗窃并破坏公物，并继续攻击国会警察。他们还要求绞死副总统彭斯，因为他没有以身试法去支持特朗普颠覆选举的企图。对国会大厦的破坏持续了几个小时，直到更多执法部门的人员和国民警卫队到达，局面才得到控制。美国国会惊魂未定，但并没有屈服。当晚，国会重新召开会议，完成了此前的任务，接受了选举团的投票。令人难以置信的是，一些共和党参议员和众议员仍然投票反对接受某些州的选票，不过他们只是少数。暴动的乌合之众没有能够实现推翻 2020 年选举、让特朗普继续担任总统职位的目标。

冲击国会大厦的事件撼动了美国民主共和的根基，但这一根基最终得以幸存了下来。然而，这件事再次给美国人和所有拥有民选政府的国家敲响了警钟，提醒它们注意阴谋论、右翼极端主义、白人至上主义者和反犹太主义者所带来的危险。由于互联网和社交媒体可以轻易地传播虚假和仇恨的想法，这种危险被放大了。一个落选的总统，因为不顾一切要保住职位，就利用社交媒体散布弥天大谎，说自己确实赢得了选举，胜利被人偷走了。这是一个毫无根据的阴谋论，没有可信的证据来支持它。冲击国会大厦的事件正在被深入调查，几乎每天都有新的消息传出，执法部门还在逮捕暴乱者。毫无疑问，这些调查将持续下去，可能需要几个月，更可能是几年的时间。学者们会写很多专著去描述和分析这一事件。暴乱发生后，新的阴谋论也出现了。一些人声称，真正应该对冲击国会大厦事件负责的，是左翼反法西斯运动安提法，右翼一直用这个组织用来转移人们的注意力。然而，联邦调查局的情报报告说，没有证据表明这次暴乱有安提法的参与。此外，有人指出，安提法组织参与此事违背其自身政治利益。他们为什么要引发人们对国会大厦的冲击，以阻止国会认证他们喜欢的候选人当选，而保留一个他们鄙视的总统呢？另一种说法是，这次叛乱是左派为诋毁特朗普而进行的又一次假旗行动。同样，没有证据支持这一说法。这也引出了一个问题：假旗行动的目的是什么？特朗普已经被打败了，还需要这样做吗？这也意味着特朗普、朱利安尼和其他在人群中讲话的人都参与了这个假旗行动。事实上，特朗普在1月6日（叛乱当天）之前几周的可疑与鲁莽的行为已经激起众怒，众议院很快以煽动暴乱的罪名对他进行弹劾。1月13日进行了弹劾投票。这是对美国总统的第二次弹劾。一个月后，在2月13日的参议院审判中，特朗普被宣告无罪。表决结果为 57 票对 43 票，投票弹劾特朗普的人数未能达到规定的三分之二多数。依然有太多人拒绝站在法治和宪法的一边，投票支持特朗普无罪。事后，毫不收敛的特朗普继续宣传他那些毫无根据的阴谋论。

1 月 20 日，拜登宣誓就职，成为美国总统。仪式举行几乎没有发生任何意外，成千上万的国民警卫队在场，大大加强了安保。这也是一个让众多 QAnon 信徒深感受到伤害的事件。按照 QAnon 的世界观，特朗普是他们的救世主，在军事情报的帮助下，他最终将战胜有恋童癖的精英们。这种信念在 2020 年的总统选举后更加强烈。特朗普和他的追随者声称他取得了压倒性的胜利，但一个巨大的阴谋偷走了选举。这个阴谋被称为"克拉肯计划"，这个名字来自神话中的海怪。而由于据称一切都在特朗普掌控之中，QAnon 的信徒们期待他会发起风暴，他和他的支持者们将在风暴中发起反击。大规模逮捕甚至处决将随之而来，而特朗普还会继续担任总统。但显然，控制美国军队的参谋长联席会议从未收到过相关备忘录。就职典礼日到了，拜登宣誓就任总统，而特朗普则闷闷不乐地离开了华盛顿。

令人难以置信的是，许多人相信 Q 的预言，认定特朗普会取得胜利。当这件事并未发生时，许多 QAnon 支持者世界观的核心被撼动了。人们最初猜测 QAnon 处于崩溃的状态，许多 QAnon 的信徒会公开反悔，承认自己上当了，为自己的天真愚蠢感到遗憾与尴尬。然而，尽管出现了严重的认知失调，但很快又出现了新的预言，QAnon 的信仰得以维持下去。莱昂·费斯廷格在 1956 年的经典研究报告《当预言失败时》（*When Prophecy Fails*）中，描述了异教预言的失败和恢复。从根本上说，QAnon

就是这一切的重演。基奇夫人关于世界末日的预言失败之后，她与她在伊利诺伊州橡树园的追寻者团体中的一些成员编造了一个他们自己可以接受的解释，就从预言失败的打击中恢复过来了。QAnon 也一样。就 QAnon 而言，他们将下一次特朗普获得胜利的日期推移至 3 月 4 日。当然，当这个预言不可避免地失败时，另一个预言还会出现，并且还会有其他预言继续出现。QAnon 的预言自 2017 年首次出现以来，从未应验过，但这并没有困扰到其真正的信徒们。他们认为完美的幻想比不完美的现实更可信。

对于美国来说，对传统的、真正的共和党的理性成员来说，这一切看起来并不太妙。更糟糕的是，QAnon 并不只是一个美国特有的现象。它的追随者遍及英国、德国和其他欧洲国家。从 2020 年中期开始，脸书和推特等社交媒体开始打击发帖宣扬明显虚假内容的行为。然而，这已经太晚了。此时，虚假和妄想的潘多拉盒子已经释放出了毒液，结果可想而知。

很久以前，历史学家诺曼·科恩就已经指出，经历了快速及深刻变化的社会往往会沦为恶性垃圾知识和阴谋论的受害者。对于搅动社会的大规模变化，人们总是心存恐惧。这种不健康的反应就是因为人们力图保护旧的、熟悉的东西，躲避威胁性的变化。在 21 世纪的前二十年，大部分发达国家经历了全球化带来的剧变与混乱。于是，可疑的阴谋论和怪诞的幻想都让人觉得很有吸引力。依然有信徒拥护 Q 以及其他用虚假幻想骗人的"先知"。我们希望终有一日，这些信徒能幡然醒悟，能明白垃圾知识和阴谋论对他们并没有任何用途。另一方面，也许宗派氛围会聚拢一些新式垃圾知识，用一些危害性没有那么大的东西取代 QAnon。也或许，取而代之的会是更龌龊、更病态的东西。

致　谢

　　本书的写作开始于 2016 年美国总统大选的前几个月。自那时起，很多事情都发生了变化，研究与形形色色的垃圾知识相关的主题变得更有意义了。在完成这本书的过程中，我得到了许多朋友、同事、学者和学生的帮助。雅典州立大学凯尔斯图书馆的工作人员给予了我极大的帮助。许多的馆际互借图书管理员为我提供了关键而深奥的书籍和文章。谢谢你们，朱迪·斯蒂内特（Judy Stinnett，已退休）、罗比·金（Robbie King，已退休）和贝瑟尼·布鲁诺（Bethany Bruno）。玛丽·阿奎拉（Mary Aquila）协助提供了宝贵的参考资料，安布尔·斯坎茨（Amber Skantz）也是如此。罗伯特·伯克哈特（Robert Burkhardt）是图书馆的退休馆长，他一直是我很好的参谋，我非常享受我们前往纳什维尔购买书籍的经历。了解到我的兴趣点后，丽莎·米顿（Lisa Mitten，现已退休）和来自《选择》（Choice）杂志的法蒂玛·莫希－艾尔丁（Fatima Mohie-Eldin）送来了许多书供我参考，这些书对我的研究十分有用，对此我心怀感激。许多人阅读了这本书全部或部分手稿，感谢他们提供的帮助、意见和建议。我以前的一位学生威廉·史密斯（William Smith）仔细地阅读了整部手稿。还有另一位我以前的学生海莉·牛顿（Haylee Newton）阅读了其中一些章节，但之后新冠疫情期间她搬到亚利桑那州，从事教学工作，生活非常繁忙，不过她做得很好。剑桥大学卡莱尔学院的皮特·明歇尔（Peter Minshall）博士和洛娜·明歇尔（Lorna Minshall）博士是我的老朋友，他们以建设性的批评眼光阅读了几乎整部手稿。特别是明歇尔，她纠正了我德语和拉丁语翻译中的错误和不规范之处。我就读路易斯安那州立大学时的老朋友和同学罗杰·劳尼厄斯（Roger Launius）博士，如今已从史密森学会退休，他提供了航空航天项目的历史和伪历史方面的专业知识，并对"罗斯威尔神话"一章提出了极为有益的意见和建议。我在拉马尔大学时的朋友和同事，政治学家大卫·卡塞尔（David Castle）博士也对这本书稿进行了阅读和评论。我的朋友和同事，雅典州立大学心理学系的苏珊·欧文（Susan Owen）博士阅读了这本书稿的一些章节，最关键的是，她对我关于人们为什么相信奇怪和有点荒谬的事情背后的进化心理学、认知心理学和社会心理学的描述和讨论提出了专业批评。

瑞科欣图书出版社的出版商迈克尔·利曼（Michael Leaman）总是给予我支持，对于我这位总是错过交稿截止日期的作者也很有耐心。亚历克斯·乔博努（Alex Ciobonu）和玛莎·杰伊（Martha Jay）在让本书准备好亮相的过程中一直都是我很好的合作者。

杰里米·布莱克（Jeremy Black）教授既是一直支持我的朋友，也是其他学者工作的积极支持者。最后，我想向我的妻子特维利亚表达我的爱和感激，因为她再次容忍我创作了另一本书。她对我花在研究和写作上的时间非常有耐心和宽容。我们都喜欢旅行，特别是去英国旅行。她是我所希望的最好的旅行伙伴——富有冒险精神、不知疲倦、行事灵活、毫无怨言。当新冠疫情结束或至少缓和时，我们将重新开始我们的探索和冒险之旅。